Joni Eareckson Tada / Steven Estes

Wie das Licht nach der Nacht

Es gibt eine Hoffnung,
die im Leiden trägt

BRUNNEN
VERLAG GIESSEN · BASEL

ABCteam-Bücher erscheinen in folgenden Verlagen:
Aussaat Verlag Neukirchen-Vluyn
R. Brockhaus Verlag Wuppertal und Zürich
Brunnen Verlag Gießen und Basel
Christliches Verlagshaus Stuttgart
Oncken Verlag Wuppertal und Kassel

Titel der amerikanischen Originalausgabe:
When God Weeps

Aus dem Amerikanischen von Ursula Alberts
Lektorat: Hartmut Schweitzer

Umschlagfoto: Premium, Düsseldorf
Umschlaggestaltung: Ralf Simon
Satz: Die Feder GmbH, Wetzlar
Herstellung: St.-Johannis-Druckerei, Lahr
ISBN 3-7655-1161-7

Für meine Frau Verna,
nach vielen Jahren Ehe und acht Kindern
noch immer mein bester Freund

Für meinen Mann, Ken –
Du läßt mich meinen Rollstuhl vergessen ...
und das bedeutet viel.

Inhalt

Wie alles begann

Ich traf Joni das erste Mal im Sommer 1969 auf dem Parkplatz einer Kirche. Ich war einer von vielen hundert Teenagern, die aus dem Kirchengebäude strömten. Das Jugendtreffen war gerade zu Ende gegangen. Alle liefen auseinander, Autos fuhren los, Radios wurden eingeschaltet – überall hörte man Gelächter und scherzhafte Rufe.

Ein weißer Kombi war an der Seitentreppe vorgefahren. Der Wagen sah nicht aus, als wenn er einer älteren Person gehörte. Meine Freundin Diana hielt die Autoschlüssel in der Hand. Diana ist eine der lebhaftesten Personen, die ich kenne. Sie stand an der Beifahrertür, einen leeren Rollstuhl neben sich, den sie aus dem Wagen gezogen und auseinandergeklappt hatte. Sie wollte mir ihre gelähmte Freundin vorstellen, von der sie mir erzählt hatte. Ich stand auf der Treppe und konnte von dort aus nicht das Gesicht des großen Mädchens erkennen, das dort im Auto saß, doch ich sah die Stützen an ihren Handgelenken.

„Steve, ich möchte dir Joni vorstellen."

„Hallo, Joni."

Das Mädchen im Wagen beugte sich vor, um mich sehen zu können. Blonde, modisch kurz geschnittene Haare, das Gesicht sommersprossig und sympathisch, eine markante Nase, das Lächeln bitter und reizend – reizend, nun, wenn Sie Joni kennen, so ist sie eben. Bitter, weil sie so aussah, als hätte dieser Rollstuhl sie um etwas Wertvolles gebracht.

„Hallo, Steve, nett dich kennenzulernen." Es klang enthusiastisch, doch auch abwartend.

„Ihr beiden werdet viel Gesprächsstoff haben", sagte Diana begeistert. Auch wir waren der Ansicht, daß es schön wäre, sich wieder zu treffen.

Eine Woche später betrat ich das aus Feldsteinen und schweren Balken erbaute Haus, das mir immer wie der Vorsaal zum

Himmel erschien. Über allen Kaminen hingen Geweihe, Indianerteppiche lagen verstreut und überall brannten Kerzen. Aus den Lautsprecherboxen erklangen die Stimmen von Simon und Garfunkel. Alle Räume waren von Gelächter und der überschäumenden Freundlichkeit von Jonis Eltern und Schwestern erfüllt, von denen Joni das gewinnende Lächeln hatte.

Als wir allein waren, dauerte es keine zehn Minuten, bis die Frage kam: „Diana sagt, du beschäftigst dich viel mit der Bibel. Sag mal, glaubst du, daß Gott etwas damit zu tun hatte, daß ich mir den Halswirbel gebrochen habe?" Lässig strich sie sich mit der Rückseite ihres Handgelenks das Haar aus dem Gesicht, doch ihre Augen spiegelten die Spannung.

Das ist das Problem, mit dem wir uns in diesem Buch beschäftigen.

Ich bin ein Niemand – ein sechzehnjähriger Zeitungsjunge, der dem Mädchen gegenübersitzt, das zwei Jahre zuvor in ihrer Schule wahrscheinlich das beliebteste Mädchen ihres Jahrgangs war. Die Freunde, mit denen sie sich umgab, konnte ich nur aus der Ferne beobachten. Doch sehen Sie sie jetzt an. Ich wippe mit meinem Fuß zum Takt der Musik, die im Hintergrund spielt; sie kann nur mit dem Kopf nicken. Ich kann selbst essen; sie muß gefüttert werden. In einer halben Stunde werde ich durch die Tür nach draußen gehen, während sie in ihrem Rollstuhl sitzen muß, bis der Sensenmann kommt. Und von mir will sie wissen, ob es Gott war, der sie in den Rollstuhl befördert hat. Wer bin ich denn, daß ich so etwas erklären könnte?

Ich weiß, was die Bibel zu ihren Fragen sagt. Mir fallen ein Dutzend Stellen ein, die ich durch jahrelangen Kirchenbesuch und von meinem christlichen Vater gelernt habe. Doch nie habe ich diese Wahrheiten auf so einem schwierigen Terrain ausprobiert. Bis auf eine Vier in Mathematik und eine Jugendliebe, die in die Brüche ging, ist mir noch nichts Schlimmes zugestoßen. Doch ich denke, *wenn sich die Bibel nicht im Leben dieses Mädchens bewährt, ist sie niemals wahr gewesen.*

Ich räuspere mich und springe von der Klippe. „Gott hat dich in den Rollstuhl gesteckt, Joni. Warum weiß ich nicht, aber wenn du ihm vertraust, anstatt dich gegen ihn aufzulehnen, wirst du herausfinden, warum er es getan hat. Wenn nicht in diesem Leben, dann im nächsten. Er hat zugelassen, daß du dir das Genick brichst, weil er dich liebt."

Für mich hörte sich das schrecklich abgedroschen an – doch offensichtlich nicht für sie. Wir lasen noch einige Verse, dann ging ich nach Hause. Von diesem Tag an mußte ich angestrengt studieren, um diesem Mädchen einen Schritt voraus zu sein; ständig hatte sie ihre Nase in der Bibel.

Dieses Buch handelt von dem Gott, der über menschliches Leid weint, der selbst in unsere Qualen eindringt, und von der Liebe, die ihn dazu treibt, uns leiden zu lassen. Es handelt vom Erleben der Freundschaft Gottes auf schwierigen Wegen, von denen wir nicht einmal wußten, daß er sie beschreitet. Vieles davon ist aus Jonis Perspektive beschrieben, denn ihr Leben ist ein bemerkenswerter Prüfstein, an dem bewiesen wird, daß Gott weiß, wovon er spricht.

Doch während Sie lesen wird Ihr Leben der Prüfstein, an dem Gottes Wort auf die Probe gestellt wird. Kommen Ihnen Gottes Gedanken über das Leiden belanglos vor?

Steven Estes
31. März 1997

Wo sind die Jahre geblieben?

Ich sehe Steve noch immer, wie er am Kamin über seine Bibel gebeugt sitzt und nur gelegentlich unterbricht, um einen Holzscheit aufs Feuer zu legen. Er blättert angestrengt, bis er die Seite findet, gleitet dann mit dem Finger über die Abschnitte, um mir schließlich den Vers vorzulesen, der die Antwort auf meine neueste Frage enthält.

„Hier, Joni, hör mal, was im Epheserbrief im dritten Kapitel steht . . .“, würde er sagen, als wolle er einen Motor durch einen kleinen Tritt auf das Gaspedal beschleunigen. Los geht die Fahrt, eine Straße voller Fragen hinunter, wir halten an, fahren rückwärts, starten wieder, benutzen ein oder zwei Umleitungen und machen erst Schluß, nachdem die Glut des letzten Holzscheits erloschen ist. Er war genauso unerfahren und jung wie ich und hungerte danach, die Wahrheit zu ergründen. Also würden wir weitersuchen, würden vorwärtsdrängen – er, aufgeregt auf die Funde in der Bibel zeigend, und ich, mit ihm Schritt haltend, ohne mir etwas entgehen zu lassen.

Wenn Gott ein Gott der Liebe ist, warum gibt es dann Schmerzen und Leiden?

Wenn böse Dinge geschehen, wer oder was steckt dahinter?

Wie kann Gott von mir erwarten, daß ich auf diese Weise glücklich bin?

„Vergiß nicht, was du sagen wolltest!“ würde Steve über die Schulter rufen, während er in die Küche läuft, um eine Cola zu holen.

Nie wieder gab es schönere Zeiten als jene frühen Jahre, die wir mit Streifzügen durch die Bibel verbrachten. Für uns war es ein Abenteuer, der Straße so lange wie möglich zu folgen, auf der wir Gott im Leiden erkannten. Dreißig Jahre später liegen einige Meilensteine hinter uns, und wir haben unter den Verletzungen gelitten, die das Älter- und Weiserwerden mit sich bringt. Zum Glück haben wir unsere Ehepartner Verna und Ken, die uns Mut machen. Vieles hat sich verändert, doch eins ist unverändert geblieben: unsere Freundschaft mit Jesus.

Noch etwas anderes ist gleich geblieben: das Leiden. In gewisser Hinsicht hat es sich sogar verstärkt. Meine Knochen schmerzen vom langen Sitzen im Rollstuhl, und ich bin von der Anstrengung erschöpft, mich über die zunehmenden Beschränkungen meiner Lähmung hinwegzusetzen. Doch noch immer ist dieses Leiden ein Abenteuer (obwohl das, was ich lerne, nur wie ein Echo der frühen Tage ist, so als würde ich meine Messungen in einer größeren Tiefe vornehmen).

Nie hätte ich mir träumen lassen, daß die Antworten, die ich entdeckte, als wir damals bis spät in der Nacht am Kamin saßen, noch heute einen derart starken Widerhall haben würden. In Jahrzehnten des Gelähmtseins, ohne meine Arme und Beine gebrauchen zu können, und fast ebenso vielen Jahren, in denen ich Menschen begegnete, die sich in ähnlichen oder schlimmeren Situationen befanden als ich, habe ich diese Wahrheiten weitergegeben.

Dabei handelt es sich nicht so sehr um Wahrheiten über das Leiden als vielmehr um Wahrheiten über Gott. Und so stelle ich Ihnen dieses Buch vor, indem ich darauf hinweise, daß es darin weniger um das Leiden geht als vielmehr um den Einzigen, der uns den Sinn des Leidens erschließen kann. Es handelt nicht davon, warum unsere Leiden für uns von Bedeutung sind (obwohl das der Fall ist), sondern worauf es dem Allmächtigen dabei ankommt. Noch etwas müssen wir vorausschicken: Wir glauben, daß die Bibel Gottes Wort ist, daß jedes ihrer Bücher einen unumstößlichen Stein im Fundament der Wahrheit darstellt. Die Bibel ist die bewährte Straßenkarte, die wir in diesem Buch benutzen werden.

Ich war mir bewußt, daß ich ein derartig umfangreiches Thema nicht allein bewältigen kann. Hier braucht es Erfahrung und Wissen. Ich lieferte die Erfahrung und Steve Estes mit seinen jahrelangen Seminarstudien das Wissen. Freundlicherweise hat er auch seine Begabung zu schreiben zur Verfügung gestellt, damit wir Ihnen gemeinsam unser Anliegen nahebringen können.

Für einen Teil dieser Reise – die Kapitel eins bis fünf – ist Steve zuständig. Er hat sie geschrieben und die Nachforschungen dazu angestellt. Wir hoffen, daß Ihr Herz und Ihr Verstand bewegt werden, wie es mir erging, als Steve neben meinem Rollstuhl saß und zum ersten Mal seine Einsichten in *Wer ist dieser Gott?* mit mir teilte. Im dritten Teil, Kapitel eins, beschreibt Steve, was er über die Hölle herausfand, und ich schreibe im abschließenden Kapitel über den Himmel. Die Anhänge A und C sind auch von Steve. Mit dem Grundriß für das Buch haben wir uns viele Male auseinandergesetzt. Jeder las kritisch die bisherigen Arbeiten des anderen, denn seit Jahren hatten wir uns gegenseitig dazu angeregt, Antworten auf die Frage nach dem Leid zu suchen.

Noch etwas: „Wenn man am Abend auch weint, am Morgen herrscht wieder Jubel" (Ps 30,6); Jubel für diejenigen, die leiden – doch ganz besonders für Gott. Steve und ich hoffen, daß Sie durch dieses Buch besser verstehen, warum unser Weinen für einen liebenden Gott von Bedeutung ist, für einen Gott, der uns eines Tages die Bedeutung einer jeden Träne – auch seiner Tränen – erklären wird.

Joni Eareckson Tada
Frühling 1997

Ich leide sehr

Die afrikanische Nacht war schwarz wie Pech und roch auch so. Nur der Strahl einer Taschenlampe zeigte den Weg. Ich unterdrückte die Übelkeit, die mir der Geruch von verrottetem Abfall verursachte, und wollte vorsichtig hineinfahren, doch mein Begleiter schob einfach den Stoffvorhang vor dem Schuppen, der als Tür diente, beiseite, leuchtete mit seiner Taschenlampe in die Dunkelheit und trat ein. Ich folgte in meinem Rollstuhl.

Als die Plane wieder über den Eingang fiel, konnte man die unzähligen Geräusche des Elendsviertels nur noch gedämpft hören. Mein Begleiter hielt die Taschenlampe hoch. Ihr Strahl traf eine junge Frau, deren Gesicht und Haare so schwarz wie die Nacht waren. Sie hatte keine Hände. Ihre stockdünnen Beine waren unter ihr auf der Strohmatte seitwärts gespreizt. Ich ließ meinen Blick nur kurz darauf verweilen. Die Straßen des Elendsviertels waren voller Menschen, die durch Kinderlähmung oder Amputation keine Hände oder statt Füße von harter Haut überkrustete Stümpfe hatten. Und alle waren obdachlos. Gelähmte Menschen wie ich überlebten in Ghana nicht, von den Bürgersteigen dieses miserablen Pestlochs in der Hauptstadt Accra gar nicht zu reden. Nur Behinderte kamen durch, die stark genug waren, um auf den Straßen, die von Urin durchnäßt und voller dahinmoderndem Abfall waren, für sich selbst zu sorgen.

Mein Begleiter stand neben mir. Der Schein seiner Taschenlampe erleuchtete den kleinen Schuppen. Als die junge Frau mich sah, verzog sich ihr Mund zu einem breiten Lächeln. Ihre dunklen Augen spiegelten das Licht wider, als sie auch meinem Begleiter zulächelte. Sie kannte diesen afrikanischen Pastor gut, der es zu seiner Sache gemacht hatte, hinaus auf die Straßen zu gehen und die Blinden und Lahmen zu finden.

Der Pastor räusperte sich, um mich vorzustellen. „Ama“,

sagte er. „Ich möchte dir gerne meine amerikanische Freundin Joni vorstellen." Sie erwiderte den Gruß in ihrer Stammessprache. Mir wurde gesagt, daß Ama als Bürgerin dieser ehemaligen britischen Kolonie Englisch versteht, und so wurde unsere Unterhaltung fortgesetzt, als säßen wir am Teetisch. Ich freute mich, sie und ihre Freunde auf der Straße kennenzulernen. Ja, unsere Reise war lang gewesen, doch wir waren froh, daß wir gekommen waren. Unsere Gruppe von JAF (Joni and Friends) war hier, um ihr und einigen ihrer Freunde Rollstühle zu übergeben. Wäre es ihr recht, uns auf die Straße zu begleiten? Sie war damit einverstanden. Würde sie mir dann bitte für den Rest des Abends ihr Lächeln schenken? Sie lachte und tat es.

Ich war gefesselt. Mein Herz wurde von dem afrikanischen Mädchen gefangengenommen, das für mich die schwerbehinderten Straßenchristen von Accra symbolisierte, aber auch von ihrem Pastor mit der Taschenlampe, der sich entschlossen hatte, seine Tage mit den Ausgestoßenen dieser Erde zu verbringen. Der Gestank von Verwesung hing schwer über der Straße, doch ein paar Minuten mit Ama machten ihn – o Wunder – zum Geruch des Lebens.

Ich fuhr rückwärts aus dem Schuppen und wurde von der Nacht verschluckt. Dem Schein der Taschenlampe folgend, überquerte ich den schmutzigen Weg, bemüht, den Asphaltinseln auszuweichen. Meine Freunde von JAF, die die Krücken und Rollstühle bei sich hatten, hoben mich auf den gegenüberliegenden Gehsteig. Wohin gehen wir? Haltet euch an die Taschenlampe!

Aus einer dunklen Nebenstraße krochen zwei Teenager, ihre verkrüppelten Beine hinter sich herziehend. Sie müssen Kinderlähmung gehabt haben, dachte ich, als sie sich unserer Gruppe anschlossen. Wir überholten eine Frau in Stammestracht, die sich zentimeterweise in ihrem klapprigen Rollstuhl vorwärts bewegte. Ein etwa achtzigjähriger Mann ohne Beine, der nicht einmal einen Meter groß war, hüpfte auf den Gehsteig und lächelte zu mir herüber. Ich hielt an. Er watschelte zu mir und streckte mir seinen Armstumpf entgegen, um meine Hand zu schütteln. Ich beugte mich vor, um meine gelähmten Finger gegen seinen Stumpf zu pressen. Wir lachten über unseren seltsamen Handschlag. Vom anderen Ende der Straße klang Singen und Klatschen zu uns, das uns magisch anzog. Als unsere Gruppe anlangte, öffneten die Waisen und Obdachlosen ihren Kreis unter einem Neonlicht, um uns willkommen zu heißen. Wir befanden uns mitten in einem Straßen-Gottesdienst.

Wir aus dem Westen saßen steif auf Bänken und sahen über die zusammengewürfelte Menge. „Und jetzt, liebe christliche Brüder und Schwestern", rief der Pastor, „wollen wir unsere höchst liebenswürdigen Freunde aus Amerika begrüßen, die einen so weiten Weg zurückgelegt haben, um uns Rollstühle und Bibeln zu bringen!" Die Menge brach in Hochrufe aus, dann ertönte ein Lied zum Willkommen. Die vollen, reichen afrikanischen Harmonien erreichten direkt mein Herz. Unsere Tränen flossen, als wir zuhörten, wie die Schwerbehinderten ihre Geschichten erzählten und sich gegenseitig Beifall klatschten. Dann wurde aus der Bibel vorgelesen. Eine halbe Stunde zum Lobe Gottes verging schnell. Nun wurde ich gebeten zu sprechen.

„Vielen Dank, Freunde, für den Willkommensgruß", sagte ich, während ich zu einer freien Stelle auf dem Gehsteig rollte. Mein JAF-Freund schob einen der zu verschenkenden Rollstühle neben mich. „Gott ist gut!" rief jemand, als das erste Kind in den Rollstuhl gesetzt wurde. Ein anderer Rollstuhl und ein weiterer Schwerbehinderter. Hände begannen zu klatschen, als eine Anzahl von Krücken und Rollstühlen den Weg von unserer Gruppe zu der ihren machte. Gleichmäßiges Klatschen – laut und kraftvoll. Ama nickte im Takt mit dem Kopf, ihren Mund zu einem stolzen Lächeln verzogen, während sie mit ihren Stümpfen über die ledernen Armlehnen ihres neuen Rollstuhls strich. Die beiden Jungen, welche die Kinderlähmung überstanden hatten, begannen auf dem freien Platz zu tanzen.

„Sieh mal", sagte ich zu einem Mitglied unserer Gruppe, „sogar diejenigen, die wissen, daß nicht genügend Rollstühle für alle da sind, freuen sich für jene, die einen bekommen haben."

Der aufgehende Mond erleuchtete den Horizont. Als wir uns zum Verlassen des Elendsviertels anschickten, sangen die Afrikaner ein Lied zum Abschied:

Weil er lebt, kann ich dem Morgen ins Angesicht sehen.
Weil er lebt, ist alle Furcht vergangen.
Weil ich weiß, er hält die Zukunft,
Ist das Leben wert, gelebt zu werden. Nur weil er lebt!

„Liegt es am Neonlicht?" fragte ich mich, als ich in ihre leuchtenden Gesichter sah. Nein, ihre Freude ist nicht von dieser Welt.

Mein Freund, der Pastor, leuchtete uns auf dem Weg zurück zu unserem Kleinbus. Als wir die Straße überquerten, überschlugen sich meine Gedanken. So viel Fröhlichkeit inmitten des Elends! Freude, die wie eine Blume auf dem Müllhaufen wächst!

„Was passiert mit Ama, wenn es regnet? Wer kümmert sich um sie?" fragte ich.

Der Schein der Taschenlampe erleuchtete sein Lächeln. „Gott kümmert sich um sie."

Unerträgliche Hitze. Menschen ohne einen Pfennig. Ein Mädchen ohne Hände, mit Beinen, die nicht zum Laufen taugen, das kein Bett, nicht einmal einen Ventilator hat und auf dem Zementfußboden lebt. Das hört sich nicht an, als wenn Gott gute Arbeit leistet. Ich erinnere mich daran, was ein Junge sagte, der neben einer Müllhalde in einem Karton hauste. „Ihr im Westen seid es, die wir nicht verstehen können. Gott hat euch so viel gegeben, ihr seid so sehr gesegnet . . . warum sind so viele Menschen in eurem Land unglücklich?"

Unsere Seite der Welt

Wir haben unsere Einfamilienhäuser, unser Sozialsystem, meist mehr als drei Mahlzeiten am Tag und sind gut versichert. Ist es nicht merkwürdig, daß wir trotzdem immer noch mehr wollen? Sind wir alleinstehend, wollen wir heiraten. Wenn wir verheiratet sind, wünschen wir uns den vollkommenen Partner. Wenn wir den vollkommenen Partner haben, wünschen wir uns mehr Zeit, um das Leben zu genießen.

Auf der anderen Seite wird uns manches auch zu viel. Rechnungen, die unbezahlbar erscheinen. Viele unfreiwillige Krankenhausbesuche und Operationen. Ein Schlaganfall raubt unserem Ehemann die Sprache oder eine Erbkrankheit ist daran schuld, daß unser Enkelkind geistig zurückgeblieben ist. Gestern war die Beerdigung, und wir fragen uns, wie wir in Zukunft allein fertig werden sollen. Wir brechen unter der Last zusammen und verstehen nicht, warum das Glück gerade uns im Stich läßt und anderen in den Schoß fällt.

Wir wollen, was wir nicht besitzen.
Wir haben, was wir nicht wollen.
Wir sind unglücklich!

Eine Geschichte über Afrikaner, die freudig leiden, inspiriert uns, aber Gott – so reden wir uns ein – wird uns doch nicht aufbürden, was er arme Menschen in Ghana leiden läßt. Unser Gott ist dafür da, damit unser Leben glücklich und sorglos verläuft. Unser Gott geht anders mit uns um. Vielleicht sind wir von der puritanischen Ethik geprägt, entschlossen eine Lösung zu finden. Unsere westliche Kultur hat Krankenhäuser und Einrichtungen geschaffen, um das Leiden zu lindern. Wir sind zivilisiert und so ist auch unsere Sicht von Gott.

Er ist unser Vater, wie es ja schon in der Bibel steht, und Väter wollen das Beste für ihre Kinder – nicht gebrauchte Kleidung, die auf der Straße eingetauscht wurde, oder Unterkünfte, die unter einem Wolkenbruch zusammenbrechen. Er ist unser Retter, der uns Frieden und Wohlergehen sichert, während er die Werke des Bösen – wie Krankheit und Unglücksfälle – unter seinem Fuß zermalmt. Er verspricht Leben im Überfluß (und Gott hält seine Versprechen immer), er ist unser Erlöser, der uns von den Fesseln der Sünde und von ihren Folgen befreit. Durch seine Wunden sind wir geheilt. Vom Leiden geheilt zu werden, bedeutet glücklich zu sein.

Das waren in etwa meine Gedanken, kurz nachdem ich 1967 bei einem Sprung in den Swimmingpool verunglückte und gelähmt wurde. In ein Gestell gezwängt, auf dem Rücken liegend, meinen Kopf mit zwei Klammern fixiert, konnte ich nur nach oben sehen. Eine günstige Stellung, um mit Gott zu sprechen. Ich versuchte mir vorzustellen, was er dachte. Wenn Gott Gott war – ich war überzeugt, daß er mächtig und voller Liebe ist –, mußte er doch dafür sorgen, daß ich von meinen Schmerzen befreit wurde. Ein himmlischer Vater mußte doch über mich weinen, so wie es mein Vater oft tat, wenn er neben meinem Bett stand und das Sicherheitsgitter umklammerte. Ich war eins von Gottes Kindern, und Gott würde niemals etwas tun, was den Seinen schaden konnte. Hatte Jesus nicht gesagt: „Oder ist unter euch ein Vater, der seinem Sohn eine Schlange gibt, wenn er um einen Fisch bittet, oder einen Skorpion, wenn er um ein Ei bittet? Wenn nun schon ihr ... euren Kindern gebt, was gut ist, wieviel mehr wird der Vater im Himmel [es tun]“ (Lk 11,11–13)?

Ein so guter Gott ist es wert, daß man sich um ihn bemüht. Als ich aus dem Krankenhaus entlassen wurde, fuhren mich meine Freunde jedes Mal nach Washington, D.C., damit ich die erste in der Warteschlange war, wenn die bekannte Gesundbeterin Kathryn Kuhlman in die Stadt kam. Miss Kuhlman schwebte in ihrem weißen Gewand auf die Bühne, und mein Herz schlug wild, während ich betete: *Herr, die Bibel sagt, du heilst alle unsere Krankheiten. Ich bin bereit, daß du mich aus diesem Rollstuhl befreist. Bitte, bitte, tust du es?*

Gott antwortete. Ich bin niemals aus meinem Rollstuhl aufgestanden. Das letzte Mal, als ich Kathryn Kuhlmans Gebetstreffen verließ, war ich die fünfzehnte unter dreißig Rollstuhlfahrern, die darauf warteten, mit dem Fahrstuhl das Stadion zu verlassen. Wir alle versuchten hinauszukommen, bevor die Menschen an Krücken kamen. Ich erinnere mich, daß ich meinen Blick über die enttäuschten, verwirrten Gesichter schweifen ließ, und dachte, *irgend etwas stimmt hier nicht. Ist das der einzige Weg, mit Leiden umzugehen? Soll man verzweifelt versuchen, es loszuwerden?*

Als ich wieder zu Hause war und in den Spiegel sah, starrte mir derselbe verdrossene Gesichtsausdruck entgegen.

Ich war genauso verwirrt wie die Menschen am Fahrstuhl. Okay, lassen Sie mich das richtigstellen: *Gott ist gut. Gott ist Liebe. Er ist allmächtig. Als er auf dieser Erde lebte, hat er alles getan, um die Menschen von ihren Leiden zu befreien; alle, von der Frau mit den Blutungen bis zum Diener des Hauptmanns von Kafarnaum.*

Wie kommt es dann, daß meine fünfjährige Nichte Kelly Gehirnkrebs hat? Warum hat mein Schwager meine Schwester und ihre Familie verlassen? Warum hilft keine Medizin gegen Vaters Arthritis?

Gute Fragen!

Während wir keine Antworten finden und Gottes Wege uns vor Hindernisse stellen, wächst das Leiden unaufhaltsam. Gott scheint es nicht zu berühren. Das Glück weicht uns aus. Wir sind unzufrieden und ruhelos.

Ich frage mich, wieviele von den Menschen, die mit finsteren Gesichtern beim Fahrstuhl warteten, nach dieser Heilungsveranstaltung noch an Gott glaubten? Es ist beinahe dreißig Jahre her. Warten sie noch immer in der Schlange? Hoffen sie immer noch? Hoffnung, zu oft enttäuscht, macht das Herz krank. Ein Herz kann nicht oft brechen.

Wenn Gott ein Gott ist, der uns die Hoffnung wie eine Mohrrübe vor der Nase pendeln läßt, nur um sie wieder wegzuziehen, ist es kein Wunder, daß unser Appetit auf ihn, unser Vertrauen in ihn schwindet.

Wir sind schwach, doch er ist stark

Wir könnten von den Afrikanern lernen. Die wünschten nämlich, daß sie ein Sozialsystem hätten! O, wenn sie doch ein Häuschen besäßen, das sie staubsaugen könnten! Einen Staubsauger? Der wäre großartig, um damit Amas kleinen Schuppen zu säubern. Heilen? Sie fänden es wunderbar, wenn aus den Stümpfen Füße und Hände wüchsen! Ihr Leiden ist wie ein Abgrund, wie ein gähnender Höllenschlund. Doch leidend und gequält wie sie sind, scheinen sie Gott mit absoluter Hingabe zu vertrauen.

Denken Sie nicht, daß ich sie verherrlichen will. Es handelt sich hier nicht um einen Wettstreit darum, wessen Verdienste größer sind. Bevor wir aus Ama und ihren Freunden Heilige machen, müssen wir daran denken, daß sie uns ähnlicher sind, als uns bewußt ist. Auch sie wollen, was sie nicht haben. Der Unterschied liegt darin, wie sie Gott sehen.

An einem heißen, windigen Abend, als wir im Begriff waren, Ghana mit dem Flugzeug zu verlassen, sprach ich auf dem Rollfeld mit einer Frau vom Bodenpersonal. Als ich ihr von den leidenden, doch glücklichen Menschen erzählte, die wir in den Elendsvierteln getroffen hatten, sagte sie: „Wir *müssen* auf Gott vertrauen. Die Menschen hier haben keine andere Hoffnung." Sie strich mit der Hand über ihr verwehtes Haar und gab mir – ohne mit der Wimper zu zucken – einen wissenden Blick und ihr breites Lächeln. Sie meinte, was sie sagte. Ich fragte, wie sie es fertigbrächte, immer zu lächeln. Sie zuckte mit den Schultern: „Auch ich habe Gott."

Es hörte sich so einfach an. *Vielleicht ist es einfach,* überlegte ich. Sie hat denselben Gott wie wir, die gleiche Bibel. Und wenn es ums Leiden geht, hat sie denselben Text, den wir alle haben. Im zweiten Korintherbrief heißt es: „Viel lieber also will ich mich meiner Schwachheit rühmen, damit die Kraft Christi auf mich herabkommt. Deswegen bejahe ich meine Ohnmacht, alle Mißhandlungen und Nöte, Verfolgungen und Ängste . . . denn wenn ich schwach bin, dann bin ich stark" (12, 9–10).

Not bringt uns näher zu Gott. Es ist eine allgemeine Wahrheit, die wir schon aus einem Lied in der Sonntagsschule gelernt haben: „Ich bin schwach, doch er ist stark."

Das war es, was ich in jener Nacht in Afrika gesehen habe. Unser Freund, der Pastor, hatte seine Arme weit ausgebreitet und gerufen: „Willkommen in unserem Land, wo unser Gott größer ist als bei euch." Es ist eine beglückende Tatsache: Gott scheint immer für die größer zu sein, die seiner am meisten bedürfen, und Leiden benutzt er als Werkzeug, um uns zu helfen, ihn mehr zu brauchen.

Gott durch Leiden besser kennenlernen? Das ist ein befremdlicher Gedanke. Doch andererseits kenne ich den Jungen aus der Oberschule, der Gott beim Wort nahm, als er in Schwierigkeiten geriet. Sein ganzes Leben drehte sich um Football und darum, ein Sportstipendium an einer der zehn großen Universitäten zu ergattern. Dann wurde er in Nebraska im zweiten Studienjahr an der Fünf-Yard-Linie gerempelt. Nach zwei Operationen und drei Spielzeiten auf der Ersatzbank machte er sich ernsthaft

Gedanken: Welche Prioritäten setze ich mir für dieses kurze Leben? Auch heute treibt er noch Sport (er trainiert nach Feierabend eine Jugendmannschaft), doch seine Prioritäten haben sich geändert: Die Bibel und das Gebet nehmen einen festen Platz in seinem Tagesablauf ein.

Gott durch Not näherkommen? Auch das hört sich merkwürdig an. Da gibt es ein Ehepaar in meiner Straße, das etwas zu viel Wert auf materielle Güter legte. Als er im vorigen Jahr seine Stellung verlor, konzentrierten sie sich mehr auf das Gebet, lebten bescheidener und lernten dadurch einiges hinzu. Sie fanden heraus, daß es wichtiger ist, ein Familienleben zu haben als bestimmte Dinge zu besitzen, daß die örtliche Fachhochschule gar nicht so schlecht für seine auf die teuerste Universität versessene Tochter war, und daß Gott sich um sie kümmerte, während sie sich bemühten, wieder auf die Beine zu kommen.

Gottes Hand im Kummer entdecken? Noch so ein eigenartiger Gedanke. Doch es gibt da einen sechsundzwanzigjährigen Mann, dem seine Auserwählte den Verlobungsring zurückgab. Monatelang ließ er ihn auf der Kommode liegen, als Symbol seines Versagens in der Liebe. Er versuchte, mit seinem Kummer fertigzuwerden, indem er sich in der Nachbarschaft um einen unglücklichen Jungen kümmerte, der keinen Vater hatte. Am Wochenende nahm er ihn mit aufs Land und brachte ihm das Reiten bei. Dadurch wurde er erwachsen. Ihm wurde klar, wie belanglos seine Probleme waren.

Zwei Jahre später ging der junge Mann in einen Buchladen, um ein Geschenk zu kaufen, und erblickte ein hellblondes Mädchen mit unwiderstehlichem Lächeln, das sich einen Kalender mit Pferdebildern ansah. Sie kamen ins Gespräch und entdeckten, daß sie außer der Liebe zu Pferden noch etliches gemeinsam hatten. Er lud sie am folgenden Wochenende zum Reiten ein, und einige Zeit später sagte sie begeistert ja, als er sie auf der Veranda fragte, ob sie ihn heiraten wolle. Heute bekommt er Schüttelfrost, wenn er daran denkt, daß er sie verpaßt haben könnte.

Wenn wir schwach sind, ist Gott stark. – Na gut, das können wir akzeptieren.

Doch warum winden wir uns dann, wenn wir in der Klemme stecken? Weshalb fragen wir ständig, warum das geschieht? Ein Hinweis steckt in den Fragen, die wir äußern: „Werde ich je wieder glücklich sein?“ und „Wie soll das für mich zum Guten führen?“ Die Fragen an sich sind rein technisch und ich-bezogen. Selbst wenn wir gute Gründe finden – wie bei dem Footballspieler aus Nebraska, der seine Prioritäten auf die Reihe bekam, und dem Ehepaar, das lernte, mit weniger auszukommen, oder dem jungen Mann, dessen Kummer ihm zur „perfekten Ehefrau“ verhalf –, können diese guten Gründe ich-bezogen sein:

„Das Leid hat mir tatsächlich dazu verholfen, mein geistliches Leben in Ordnung zu bringen.“

„Ich erlebte, wie diese Prüfung meinen Charakter stärkte und meine Gebete tiefer werden ließ.“

„Dieser Kummer hat meine Ehe verbessert.“

Merken Sie, wie oft *mir* und *mein* darin vorkommt?

Gott bemerkt es auch.

Leiden, das die Grenzen überschreitet

An der Böschung, auf der wir sitzen, bewegen sich die Gräser wie Wellen, wenn der Wind darüber streicht. Er bringt die Kiefernäste zum Schwingen. Mein Haar ist verweht und mein Geist belebt. Ist ein Garten je so voller Sonne gewesen? John McAllister und ich sitzen steif in unseren Rollstühlen und genießen die frische Brise. Mit abwesendem Blick sieht John zu den Bergen in der Ferne. Ein Wollschal ist um seinen Hals gewickelt. Er erinnert an die Statue eines vornehmen Mannes oder an einen Gelehrten, der in seinem Garten meditiert.

„Ich muß öfter hierher kommen“, sage ich mit einem Seufzer. „Ich liebe diese Aussicht, diesen Tag. Und ich bin dankbar für deine Freundschaft.“

Er lacht schallend und legt damit das Kompliment zur Seite wie ein Geschenk, an dem er sich später erfreuen will. Ich vergleiche unsere Lebensumstände. Nahezu drei Jahrzehnte des Gelähmtseins haben von meiner Gestalt ihren Tribut gefordert.

Doch bei ihm trägt eine degenerierende Nervenkrankheit die Schuld an sichtbaren Verkrüppelungen. Eine große Eiche wird gebeugt und verdorrt vor meinen Augen.

Eine Krankenschwester erscheint mit einer Art Spritze und einem Plastikbehälter, in dem sich eine cremige Flüssigkeit befindet. Wir unterhalten uns weiter, während sie die unteren Knöpfe seines Oberhemds aufknöpft. Sein weißer Unterleib ist entblößt und gewährt den Blick auf ein großes Pflaster und einen Schlauch, durch den er ernährt wird. Die Schwester füllt sein Mittagessen in den Schlauch. Ihm scheint das nicht peinlich zu sein, doch ich versuche, den Moment zu überbrücken. „Es muß schwierig sein, das Tischgebet zu sprechen, wenn man durch einen Schlauch ernährt wird!“

Er nickt. Ich denke an Tage, in denen er stärker war, als er sich noch mehr bewegen konnte und in der Lage war, in einem Altenpflegeheim mitzuhelfen, immer bemüht, aktiv zu bleiben, anderen zu dienen und etwas zu tun. Die Schwester löst die Spritze vom Schlauch und wischt seinen Bauch ab, so wie sie nach dem Essen einen Mund mit einer Serviette abwischen würde. Ich bin froh, daß sie ordentlich ist. John setzt alles daran, sauber zu sein. Die Dusche ist das einzig Normale, das er sich nicht nehmen läßt. Alles andere gehört der Vergangenheit an.

Monate vergehen. Die Luft ist kälter, die Tage sind kürzer geworden. Johns Rollstuhl steht unbenutzt in der Ecke. Er ist zu schwach, um oft darin zu sitzen. Sein Bett steht mitten im Wohnzimmer. Die Nächte sind nicht mehr freundlich. Schatten werfen zuckende, bizarre Gestalten in den Raum. Die Anziehungskraft der Erde wird ihm zum Feind, wenn das Gewicht der Luft auf seinen Brustkorb drückt. Atmen ist schwere Arbeit. Rufen wird zur Unmöglichkeit.

Heute nacht müßte er rufen. Eine Ameise findet ihn in der Dunkelheit. Der Späher sendet Nachricht, und die anderen kommen. Erst sind es Hunderte, dann Tausende, eine lautlose Legion findet ihren Weg den Schornstein hinunter, über den Fußboden, klettert an seinem Urinbeutel und dem Katheterschlauch hinauf und auf sein Bett. Sie verteilen sich über die Hügel und Täler von

Johns Decke, kriechen durch Tunnels an seinen Körper. Er ist von einer schwarzen, emsigen Invasion bedeckt.

Als das Fax, in dem man mir davon berichtet, mein Hotel erreicht, befinde ich mich gerade in England – weit entfernt. Johns Frau und eine Schwester fanden ihn am nächsten Morgen. Noch immer hatte er Ameisen in Mund, Haaren und Augen. Er war total zerbissen und seine Haut wie verbrannt. *Bete für ihn,* hieß es in dem Fax, *wir haben ihn noch nie so niedergeschlagen gesehen.* Als die Botschaft ankommt, bin ich nicht im Hotel. Ich spreche gerade auf einer Konferenz über die Not von behinderten Menschen. Ich spreche von Gottes Gnade und seinem Schutz für die Schwachen und Verletzlichen.

Dann sitze ich in der Empfangshalle und will das Fax ein zweites Mal lesen. Doch ich bringe es nicht fertig. Mir ist schlecht. John ist ein Christ. Sein Gott kann im Dunkeln sehen.

Warum, um Himmels willen, warum? *Gott, wer bist du?* bin ich versucht zu fragen.

Wenn Sie John kennen würden, käme auch Ihnen diese Frage. Da geht es nicht um eine gerissene Sehne auf dem Footballfeld, nicht um die höfliche Absage einer bekannten Universität, daß das Stipendium nicht genehmigt wurde. Da geht es auch nicht um den Kummer über einen zurückgegebenen Verlobungsring. Es ist viel dramatischer – eine Krankheit, ein Leid, das sich auf die Lauer legt und einen Menschen zum Wahnsinn treibt. Leiden, das Amok läuft. So etwas würde mich niemals zu Gott hinziehen, denkt man. Es würde mich von ihm *ab*stoßen.

Sollen wir wirklich glauben, daß ein derartiges Leiden jemandem hilft, Gott besser kennenzulernen? Daß es uns näher zu Gott bringt? Ist das Gottes Vorstellung davon, wie man in seinem Leben etwas Bedeutendes und Wichtiges erreicht?

Gibt es irgendwo jemand, der einen Sinn darin erkennen kann? Jemand, der das tatsächlich glaubt?

Zurück zur Bibel

Nackt bis zum Gürtel, gezwungen, auf dem Bauch zu liegen, schließt Paulus seine Augen. Ein paar Sandalen kratzen hinter ihm im Staub. Er hört, wie die Menge still wird, hört das tiefe Einatmen und das Sausen der Lederstriemen und – zack! – fühlt ihren Biß. Der Wächter findet seinen Rhythmus, und die Auspeitschung beginnt.

Auspeitschen war ein typisch jüdischer Brauch: neununddreißig Hiebe mit der dreistriemigen Peitsche. Neununddreißig, nicht vierzig. Das Gesetz des Mose erlaubt bis zu vierzig Hiebe, doch es ist besser, keine Übertretung zu riskieren.

Beim dreißigsten Schlag rutscht Paulus mit dem Gesicht in den Sand. Bevor er seine Karriere beendet hat, wird er den Staub vor fünf Synagogen gekostet haben. Er wird auch die Bekanntschaft mit der Narben aufreißenden Rute Roms gemacht haben, die nur kurz vor dem Tod des Delinquenten haltmacht. Er wird sich einen Tag und eine Nacht lang auf offener See an die Reste eines Schiffes geklammert, Jahre in Ketten verbracht haben und nach dem Steinigen durch die empörte Masse als tot zurückgelassen worden sein (2 Kor 11,24–27).

Dies alles hätte er vermeiden können. Ein paar Widerrufe hätten genügt, selbst ein diskretes Schweigen in einigen kritischen Augenblicken hätte ausgereicht. Doch Paulus konnte nichts für sich behalten.

Seine Feinde lernten seine langen Zitate zu hassen – nicht zu reden von seinem außergewöhnlichen Intellekt. Sie konnten Paulus nicht zum Narren halten. Er kannte ihre verborgenen Einwände. Was seine Feinde wirklich haßten, war die unsichtbare Gestalt, die hinter jeder Debatte und jeder Diskussion stand, in die Paulus sich begab – die Gestalt dessen, von dem Johannes der Täufer gesagt hatte, er sei es nicht wert, ihm die Schuhe auszuziehen. Es war die Erinnerung an diesen unsichtbaren Mann, die Paulus vorwärts trieb.

Natürlich wurden die meisten von den „drei Tagen im Grab und *dann* ...“ abgeschreckt. Hatten die Griechen nicht lauthals darüber gelacht? Ein Leichnam, der aus seiner steinernen Grabhöhle springt? Ein Toter, der durch die Stadt läuft? Doch was die Griechen für Unsinn hielten, machte die Juden wütend. Wie konnte dieser Sterbliche es wagen, sich mit dem Allmächtigen auf eine Stufe zu stellen? Noch dazu ein unehelich geborener Rabbi aus der Provinz, der mit seinen sogenannten Heilungen und seinen verschrobenen Lehren den Sabbat verletzte![1] Er war ein Narr, der gekreuzigt wurde.

Doch Paulus hatte diesen Rabbi gesehen. *Nach* der Beerdigung – keine zehn Jahre später. Dieser Rabbi war ihm auf der Straße nach Damaskus erschienen – von einem blendenden Licht umgeben und majestätischer, als es sich mit Worten beschreiben läßt. Ohne Frage auferstanden aus seinem kalten, steinernen Grab. Dieses Erlebnis überzeugte Paulus davon, daß Jesus von Nazaret tatsächlich der lang prophezeite Sohn Gottes war – gekommen, um den Tod für die Sünden der Welt zu erleiden, wieder ins Leben zurückzukehren und es an andere zu verschwenden.

Etwas später erschien der auferstandene Christus einem Christen in Damaskus und beauftragte ihn, Paulus zu finden und zu taufen. Der Auftrag endete mit den Worten: „Denn dieser Mann ist mein auserwähltes Werkzeug: Er soll meinen Namen vor Völker und Könige und die Söhne Israels tragen. *Ich werde ihm auch zeigen, wieviel er für meinen Namen leiden muß*“ (Apg 9,15–16).

Die Ankündigung erwies sich als wahr. Paulus war dazu bestimmt, das Evangelium weiter zu verbreiten als alle anderen Apostel. Doch er litt unsagbar, während er es tat.

Wie wir ihn bewundern! Wie oft wir ihn zitieren! Wir wünschten, wir könnten so vorbildlich leben, so mutig reden, unsere Fehler so entschieden bekämpfen. Wir sehnen uns danach, ihm gleich zu werden, völlig erneuert durch die den Tod besiegende Kraft Christi.

Einige Freunde von Paulus wünschten sich das auch. „Wir wollen so sein wie du, Paulus. Worin besteht dein Geheimnis? Wie können wir Gott so nahe kommen wie du?“ Der Apostel vertraute sich ihnen in einem Brief an. Er beschrieb, wodurch

---

[1] Während einer Auseinandersetzung deuteten seine Gegner an, daß Jesus ein uneheliches Kind war, s. Johannes 8,19,41.

sein bemerkenswertes geistliches Leben genährt wurde und wonach es ihn verlangte:

„*Christus will ich erkennen und die Macht seiner Auferstehung und die Gemeinschaft mit seinen Leiden; sein Tod soll mich prägen*" (Phil 3,10).

„Christus will ich erkennen", schrieb Paulus.

Ja, sagen wir in unseren besten Augenblicken, das wollen wir auch. Das Leben gelingt am besten, wenn wir mit unserem Schöpfer auf gutem Fuß stehen.

„Mir geht es nur darum ... die Macht seiner Auferstehung zu erkennen."

Unbedingt! Soll sie kommen! Wir wollen uns über unsere Umstände erheben, so wie er sich von den Toten erhoben hat. Wir könnten eine gründliche Reinigung unseres Innersten vertragen. Der Himmel weiß, daß wir Hilfe brauchen, mit unserem Versagen fertigzuwerden. Wir alle wollen es besser machen.

„Mir geht es nur darum ... seine Leiden zu teilen."

Halt, Moment mal! Vielleicht hat der Apostel ein wenig übertrieben. Eigentlich wollen wir nicht an Leiden teilhaben, weder an denen von Christus, noch an denen von irgend jemand anderem. Wenn wir allerdings darüber nachdenken, müssen wir zugeben, daß schwierige Zeiten in kleinen Mengen ein gutes Stärkungsmittel für die Seele sein können. Das Thema Leiden ist ohne Zweifel ein wichtiger Teil des christlichen Lebens, über den wir alle besser Bescheid wissen sollten. Nur darf die Belastung nicht unerträglich werden.

„Mir geht es nur darum, daß ... sein Tod mich prägt."

Was? Wir sollen uns vom *Tode* Christi prägen lassen? Etwa als Märtyrer oder durch Kreuzigung? Oder indem wir lebend „unser Kreuz auf uns nehmen" und Gott uns langsam alles nimmt, was uns lieb und wert ist? Oder durch die Ähnlichkeit mit Christi Tod, indem ich Dinge hinnehmen muß, die ich nicht will, während ich mir Dinge wünsche, die ich nicht habe? Indem mir von Gott, der mich doch eigentlich liebt, Leiden aufgezwungen werden?

Einen Augenblick bitte, sagen Sie. Wenn Paulus unser Vorbild sein soll und Gott will, daß wir dasselbe tun wie er, hat dieser

Gott denn überhaupt eine Vorstellung, welche Schmerzen ich erduldet habe?

Wurde er von einem Ehemann verlassen und saß allein mit einem Haufen unbezahlter Rechnungen? Wurde er mit einem verunstalteten Gesicht geboren, das auf dem Spielplatz Spott auslöste und abweisende Blicke auf sich zog? Sitzt Gott verwirrt und mit verbundenen Augen in einer iranischen Gefängniszelle? Friert er an einem Januartag langsam zu Tode, während er in New York auf dem Gehsteig sitzt? Lebt er mit der Erinnerung an gewalttätige Eltern, Inzest oder Vergewaltigung? Hat er Menschen, die er liebt, in körperlichen und seelischen Qualen zucken und sich winden sehen?

Wer ist dieser Gott, den ich zu kennen glaubte? Wer ist dieser Gott, der von uns verlangt, über Glasscherben zu kriechen, nur um das Vergnügen seiner Gesellschaft zu genießen?

WER IST DIESER GOTT?

1. Überschäumende Freude

Lange, lange, bevor Materie existierte, bevor der Kosmos seinen ersten Atemzug tat, bevor der erste Engel seine Augen öffnete, als nichts war – hatte Gott bereits seit Ewigkeit gelebt. Er hatte nicht nur ewig gelebt, er ist seit jeher *zufrieden* gewesen. Und was Gott war, ist er noch und wird es immer sein.

Ein seltsamer Gedanke für uns moderne Menschen. Wer sagt, daß Gott zufrieden ist? Nehmen wir einmal an, daß es stimmt, ist das eine gute Nachricht? Schließlich wird die gesamte Menschheit von Schmerz und Leid geplagt. Sollte es Gott erlaubt sein, einfach zuzusehen und dabei in der Hängematte zu liegen? Vielleicht ist die Vorstellung von einem zufriedenen, unberührten Schöpfer störend für Sie. Doch das sollte sie nicht sein. Denn wenn Gott irgend jemand aus seiner Bedrängnis retten soll, sollte er besser selber nicht in Bedrängnis sein.

Nur wenige Menschen glauben heute noch an einen zufriedenen Gott; das trifft sogar auf viele seiner Anhänger zu. So beschrieben in einer Diskussionsrunde im Fernsehen einige Theologen Gott als besorgt, unsicher, kleinlich, eifersüchtig und sogar nachtragend. Adam und Eva haben ihn überrumpelt, als sie die Frucht aßen, und nun hat er ein Riesenproblem zu lösen. Zuerst knabbert er an seinen Fingernägeln, dann wird er wütend, reagiert übertrieben und läßt die Köpfe rollen. Am Morgen wird es ihm wahrscheinlich leid tun.

Doch in der Bibel wird er „der selige Gott" genannt (1 Tim 1,11). Nicht eine bedrohte, aufgeregt hin und her laufende Gottheit, die nach Aufmerksamkeit hungert, sondern „der selige und einzige Herrscher, der König der Könige und Herr der Herren, der allein die Unsterblichkeit besitzt . . ." (1 Tim 6,15–16).

Die alten Griechen benutzten das Wort, um die Reichen und

Mächtigen – die Spitzen der Gesellschaft – und die Götter zu beschreiben, die haben konnten, was immer sie wollten, und tun konnten, was ihnen gefiel. Jesus benutzte es, als er sagte: „Selig, die arm sind ... die Trauernden ... die Frieden stiften." Er meinte damit, daß solche Menschen sich glücklich schätzen können; wir sollten sie beneiden, weil sie die wahrhaft Glücklichen sind.

Das ist das Wort, das in der Bibel gewählt wurde, um Gott zu beschreiben. Genaugenommen ist die Bezeichnung *zufrieden* nicht stark genug. Eigentlich ist Gott *glücklich, glückselig*. Sehen Sie sich das Bild an, das die Bibel von Gott zeichnet, und Sie werden herausfinden, daß er überglücklich ist.

Worüber ist Gott so glücklich? Im Gegensatz zu uns fehlt ihm nichts. Er wäre die Person, bei der man sich zu Weihnachten vergeblich den Kopf über ein passendes Geschenk zerbricht. Als das Volk Israel einmal dachte, daß sie mit ihren Opfern Gott einen Gefallen täten, erinnerte er sie daran: „Doch nehme ich von dir Stiere nicht an noch Böcke aus deinen Hürden. Denn mir gehört alles Getier des Waldes, das Wild auf den Bergen zu Tausenden" (Ps 50,9–10). Keine Diktatoren, Lehrer, Chefs, Trainer, Ausbilder, Offiziere, Inspektoren oder verrückt gewordene Kerle mit geladenen Pistolen können ihn herumkommandieren, denn „unser Gott ist im Himmel; alles, was ihm gefällt, das vollbringt er" (Ps 115,3). Er ist nicht in Verzug, hat nicht zu wenig Energie oder Mangel an Schlagkraft; er wartet nicht auf die Zustimmung der Bank oder die Baugenehmigung, um seinen Plan zu realisieren, denn „es gibt niemand, der seiner Hand wehren und ihm sagen dürfte: Was tust du da?" (Dan 4,32).

Stellen Sie sich vor, welches Vergnügen er an allem haben muß, was er geschaffen hat. Sicher haben Sie die Genugtuung im Gesicht des Kindes gesehen, dessen Buntstiftmeisterwerk „Haus mit Baum" am Kühlschrank hängt. Sie wissen, wie Sie sich fühlen, wenn Sie ein viel gepriesenes Essen serviert haben, wenn Sie die dringend fällige Abschlußarbeit fertig haben, wenn es Ihnen gelungen ist, eine Topfpflanze wieder zum Blühen zu bringen. Immer wieder bewundern wir die Fliesen, die wir im Eingang gelegt haben, das Modell-Segelboot, das stolz auf unserem Bücherregal segelt, das Auto in der Garage, das wir wieder auf

Hochglanz gebracht haben. Wie mag Michelangelo zumute gewesen sein, als er nach den letzten Pinselstrichen zur Kuppel der Sixtinischen Kapelle hinaufblickte? Was geht Steven Spielberg wohl durch den Kopf bei der Premiere seines neusten Films?

Für Gott sind das alles kleine Fische. Was glauben Sie, wie er sich fühlte, nachdem er eine Billion Galaxien erschaffen hatte? Mit der üblichen Untertreibung berichtet uns die Bibel: „Gott sah, daß es gut war" (Gen 1,18). Nachdem er zurücktrat, um das Himmelszelt zu betrachten, ruhte er – nicht, weil er nach der Anstrengung zu Atem kommen mußte, sondern um den Augenblick zu genießen. Das ist Zufriedenheit!

Bei jeder gut gelungenen Arbeit verdoppelt sich die Freude, wenn jemand anwesend ist, der davon Kenntnis nimmt. Gott geht es ebenso. Er sagte zu Hiob, daß alle Gottessöhne (Engel) jubelten, als er die Fundamente für die Erde legte (Ijob 38,7). Kann man sich diese himmlische Szene vorstellen?

„Bei Tag und bei Nacht stieg der Weihrauch des Lobes vor ihm auf aus goldenen Schalen, von Geistern gehalten, die sich in Ehrfurcht vor ihm verneigten; die Harfen von unzähligen Cherubim und Seraphim verströmten ununterbrochene Lobpreisungen, und die Stimmen dieser mächtigen Engelscharen erklangen in Bewunderung . . . Können Sie sich die Süße der Harmonien vorstellen, die sich endlos in das Ohr . . . Gottes ergossen?"[1]

Welche Freude, solche Bewunderung in sich aufzunehmen! Doch wir haben noch nicht ergründet, was Gottes Herz am meisten beglückt.

Wenn Sie Gott wären, was könnte Sie dann noch beeindrucken? Schließlich haben Sie alles geschaffen. Alles ist wunderbar, da gibt es keinen Zweifel, doch es ist weniger als Sie selbst. Eine Unterhaltung mit einer Ihrer Kreaturen – selbst wenn es die großartigste wäre – verlangt von Ihnen eine unendliche Erniedrigung. Womit könnte sich Ihr unbegrenzter Geist wirklich unterhalten? Welche Idee könnte Sie faszinieren? Wessen Gesellschaft würden Sie genießen? Wessen Charakter und

---

[1] Aus der Predigt „Die Herablassung Christi" aus Spurgeon's Sermons Vol. 4. Grand Rapids 1989, S. 366–367.

wessen Leistungen könnten Sie verblüffen? Wo würden Sie genug Schönheit und Anmut finden, daß *Sie* hingerissen wären?

Es gibt nur eine Antwort. Nichts kann ein unendliches Wesen zufriedenstellen, außer ein unendliches Wesen. Gott wird erst wirklich begeistert, wenn er in den Spiegel sieht.

Wo ist dieser Spiegel? – Es ist die Dreieinigkeit.

Ewigkeiten vor dem Kosmos, vor den Engeln, ja vor dem Himmel selbst – existierte der eine und einzige Gott in drei Personen: Vater, Sohn und Heiliger Geist. Wenn Sie das verneinen, können Sie kein Christ sein. Doch um es begreifen zu können, müßten Sie Teil dieser Dreiheit sein.

Deshalb ist Gott niemals allein gewesen. Als Drei in Einem bezieht er Leben und Existenz und höchste Freude von niemandem als sich selbst. In der Dreieinigkeit ist er sich selbst der beste Freund.

Es ist das eigentliche Wesen des Heiligen Geistes, auf den Sohn hinzuweisen. Er weiß genau, wie der Vater und der Sohn denken, und brennt in Liebe für sie, denn die Drei sind gemeinsam Gott. Deswegen lieben der Vater und der Sohn den Heiligen Geist.

Doch in der Bibel ist es der Sohn, der im Mittelpunkt des Geschehens steht. Er ist Gott, absolute Gottheit, in jeder Hinsicht auf gleicher Ebene mit dem Vater und dem Heiligen Geist. Der Vater wird niemals müde, ihn zu rühmen:

„Seht, das ist mein Erwählter, an ihm finde ich Gefallen" (Jes 42,1). „Das ist mein geliebter Sohn, an dem ich Gefallen gefunden habe" (Mt 3,17).

Die beiden sind sich so nahe, daß der Sohn „am Herzen des Vaters ruht" (Joh 1,18) – das heißt, daß er den Kopf an seine Brust lehnt, wie es einer seiner engsten Freunde tat (Joh 13,23–25).

Darüberhinaus hat ihm Gott die Verantwortung für das Universum übertragen. „Mir ist von meinem Vater alles übergeben worden" (Lk 10,22).

Warum schätzt der Vater ihn so? Weil er sich selbst in seinem Sohn sieht. Seine eigene Vollkommenheit wird von ihm vollendet widergespiegelt. Der Sohn ist das Spiegelbild Gottes. *Wir* sehen in den Spiegel und sind fast immer enttäuscht. Gott sieht in den Spiegel und ist gefesselt. Wenn der Vater jemals irgendein Verlangen hatte, wurde es vom Sohn mehr als befriedigt. Die ewige Dreieinigkeit freut sich miteinander in einem wirbelnden Tanz gegenseitiger Liebe. Die Dreieinigkeit genießt Freuden, die für uns unfaßbar sind.

Verschlägt Ihnen das die Sprache? Das sollte es auch.

Was hilft das aber dem Krebskranken, der Blut spuckt? Oder dem Gefangenen, der in der Todeszelle sitzt? Oder John McAllister, als ihn die Ameisen überfielen?

Denken Sie sich das bitte einmal folgendermaßen: Hundertfünfzig Kilometer von Ihrem Heim entfernt geht Ihr Auto kaputt. Sie befinden sich auf einer abgelegenen Seitenstraße und haben keine Ahnung von Autos. Ihre Kinder, die hinten im Wagen sitzen, jammern, weil sie hungrig sind. Sie haben Ihre Brieftasche vergessen und laufen einen Kilometer zur nächsten Ortschaft. Während Sie laufen, wird Ihnen zusehends schlechter. Als Sie von der Telefonzelle aus versuchen, mit ihrem letzten Groschen einen Freund anzurufen, meldet sich niemand. Die Autowerkstatt ist geschlossen. Sie sehen sich auf der Hauptstraße um, ob Sie jemand ansprechen können, der Sie zurück zu Ihrem Auto fahren und eventuell einen Blick unter die Kühlerhaube werfen könnte oder ob Sie einen Platz sehen, wo Sie mit Ihrer Familie unterkommen können, bis die Werkstatt wieder öffnet.

Wen werden Sie ansprechen? Den älteren Herrn, der gerade aus dem Beerdigungsinstitut tritt und sich die Augen wischt? Die Teenager, die sich gegenseitig ärgern, während sie die Straße überqueren? Den Mann mittleren Alters, der aus einem Reihenhaus gestürzt kommt und mit einem Schimpfwort die Tür hinter sich zuschlägt? Die Frau im zerrissenen Mantel, die den Gehsteig entlangschlürft und ein schmutziges Kind hinter sich herzieht? Oder die zwei Nachbarinnen, die am Zaun stehen und sich lachend unterhalten?

Sie würden die zwei Nachbarinnen wählen. Warum? Weil die anderen ihre eigenen Sorgen haben – einige würden vielleicht sehr unangenehm reagieren. Die Nachbarinnen dagegen scheinen in guter Stimmung zu sein. Bei Leuten, die in guter Stimmung sind, ist die Wahrscheinlichkeit größer, daß sie anderen helfen.

Gott ist guter Laune, könnte man sagen. Er ist nicht deprimiert. Er sucht nicht danach, Gesellschaft für seinen Kummer zu finden. Er ist kein verbitterter kosmischer Neandertaler, der den Finger am Auslöser einer nuklearen Waffe hält. *Gott ist überschäumende Freude.* Daher stammt seine Gnade. Der volle Behälter der Liebe schwappt über die Wände des Himmels. Gott befindet sich in Hochstimmung, und das ist es, was ihn dazu bringt, sie mit uns zu teilen. Warum? Ganz einfach – er sagt, „damit meine Freude in euch ist“ (Joh 15,11).

Gott ist niemandem Rechenschaft schuldig. Als unbestrittener Herrscher über das Universum teilt er seine Freude – allerdings zu *seinen* Bedingungen. Und zu diesen Bedingungen gehört, daß wir leiden – zu einem gewissen Grad leiden, wie sein geliebter Sohn gelitten hat, als er auf Erden war. Seine Gründe mögen uns unverständlich sein, doch es wäre vermessen, sich mit ihm darüber zu streiten.

Gott ist Glückseligkeit, für die es keine Worte gibt. Es lohnt sich, *alles* daranzusetzen, sein Freund zu sein.

Also gut: Gott gefällt es, Gott zu sein. Er genügt sich selbst. Doch kümmert er sich darum, wie es uns geht? Sonnenschein in Hawaii verhindert nicht den Schneeregen in Boston. Übrigens: Wie steht es mit dem Sonnenschein im Himmel? Verliebte, die bei Kerzenlicht zusammensitzen, vergessen gewöhnlich alles um sich herum. Das Restaurant hat bereits geschlossen, alle Gäste sind gegangen, nur sie haben nichts gemerkt. Auch Gott ist verliebt. Die Dreieinigkeit ist glücklich. Doch wir hier unten ertrinken im Kummer. Woher wissen wir, daß er überhaupt an uns denkt?

Wir kennen seinen Sohn! Der Sohn „ist das Ebenbild des unsichtbaren Gottes“ (Kol 1,15). Er ist „das Abbild seines Wesens“ (Hebr 1,3). „Niemand hat Gott je gesehen. Der Einzige, der Gott ist und am Herzen des Vaters ruht, er hat Kunde gebracht“ (Joh 1,18). Das heißt dann doch: Wenn Sie von Jesus ein Foto machen, haben Sie Gott auf dem Film.

Wie sah Gott aus, als er auf unserer Erde lebte? Er war beliebt. Die Menschen mochten den Jungen, der seinem Vater in der Tischlerwerkstatt in Nazaret half. Ein intelligenter Junge, das stimmt, aber verwöhnt war er nicht. Seine Eltern bemerkten, wie aufmerksam er zuhörte. „Alle, die ihn hörten, waren erstaunt über sein Verständnis . . . Seine Rede fand bei allen Beifall; sie staunten darüber, wie begnadet er redete“ (Lk 2,47; 4,22).

Als Erwachsener setzte er alles daran, gegen den Strom zu schwimmen: Nichts wollte er weniger als ein Leben, das sich nur um sich selbst dreht. Es ist bezeichnend, wie er seine Tage verbringt. Das erste Kapitel des Markusevangeliums beschreibt einen typischen Tag in seinem Leben. Am Morgen – es ist ein Sabbat – besucht er die Synagoge in Kafarnaum. Hier sättigt er hungrige Herzen mit einem Brot, das man nirgends kaufen kann. Mitten in seiner Predigt beginnt ein Besessener in der Menge zu kreischen. „Schweig und verlaß ihn!“ ruft der Lehrer. Der üble Dämon gehorcht, und der arme Mann lebt auf, ist befreit. Später ist Jesus in dem bescheidenen Heim von Simon und Andreas. Simons Schwiegermutter liegt mit Fieber im Bett. Damals führte Fieber häufig zum Tod. Jesus spricht nicht aus sicherer Entfernung mit ihr. Er geht zu ihr, nimmt ihre Hand und hilft ihr beim Aufstehen. Das Fieber verläßt sie, und sie kann ihnen etwas zu essen bereiten.

Die Sonne geht unter. Das heißt, der Sabbat ist zu Ende und Arbeit wieder erlaubt, wie zum Beispiel die Kranken auf einer Bahre zu einem Haus am Ende der Straße zu tragen. „Hast du gehört, sie ist heute geheilt worden, von . . . na du weißt schon, wen ich meine.“ Sie kommen, alle die krank und besessen sind. „Die ganze Stadt war vor der Haustür versammelt, und er heilte viele, die an allen möglichen Krankheiten litten, und trieb viele Dämone aus“ (Mk 1,33–34).

Am nächsten Morgen, bevor irgend jemand es bemerkt, schlüpft er hinaus in die Dunkelheit und findet ein einsames Plätzchen außerhalb der Stadt. Seine Gefährten müssen ihn suchen. Da ist er – er betet wieder. „Weißt du nicht, daß dich alle suchen?“

Er weiß es, doch er antwortet: „Laßt uns anderswohin gehen, in die benachbarten Dörfer, damit ich auch dort predige; denn dazu bin ich gekommen.“ So beginnen die selbstlosesten dreieinhalb Jahre, die je gelebt wurden.

Ein Aussätziger wirft sich vor ihm auf die Erde. „Wenn du willst, kannst du mich rein machen." Jedes Protokoll durchbrechend und ohne jede Abscheu streckt Jesus die Hand nach ihm aus. „Ich will es – werde rein!" Schon lange hatte niemand mehr den Mann berührt. Krankhaft weiße Hautstellen röten sich und ein Mensch kann nach Hause zurückkehren (Lk 5,12–13).

Eine düstere Menschengruppe zieht durch das Stadttor in Naïn. Sie tragen einen Toten hinaus, den einzigen Sohn einer Witwe. Wer wird jetzt für sie sorgen? Jesus und seine Jünger nähern sich der Stadt. Als die zwei Gruppen sich begegnen, bleibt Jesus stehen. Nervöse Augen wenden sich ihm zu. Er berührt doch tatsächlich die Bahre. Einige in der Menge wollen sich schützend davorstellen. Was für ein Recht hat dieser Fremde? Doch sie kennen seine Gedanken und seine Macht nicht, denn „als der Herr die Frau sah, hatte er Mitleid mit ihr und sagte zu ihr: Weine nicht! – dann sprach er zu dem Toten: Ich befehle dir, junger Mann: Steh auf! Da richtete sich der Tote auf . . ." (Lk 7,13–15).

Und so geschieht es mit blinden Bettlern, Frauen mit Rückgratverkrümmung und Menschen, denen bei Hochzeiten der Wein ausgegangen ist.

Ein Boot segelt über den See von Galiläa. Es ist ganz still, nur der Wind singt im Segel. In letzter Zeit waren ständig so viele Menschen um sie, daß der Meister und seine engsten Freunde kaum Zeit zum Essen fanden. Deshalb haben sie sich für kurze Zeit davongemacht. Doch die Menge hat herausgefunden, wo sie an Land gehen werden, und ist am Ufer entlang dorthin gelaufen. Aus der Erholungspause wird nichts, doch „als [Jesus] ausstieg und die vielen Menschen sah, hatte er Mitleid mit ihnen" (Mk 6,34).

Als die Sonne sich senkt, sind viele Kranke wieder gesund, viele Taube können zum ersten Mal den Tagesklatsch hören und hungrige Seelen sind gesättigt. Aber die Mägen sind hungrig. Seine Jünger raten ihm, „schick sie weg, damit sie in die umliegenden Gehöfte und Dörfer gehen und sich etwas zu essen kaufen können." Doch er erwidert: „Ich will sie nicht hungrig wegschicken, sonst brechen sie unterwegs zusammen." Ein kleiner

Junge hat etwas zu essen bei sich, das ihm seine Mutter mitgegeben hat. Jesus sieht in den Korb, sie beten und fünftausend Menschen werden satt und strecken sich wohlig aus, ehe sie nach Hause gehen.

Für wen tut Jesus das alles? Für die Angesehenen der Gesellschaft? Die meisten von ihnen sind verstimmt und wenden sich ab, nachdem Jesus ihnen ein paar deutliche Worte gesagt hat. Es sind gewöhnliche Menschen, die von ihm angezogen werden – Fischer, Steuereintreiber, zwei alte Jungfern und ihr unverheirateter Bruder. Jesus scheut keine Mühe für Leute, die Lasten ihres Lebens mit sich herumschleppen. Da ist die Frau mit den Blutungen – man möchte gar nicht darüber sprechen. Jesus kämpft sich durch die Menge, um zu einem kleinen Mädchen zu kommen, das im Sterben liegt, als die Frau sein Gewand berührt, in der Hoffnung, daß niemand es merkt. Er dreht sich um, und sie fängt an zu weinen. Was für eine Szene! Doch er ist nicht ärgerlich. „Meine Tochter", sagt er zu ihr, „dein Glaube hat dir geholfen. Geh in Frieden!" (Lk 8,48).

Dann gab es noch den Mann, der nackt und kreischend auf dem Friedhof hauste, so daß niemand mehr zu Begräbnissen gehen wollte. Doch Jesus konnte mit ihm umgehen, und kurze Zeit später hatte der Bursche Kleider an und saß wie ein Schulanfänger mit gefalteten Händen vor Jesus. Kein anderer bestürmte Jesus so sehr, ihn mit sich ziehen zu lassen.

Verurteilte Kriminelle, Fremdlinge, zu klein geratene Herren, die zuviel Geld besaßen, Frauen, die nur nach Einbruch der Dunkelheit Besuch erhielten – das waren die Menschen, hinter denen er her war. Er wusch ihnen die Füße und aß und feierte mit ihnen. Man hatte niemals den Eindruck, daß seine Hände danach schmutzig waren. Kinder liebten es, sich an seine Kleidung zu hängen und ihm auf den Schoß zu klettern. Seinen Ärger sparte er sich für die Wichtigtuer oder seine Gefolgsleute auf, wenn sie versuchten, die Kinder zu vertreiben oder Feuer auf diejenigen herabzurufen, die ihrer Botschaft nicht glaubten.

Das heißt nicht, daß er die Sünde auf die leichte Schulter nahm – kein Straßenprediger in Harlem hat seiner Gemeinde je derartig mit der Vorstellung vom brennenden Schwefelsee eingeheizt. Doch Menschen, die sich über sich selbst schämten und entsetzt über ihr Verhalten waren, waren nie zuvor auf so viel Erbarmen gestoßen. Denken Sie zum Beispiel an die Nacht, in der Petrus im Gerichtshof versuchte, unterzutauchen, wie er Jesus verleugnete, den Hahnenschrei. Drei Tage später, als Jesus die elf Jünger benachrichtigen läßt, daß er auferstanden ist, wollte er sichergehen, daß vor allem der niedergeschlagene Petrus die Botschaft erhielt. „Nun aber geht und sagt seinen Jüngern, *vor allem Petrus* ..." (Mk 16,7). Später sagte er im Beisein der anderen Jünger voraus, daß Petrus sich dadurch auszeichnen wird, daß er im Alter für seinen Herrn den Märtyrertod erleidet.

Jesus heilte das abgetrennte Ohr dessen, der ihn gefangennahm. Er rettete die Seele des armseligen Lumpen, der mit ihm zusammen gekreuzigt wurde. Er begegnete den ernsthaften Zweifeln des Thomas mit Nachsicht, als er am Abend seiner Auferstehung im Kreis seiner Jünger erschien, die sich hinter verschlossenen Türen versammelt hatten. Wie herzzerreißend weinte er am Grab eines Freundes und wie einfühlsam sprach er zu den Zaghaftesten unter uns! Er erfüllte in jeder Weise die alte Verheißung: „Das geknickte Rohr zerbricht er nicht, und den glimmenden Docht löscht er nicht aus" (Jes 42,3).

„Jesus ist schon beeindruckend", sagen wir. „Was aber ist mit seinem Vater? Für unseren Geschmack ist zuviel ‚Altes Testament' in ihm – das Blitzen und Donnern am Berg Sinai. Er ist im Himmel und erfreut sich dort. Doch kümmert er sich auch um uns?"

Der Sohn Gottes öffnet uns die Augen: „Amen, amen, ich sage euch: Der Sohn kann nichts von sich aus tun, *sondern nur, wenn er den Vater etwas tun sieht.* Was nämlich der Vater tut, das tut in gleicher Weise der Sohn" (Joh 5,19).

Kümmert sich also der Vater um uns? Jesus hatte Mitleid, als er die überanstrengte, unwissende Menge sah – doch ein Jahrtausend zuvor war über Gott geschrieben worden: „Wie ein Vater sich seiner Kinder erbarmt, so erbarmt sich der Herr über alle, die ihn fürchten. Denn er weiß, was wir für Gebilde sind; er denkt daran: Wir sind nur Staub" (Ps 103,13–14).

Wir wissen, daß Jesus Mitleid mit den Waisen hatte, doch Hosea sagt vom Vater: „Denn nur bei dir findet der Verwaiste Erbarmen." Ja, Jesus weinte am Grab von Lazarus, aber vom Vater wird uns gesagt: „Kostbar ist in den Augen des Herrn das Sterben seiner Frommen." Christus verteidigte die Armen, wandte sich gegen die Unterdrückung durch die Reichen und warf im Tempel die Tische der Geldwechsler um. Doch Jahrhunderte zuvor ließ der Herr seine Propheten gegen eine selbstsüchtige Bevölkerungsschicht antreten, die die Armen verachtete und ausbeutete. Durch sie ließ er ihnen sagen: „Weh denen, die das Recht in bitteren Wermut verwandeln und die Gerechtigkeit zu Boden schlagen . . . Ihr bringt den Unschuldigen in Not, ihr laßt euch bestechen und weist den Armen ab bei Gericht . . . Weh denen, die den Tag des Herrn herbeisehnen. Was nützt denn der Tag des Herrn? Finsternis ist er, nicht Licht" (Hos 14,4; Ps 116, 15; Am 5,7,12,18).

Jesus, das Lamm Gottes, hielt denen die Wange hin, die ihn schlugen, und bat für seine Mörder um Vergebung – doch über Gott lesen wir: „Der Herr ist barmherzig und gnädig, langmütig und reich an Güte. Er wird nicht immer zürnen, nicht ewig im Groll verharren. Er handelt an uns nicht nach unseren Sünden und vergilt uns nicht nach unserer Schuld" (Ps 103,8–10).

Es war der Gott Moses, der Heilige Israels, der Gegenstand von Ezechiels Vision und der Apokalypsen Daniels, der Israel verbot, die Tauben zu verfluchen oder den Blinden ein Hindernis in den Weg zu stellen. Er war es, der Erbarmen mit der schluchzenden Hagar hatte, als sie ohne Wasser in der Wüste saß, einen Bogenschuß entfernt von ihrem Baby, und klagte: „Ich kann nicht mit ansehen, wie das Kind stirbt." Er versprach Hanna einen Sohn, als sie so bitterlich über ihre Kinderlosigkeit weinte, daß man sie für betrunken hielt. Er sagt jedem, der ein Herz hat, das vertrauen kann: „*Der Herr [wartet] darauf, euch seine Gnade zu zeigen*, darum erhebt er sich, um euch sein Erbarmen zu schenken" (Lev 19,14; Gen 21,15–17; 1 Sam 1; Jes 30,18).

Doch er sagt auch: „Denn euch wurde die Gnade zuteil, für Christus dazusein, also nicht nur an ihn zu glauben, sondern auch seinetwegen zu leiden" (Phil 1,29).

Der Ruf zum Leiden ergeht an uns von einem Gott, der über alle Maßen zartfühlend ist. Wenn wir uns nicht in den schlimmsten Stunden unseres Lebens daran festhalten, werden wir ihn nicht verstehen und beginnen, ihn zu hassen.

Doch zunächst gilt es, Gott selbst noch tiefgründiger zu verstehen.

2.
Der leidende Gott

Fünfhundert Jahre vor Christus stellte der persische König Xerxes die größten Land- und Seestreitkräfte zusammen, die man bis dahin gesehen hatte, überquerte die Dardanellen und fiel in Europa ein. Sein Ziel war es, Griechenland für die Rolle zu bestrafen, die es bei der Rebellion gegen seinen Vater Darius den Großen gespielt hatte. Obwohl ihm seine eigene Sicherheit und Bequemlichkeit über alles ging, wurde seinen Untertanen bei diesem Feldzug schwerste Strapazen zugemutet.

Fünf Jahrhunderte später überquerte der Sohn Gottes, der König aller Könige, die Kluft zwischen Gott und den Menschen und betrat die Erde. Sein Ziel war es, die Bestrafung, die seine Geschöpfe für die Rebellion gegen seinen Vater verdient hatten, auf sich zu nehmen. Bis zum heutigen Tag erwartet er, daß alle seine Nachfolger leiden – einige davon intensiver –, doch nur für ihr eigenes Wohl und niemals in dem Maße, in dem er gelitten hat. Der Unterschied ist augenfällig.

Ziemlich am Anfang von Xerxes' Feldzug bewirtete Pythius von Lydia – von dem behauptet wird, daß er der zweitreichste Mann der Erde war – den König und seine Armee verschwenderisch und machte danach ein erstaunliches Angebot: Er wollte die gesamten Kosten des Feldzuges übernehmen. Verblüfft bedankte sich der König bei Pythius, lehnte jedoch das Angebot ab. Bald danach wandte sich der reiche Pythius noch einmal an den König und bat ihn um einen kleinen Gefallen. Seine fünf Söhne nahmen an dem Feldzug gegen Griechenland teil. Er selbst wurde langsam alt. Wäre es nicht möglich, daß sein ältester Sohn nach Hause zurückkehrte, um für seinen alten Vater zu sorgen? Der Historiker Herodot berichtet uns, wie der König reagierte:

Xerxes gab sofort den Befehl, daß man den ältesten Sohn des Pythius ergreifen und ihn in zwei Teile sägen sollte. Dann sollten die Körperhälften zu beiden Seiten der Straße niedergelegt werden, damit die Armee hindurchmarschieren konnte. Der Befehl wurde ausgeführt.[1]

Das war typisch für Xerxes: eine kleine Unannehmlichkeit, eine Entscheidung, die schnell vor dem Mittagessen getroffen wurde, so etwas gehörte zur Routine. Dabei behauptete er, daß er diesen Feldzug „zum Wohle aller seiner Untertanen" unternahm.

Nun vergleichen Sie den Sohn Gottes damit, dessen sanfte Herrschaft in den vier Evangelien beschrieben wird. Diese Szenen werden uns mehr zu sagen haben, wenn wir nicht zu schnell dorthin gelangen. Wir wollen nicht einfach in den Raum stürmen, in dem Jesus mit seinen Jüngern sitzt, sondern zuerst nur durchs Schlüsselloch spähen, um zu sehen, wie er regiert. Folgen Sie mir zunächst in einen noch größeren Abstand – so etwa 2000 Jahre bevor Jesus erschien. Hier entdecken wir, was dazu führte, daß Gott Mensch wurde. Lassen Sie uns die Dinge betrachten, die sein Kommen andeuteten – Dinge, die uns einen Hinweis auf die Art seiner Herrschaft geben. Lassen Sie uns mit Genesis beginnen.

Im 15. Kapitel von Genesis (1. Mose) erscheint Gott dem Abraham.[2] Er verspricht ihm einen Sohn und mehr Nachkommen, als Sterne am Himmel stehen. Doch der Bart des Nomaden ist nicht mehr so dunkel, wie er einmal war, und bis jetzt hat ihn die Hebamme noch nie aus dem Zelt geschickt, damit er kochendes Wasser beschaffe. Gott versprach ihm auch ein neues Land, doch andere Menschen lebten bereits dort. Wie konnte der alte Hirte sich darauf verlassen?

„Der Herr sagte zu ihm: Hol mir ein dreijähriges Rind, eine dreijährige Ziege, einen dreijährigen Widder, eine Turteltaube und eine Haustaube! Abram brachte ihm alle diese Tiere, zerteilte sie und legte je eine Hälfte der anderen gegenüber" (Gen 15,9–10).

Die Sonne geht unter. Abraham fällt in tiefen Schlaf. Eine Dunkelheit umgibt ihn, die tiefer als die Nacht ist, und er ängstigt sich sehr. Gott ist ihm beängstigend nahe gekommen. Diesmal wie-

[1] Herodotus, *Histories,* New York, S. 459.

[2] Wir nennen ihn Abraham, um Verwirrungen zu vermeiden. Er hieß zu der Zeit eigentlich Abram.

derholt der Herr sein Versprechen mit Worten, die noch feierlicher sind. Doch es sind nur Worte. Plötzlich erscheint ein kleiner rauchender Ofen, der aussieht wie die alltäglichen Steingutgefäße, in denen sich Glut befindet und an deren Außenwand der Brotteig gebacken wird. Eine lodernde Fackel kommt aus dem Ofen. Abraham zittert. Er ahnt, daß Gott sich in dem Ofen und in der Fackel befindet. Gott ist im Begriff, einen Bund zu schließen. Nachdem er Abraham ein Versprechen gab, will er sich jetzt unwiderruflich an das Versprechen binden. Der Ofen und die Fackel erheben sich und bewegen sich auf die Tierkörper zu. Abraham traut seinen Augen nicht. Der unfaßbare Gott, der so groß ist, daß er ihm nicht einmal seinen Namen nannte, bewegt sich zwischen den blutigen Fleischstücken hindurch. Es ist ein Zeichen, mit dem Gott sagt: „Wenn ich mein Wort dir und deinen Nachkommen gegenüber nicht halte, werde ich mich selbst wie diese Tiere behandeln – *ich werde mich in zwei Teile zersägen.*"

„Was will er tun?" hätte Xerxes gefragt, wenn er davon erfahren hätte.

Der Herr hielt sein Wort. Abraham hatte einen Sohn, der wieder einen Sohn hatte, der wiederum viele Söhne hatte, die alle nette jüdische Mädchen heirateten – und nicht lange danach gab es das Volk Israel. Gott trug dieses Volk von seiner Geburt an, „wie ein Vater seinen Sohn trägt". Als die Ägypter sie versklavten, „hörte [er] ihr Stöhnen" und „gab sich ihnen zu erkennen". Er gab ihnen das Land, das er Abraham versprochen hatte. Er liebte sie und zeichnete ihren Namen in seine Handfläche. Als sie in Schwierigkeiten gerieten, kam er ihnen zu Hilfe, denn er hatte „Gefallen" an seinem Volk und konnte „das Elend Israels nicht länger ertragen". „Bei denen, die sie verschleppten, ließ er sie Erbarmen finden." Sie waren seine „Schafe", seine „Ehefrau", sein „Erbe", sein „Augapfel", „das Volk, das ihm nahen darf". Mütter würden ihre Säuglinge vergessen, bevor er sie vergessen würde – das schwor er.[3]

Doch *sie* haben *ihn* vergessen, obwohl er sie am Berg Sinai

[3] Dtn 1,31; Jes 46,3; Ex 2,24–25; Ps 44,3; Jes 49,16; Ps 149,4; Ri 10,16; Ps 106,46; Jer 23,1; Ez 16,32; Ps 28,9; Sach 2,12; Ps 148,14; Jes 49,15.

für immer als seine Kinder annahm, obwohl er ihren Familienvertrag mit eigener Hand in Stein gemeißelt hatte. Mit zitternden Knien hatten sie vor dem Berg gestanden und geschworen, daß sie sich nach seinen Wünschen richten würden. Wie die Braut vorm Traualtar, die nicht erwarten kann, ja zu sagen, konnten sie nicht schnell genug die Worte aussprechen: „Alles, was der Herr gesagt hat, wollen wir tun; wir wollen gehorchen" (Ex 24,7).

Doch es kam anders. Das Volk, das in Kanaan Ruhe gefunden hatte, wurde ruhelos. Gott und seine Gebote erschienen ihnen wie ein Mantel, aus dem sie herausgewachsen waren. Die anderen Völker – begann Israel zu murren – hatten weniger strenge Götter, solche, die man sehen konnte, von denen man wußte, wo sie standen und denen man eine Form geben konnte, die einem zusagte. Ihre Gottesdienste endeten mit einem schmackhaften Nachtisch; Vergnügen folgte direkt nach dem Gebet, und jedermann genoß die angenehme Gesellschaft jener Priester und Priesterinnen, die nicht nur für die seelischen, sondern auch für die körperlichen Bedürfnisse der Gläubigen vollstes Verständnis hatten.

Es dauerte nicht lange, bis das Volk der Versuchung nachgab. Eine Sünde führte zur anderen, und bald gab es kein Gebot, das Israel nicht übertreten hatte. Sie übergaben ihre Kinder dem Feuer auf dem Altar des fürchterlichen Gottes Moloch. Sie sanken tiefer als die Kanaaniter, die das Land zuvor verdorben hatten. Sie wurden erfinderisch im Übertreten der Gebote.

„Immer wieder hatte der Herr, der Gott der Väter, sie durch seine Boten gewarnt; denn er hatte Mitleid mit seinem Volk und seiner Wohnung. Sie aber verhöhnten die Boten Gottes, verachteten sein Wort und verspotteten seine Propheten" (2 Chr 36,15–16).

Das auserwählte Volk, berufen, die Wahrheit in der Welt aufscheinen zu lassen, verdunkelte das Licht durch seine bösen Taten. Wer verdiente *jetzt*, in zwei Teile gesägt zu werden?

Doch es war nicht nur Israel. Jede Nation der Welt verschmähte das wenige Licht, das sie besaß – Länder, in denen Gottes Regen die Felder fruchtbar machte und seine Sonne die Trauben reif werden ließ. Gottes Güte versagte. Es gelang ihr nicht, auch nur einen Funken menschlicher Rechtschaffenheit zu entfachen. Da war nichts, was entfacht werden konnte. Juden und Nichtjuden gleichermaßen verursachten ihrem Schöpfer Abscheu und brachten ihn dazu zu sagen: „Es gibt keinen, der gerecht ist, auch nicht einen; es gibt keinen Verständigen, keinen der Gott sucht . . . alle miteinander taugen nichts" (Röm 3,10–12, mit Zitaten aus Ps 14,1–3; 53,1–4; Koh 7,20).

Gott grübelte. Sein Ärger begann sich zu regen. Vergalt man ihm so seine Güte? Das mußte Folgen haben. Ein Volk nach dem anderen ließ er mit Krieg überziehen. Jedes einzelne wurde besiegt und in die Verbannung verschleppt. Ägypten, Moab, Phönizien, Edom und die Großmächte des Ostens: Assyrien, Babylonien, Persien. In dieser Zeit wurde Israel wie ein Ball zwischen ihnen hin- und hergestoßen. Aber es änderte sich nichts. Niemand bereute wirklich. Jedes Volk fluchte seinem Schicksal und den Göttern, die man sich geschaffen hatte. Krieg, Verbannung, die Hölle auf Erden – und nach dem Tode die ewige Hölle – davon wurde zwar Gottes Gerechtigkeit befriedigt, doch das war alles. Es erreichte bei den Menschen, was die Verurteilung zu einer Gefängnisstrafe bei einem Straftäter bewirkt: Das Urteil ist verkündet und der Gefangene wird kostenlos in die mit Stacheldraht umgebene Hochschule des Bösen geschickt. Dort, in einem Klima, in dem das Übel gedeiht, können auf dem verdorbenen Nährboden seines Herzens die Früchte des Bösen um so besser wachsen.

Damit konnte Gott sich nicht abfinden. Er hatte Menschen geschaffen, damit sie ein Abbild seiner selbst waren, nicht Miniaturen Satans. Es wurde etwas gebraucht, das diesen Kreis durchbrechen und dieses bedauernswerte Geschlecht retten konnte. Ein Medikament, das stärker war als alles, was man kannte – eine lebensrettende Operation.

Der König wurde zum großartigen Arzt. In seinem Mitleid und seiner unermeßlichen Weisheit beschloß er, daß eine Operation helfen könnte. Doch wie sollte er die Patienten retten, ohne ihre Schuld belanglos erscheinen zu lassen? (Sie hatten bewußt die tödliche Krankheit untereinander verbreitet.) Wie sollte er sie heilen, ohne daß sie den Horror der Krankheit vergaßen?

Wie sollte er gleichermaßen Gnade und Gerechtigkeit walten lassen? Wie sollte er den Krebs von ihrer Seele entfernen, ohne Narben zu hinterlassen?

Er bereitete sich vor, indem er nicht wie üblich Gummihandschuhe und einen Operationskittel anzog, sondern sich in einen sterblichen Körper hüllte. Kam ihm dieser nicht ein paar Nummern zu klein vor? Er legte sich selbst auf den Operationstisch. Seine Hand griff nach der Säge.

Den letzten Moment wahren Wohlbefindens verspürte er in dem Augenblick, bevor er aus dem Leib seiner Mutter glitt. Dann begegnete er einer geborgten Futterkrippe, und die Geschichte seiner Schmerzen begann. „Da nun die Kinder Menschen von Fleisch und Blut sind, hat auch er in gleicher Weise Fleisch und Blut angenommen" (Hebr 2,14).

Konnte er in der Milch seiner Mutter die Aufregung schmecken, als sie in der Nacht hastig vor denen flüchteten, die ihn zu ermorden suchten? Was fühlte er, als er heranwuchs und erfuhr, welchen Preis die Kinder von Betlehem für seine Anwesenheit zahlen mußten? Wie alt war er, als er herausfand, was die Leute über seine Mutter und ihre Moral dachten? Fühlte sich der Junge wie ein Flüchtling, als er mit seiner Familie in Ägypten war?

Nachdem die Gefahr vorüber war, wurde Nazaret sein Heimatort – eine unbedeutende Stadt nördlich der Ebene Jesreel in einem Hochtal auf den Bergen Galiläas. Die großen Handelsstraßen führten an Nazaret vorbei, so daß es nie große Bedeutung erlangte. „Aus Nazaret? Kann von dort etwas Gutes kommen?" (Joh 1,46).

Er war es gewöhnt, während er Holzhammer oder Beil schwang, Soldaten am Fenster der Werkstatt seines Vaters vorbeigehen zu sehen. Ihre blanken Helme und heidnischen Wappen erinnerten ihn täglich daran, daß Ausländer sein Land besetzt hatten. Zu einer anderen Zeit hätte er womöglich selbst regiert, denn er war von königlicher Abkunft; das sagte jedenfalls sein Stammbaum.

Wir lesen nirgends, daß er als junger Mann die anerkennenden Blicke der Mädchen in seiner Nachbarschaft auf sich zog. Er sollte niemals heiraten. „Er hatte keine schöne und edle Gestalt, so daß wir ihn anschauen mochten" (Jes 53,2). Statt dessen war er für seine einsamen Wanderungen über die Hügel bekannt. Als er dreißig war, hatten diese langen Spaziergänge ihre Wirkung getan. Er spürte, daß es Zeit war, sich öffentlich zu zeigen.

Ein merkwürdiger Bursche, der ein Gewand aus Kamelhaar trug, begann in einer abgelegenen Gegend am Ufer des Jordans Menschenmassen anzulocken. Er war ein feuriger Redner! Der Mann sprach von jemand, der kommen würde; er rief die Menschen auf, sich bereit zu machen. Dieser eigenwillige Prediger hatte Jesus noch nie getroffen – wahrscheinlich wußte er nicht einmal seinen Namen.[4] Doch der Sinn seines Lebens war einzig und allein, alles für den vorzubereiten, der bereits hinter der nächsten Ecke wartete.

Und Jesus kam. Er ging zum Jordan und stellte sich mitten unter die Menschen, deren Gewissen von Erinnerungen an Dinge belastet wurden, an die er nicht einmal gedacht hatte. Einer nach dem anderen beugte sich dem reinigenden Wasser des Täufers. Doch als Jesus zu ihm trat, stutzte er. Seine Augen prüften ihn. Dieser brauchte mit Sicherheit keine Reinigung! Die Leute mochten es falsch auffassen. Das war möglich – doch Jesus sagte: „Laß es nur zu" und ließ sich taufen (Mt 3,15).

Dann führte ihn der Geist in die Wüste. Vierzig Tage lang wanderte er durch die Einöde, allein mit den wilden Tieren – einen Tag für jedes Jahr, das sein Volk damals durch eine andere Wüste gewandert war. Hier gab es kein Manna. Doch am Ende gab es dampfendes Brot, das verlockend duftete; er hätte es nur zu befehlen brauchen. Eine Erscheinung flüsterte: „Kannst du es nicht geradezu riechen? Was war das für ein Geräusch? Das muß dein Magen gewesen sein, der geknurrt hat." Doch nein, das Brot des Lebens darf nicht nachgeben, nicht auf diese Weise. Was aber hatte er sich beim Flug zu den Höhen des Tempels gedacht?

---

[4] Joh 1,33 deutet darauf hin, daß Johannes erst bei der Taufe wußte, daß Jesus der Messias ist. Das könnte aber auch bedeuten, daß sie sich zuvor nie begegnet sind. Diese Auffassung haben wir unserem Kapitel zugrunde gelegt. Obwohl ihre Mütter „Verwandte" waren (die Bezeichnung in Lk 1,36 ist weitgefaßt), die sich besucht hatten, als sie schwanger waren, lebten Johannes und Jesus in verschiedenen Teilen des Landes.

Bei der Aussicht auf die Menschen tief unten? Wie sie über das Schauspiel staunen würden, wenn er von der Höhe der Zinne hinunterspringen und von anbetenden Engeln sanft geleitet, zur Erde schweben würde, alle Zweifel darüber beseitigend, wer er war. Kam ihm in Erinnerung, welche Aufmerksamkeit und Achtung ihn vor langer Zeit in einer weit entfernten Welt umgeben hatten? Nein, er muß sich beherrschen. Jetzt ist nicht die Zeit dafür. Doch wie sieht es aus mit einer Spritztour über den Planeten und dessen Reiche, das müßte ihn doch erfreuen, wie sie sich – sagen wir – von den südlichen Alpen oder vom Himalaja aus darbieten. Oh, die Herrlichkeit Indiens, die Höfe Chinas, die Faszination von Persien – Millionen von Untertanen. Es bedurfte nur einer Beugung des Knies, einer leichten, respektvollen Bewegung – nichts weiter.

Doch er sah weg. Nein, nein . . . er durfte nicht. Er konnte nicht. Er tat es nicht!

Der Versucher verschwand. Zu gegebener Zeit würde er sich wieder melden. Er hatte bereits die passende Gelegenheit im Sinn.

Auf diese Weise begann die Rettung – der ungewöhnlichste Feldzug, den je ein König unternommen hat und der die gewöhnliche Ordnung der Dinge auf den Kopf stellte. Das krasse Gegenteil von Xerxes. Solange Herrscher regiert haben, wurde von ihren Untertanen verlangt, Opfer für König und Vaterland zu bringen – ihren Grundbesitz, ihr Geld, ihre Kinder. Doch dieser König begab sich aus der Behaglichkeit seines Palastes, ließ den gemütlichen Kamin und die festlich gedeckte Tafel hinter sich, zog von seinem Luxus und seinen Ländereien fort und brach auf, um für seine Bürger zu sterben.

Zuerst fanden ihn die Menschen reizend, etwa so wie man den ersten Schnee des Winters begrüßt, bevor er Unbequemlichkeiten mit sich bringt und zu lange liegen bleibt. Sie begegneten ihm mit so viel Enthusiasmus, daß er schon bald Schwierigkeiten hatte, ungehindert herumzuziehen. „Nehmt euch in acht! Niemand darf es erfahren", sagte er streng zu den beiden Männern, die noch vor ein paar Minuten blind gewesen waren. „Doch sie gingen weg und erzählten von ihm in der ganzen Gegend"

(Mt 9,30–31). „Erzähl niemand etwas davon!“ befahl Jesus einem Aussätzigen, der plötzlich wieder eine Haut wie die eines Babys hatte. „Der Mann aber ging weg und erzählte bei jeder Gelegenheit, was geschehen war.“ Das Resultat war, daß Jesus nicht mehr ungestört in eine Stadt gehen konnte und sich in einsamen Gegenden aufhalten mußte. „Dennoch kamen die Leute von überallher zu ihm“ (Mk 1, 44–45).

Sie kamen von den Höhen Galiläas und aus den Winkeln und Schluchten Judäas geströmt, um den kostenlosen medizinischen Dienst in Anspruch zu nehmen, sich an spektakulären Mahlzeiten zu laben und zu beobachten, wie er die Pharisäer als Narren entlarvte. „Wie der Bursche es versteht, den Scheinheiligen den Spiegel vorzuhalten!“ sagten die Leute. Es schien, als wäre jeden Tag ein neuer Abgesandter der Tempelelite in der Menge, der ihm seine Fragen unterschob, in der Hoffnung, ihm ein Bein stellen zu können. Doch immer zogen diese Leute als die Blamierten ab. Mitunter kamen die großen Herren persönlich, voller eisiger Herzlichkeit, bewaffnet mit Zitaten und Querverweisen. Doch auch sie hatten kein Glück und gingen mit hochroten Gesichtern von dannen.

Im Palast des Hohenpriesters versammelten sie sich dann zu heimlichen Diskussionen. Was sollten sie mit diesem peinlichen Galiläer anfangen? Immer wieder kamen sie auf die eine radikale Lösung zu sprechen. Die Menschen wären entsetzt gewesen, hätten sie davon gewußt. Doch Jesus wußte davon, und dieses Wissen begleitete ihn überall.

Das erste Todesopfer dieses Feldzuges wurde in den Verliesen des Königs Herodes von seinem Schicksal ereilt. Niemand ahnte es, nicht die fromme Elite, nicht einmal König Herodes. Seiner Stieftochter fuhr bei einem Palastfest die Musik in die Beine. Der sinnliche Körper des tanzenden Mädchens bewegte sich anmutig; der König konnte seine Augen nicht von ihr wenden. Er begann, sich vor ihr und den Gästen aufzuspielen, stammelte Worte, wie jemand, der nicht im Vollbesitz seiner geistigen Kräfte ist: „Kann ich irgend etwas für *dich* tun?“ Ihre Augen blickten ihn fragend an. „Ich meine es ernst“, sagte er, „. . . alles was du willst!“ Ein wilder, entschlossener Ausdruck trat in ihre Augen. Das war die

Gelegenheit, sich bei ihrer Mutter beliebt zu machen, bei ihrer Mutter, die einen gewissen Freiluftprediger nicht ausstehen konnte. „Oh, ja“, sagte das Mädchen und warf ihr Haar zurück. „Es gibt schon etwas.“ Und noch ehe der Abend beendet war, wurde ihr vor allen Anwesenden der Kopf des Täufers auf einer Platte gebracht. Der Wegbereiter war beseitigt; jetzt fiel das volle Gewicht der öffentlichen Aufmerksamkeit auf seinen Meister.

Inzwischen predigte Jesus: „Kehrt um! Denn das Himmelreich ist nahe.“

Die Worte „Kehrt um“ hörten sich bekannt an. Sie erinnerten an Amos und Jesaja und andere Nationalhelden der Vergangenheit. Viele Zuhörer dachten: „Ich kenne jemand, der sich das zu Herzen nehmen sollte.“ Doch manchmal sprach der Redner sie selbst an, betonte, daß sie – ordentliche unbescholtene Bürger – ebenfalls einer Umkehr bedurften. Das kam nicht gut an und verletzte die unschuldigen Zuhörer.

Sein Heimatort verlor zuerst das Vertrauen in ihn. „Und die vielen Menschen, die ihm zuhörten, staunten und sagten: Woher hat er das alles? . . . Ist das nicht der Zimmermann, der Sohn der Maria und der Bruder von Jakobus, Joses, Judas und Simon? Leben nicht seine Schwestern hier unter uns? Und sie nahmen Anstoß an ihm und lehnten ihn ab“ (Mk 6,2–3).

Auch seine eigenen Brüder gehörten zu denen, die die Augenbrauen hochzogen. Einmal, als er den Raum betrat, wurden sie schnell ernst. Sie unterdrückten – einander zuzwinkernd – ein Grinsen und drängten ihn: „Niemand wirkt im Verborgenen, wenn er öffentlich bekannt sein möchte . . . zeig dich der Welt.“ Diese Skepsis veranlaßte Jesus dazu, weniger Menschen in seiner alten Nachbarschaft zu heilen als anderswo – wodurch die Zweifel seiner Nachbarn natürlich noch bestärkt wurden. Die öffentliche Meinung hätte sich ohne Zweifel auch ohne dieses Verhalten der Menschen in Nazaret gespalten. „Und in der Volksmenge wurde viel über ihn hin und her geredet. Die einen sagten: Er ist ein guter Mensch. Andere sagten: Nein, er führt das Volk in die Irre“ (Joh 7,12).

Seine Güte jagte den Menschen Furcht ein. In einem Ort baten sie ihn, weiterzuziehen, nachdem er einen schwer Geisteskranken geheilt hatte. Andere, denen er half, liefen davon, ohne ihm zu danken. Oft wurde gefragt, warum Jesus an Festen teilnahm, während der Täufer sich doch mit wildem Honig und gerösteten Heuschrecken begnügt hatte. Seine reichen Bewunderer, die über gute Beziehungen verfügten, steckten in der Klemme. Sie liebten ihn, doch jeder, der ihm folgte, mußte damit rechnen, aus der Synagoge gewiesen zu werden. „Denn sie liebten das Ansehen bei den Menschen mehr als das Ansehen bei Gott“ (Joh 12,42–43). Einige häßliche Zwischenfälle verstärkten ihre Furcht noch. Seine Predigten brachten die Zuhörer mitunter derartig in Wut, daß sie nach großen Steinen griffen. Doch Jesus gab niemals klein bei. Er blieb seiner Sache treu.

Weil er oft auf schmalen Wegen wanderte, die sich in Serpentinen zwischen den Ortschaften hinwanden, und bemüht war, den Schaulustigen zu entgehen, schlief er oft an merkwürdigen Orten, wie beispielsweise in einem Boot oder in einem Olivenhain. Der große Lehrer selbst – Gott, der jetzt Mensch geworden war – hatte oftmals keine Unterkunft. „Die Füchse haben ihre Höhlen und die Vögel ihre Nester; der Menschensohn aber hat keinen Ort, wo er sein Haupt hinlegen kann“ (Mt 8,20).

Es gab keinen Ort, wo er sein Haupt hinlegen konnte? Der jüdische Hohe Rat war sich darüber einig, wo das Haupt dieses Mannes am besten aufgehoben wäre. Für sie war die Frage nicht länger „ob“, sondern „wann“. Niemand konnte bestreiten, daß dieser Mensch Wunder vollbrachte. Doch es war klar: Die Macht dazu stammte aus dunklen Quellen. Wie konnte jemand, der auch nur etwas Respekt vor Mose hatte, einem Bettler raten, am Sabbat herumzulaufen und seine Matte zu schwingen? Was war in ihn gefahren, daß er vom selben Teller aß, von dem ein Unreiner gegessen hatte? Wenn er wirklich eine Art Prophet war, müßte er doch wissen, was für ein Abschaum ihm ständig nachlief. Was bildete er sich ein? O ja, sein „Vater“ hatte ihn gesandt. Von wegen! Er würde den Allmächtigen selbst dann nicht erkennen, wenn er vor ihm stünde. Warum sollten wir diesem sonderbaren Rabbi erlauben, die Bevölkerung zu verwirren, warum die zerbrechliche Beziehung zum römischen Gouverneur aufs Spiel setzen? Wenn wir nicht vorsichtig sind, wird man uns noch dieses selbsternannten Weltverbesserers wegen die Zähne mit römischen Lanzenspitzen reinigen.

Andererseits: Die Anwesenheit der Römer war gar nicht so schlecht. Diese Heiden hatten das letzte Wort, wenn es um Strafen bei Kapitalverbrechen ging. Wenn man die Obrigkeit dazu bringen konnte, etwas zu unternehmen, würden die letzten Stunden dieses Aufrührers unter den Händen der Römer recht ungemütlich werden. Das wäre so gut wie steinigen, nur würde es länger dauern. Wie konnte man das am besten erreichen?

Er sah vom Essen auf und blickte in die Gesichter der im Kreis Sitzenden. Zwölf vertraute Gesichter, die vom Schein der flackernden Lampe beleuchtet wurden. Alle, außer einem, waren seine Freunde. Wieviele Meilen sie gemeinsam gegangen waren! Und doch, wie sollten sie ergründen können, welche Gedanken ihn heute Nacht bewegten? Kann das Kind jemals wirklich seinen Vater verstehen? Salomo hatte recht, „das Herz allein kennt seinen Kummer." Diese Menschen waren es, wegen ihnen war er gekommen. Sie waren so langsam im Begreifen, so gleichgültig den wichtigsten Dingen gegenüber, immer im Streit darüber, wer in der kommenden Welt die größte Ehre verdiente, der Welt, die sie unmöglich verstehen konnten. Doch er liebte sie.

Sehr nachdenklich brach er den Brotlaib und mußte sich zusammenreißen, als er die Krümel fallen sah. Der Wein rann durch seine Kehle – als der wahre Wein in seinen Adern zu erkalten begann. Gott selbst in einem menschlichen Leib aß und trank mit seinen Freunden. Jesus fühlte die Nähe des Bösen, dem er bereits in der Wüste begegnet war – die Zeit war nahe. Judas stand auf, um zu gehen. Ihre Augen begegneten sich: Tue es schnell. Der Schatten, der draußen im Dunkeln gewartet hatte, zog Judas in seinen Bann. In den nächsten Stunden würde das schlimmste Übel des Universums in der Person eines der Jünger Jesu wirken.

Ruhig sprach der Meister ein letztes Mal zu ihnen. Sie sangen einen Psalm, und dann war es Zeit zu gehen. Sie schlüpften hinaus in die Dunkelheit, durch eines der Stadttore, einen steilen Abhang hinunter und wieder hinauf zu einem Hügel mit Olivenbäumen. Elf Lämmer und ein Hirte in der Nacht. Was würde aus diesen Freunden werden, seinem einzigen weltlichen Trost in dieser Stunde? Satan hatte bereits den zwölften beim Kragen. Schon bald würde er bleich und hilflos nach Luft ringend an einem Baum hängen – noch viel Schrecklicheres vor sich, wenn sein Atem stillstand. Einer der Elf sollte schon bald voller Entsetzen in den Schatten flüchten, nackt in seiner Hast, sich die Schienbeine schrammend und die Seele blutig reißend. Alle würden umfallen und sich aus Furcht verkriechen. Der laute, freundliche Fischer war schon jetzt überlistet – ihm sollte es heute nacht besonders schlecht ergehen. Ahnungslos hatte er gerade noch geprahlt. Doch noch bevor der Morgen anbricht, wird er voll Zorn einem Mann das Ohr abschlagen, am offenen Feuer Worte zu einem Dienstmädchen sagen, die er nicht mehr zurücknehmen kann, beim Krähen eines Hahns zu zittern beginnen und schluchzend überlegen, ob er sich nicht wie Judas einen Baum suchen soll. Die Erfüllung einer Prophezeiung stand bevor: „Schlag den Hirten, dann werden sich die Schafe zerstreuen“ (Sach 13,7).

Sie erreichen den Olivenhain. Hätten seine drei engsten Freunde etwas dagegen, noch ein Stückchen weiter mitzukommen, um dort zu beten? Drei Evangelien sollten später von den Vorahnungen berichten, die Jesus hatte, von seiner Aufforderung an die Jünger, für innere Stärke und gegen den Versucher zu beten. Doch Matthäus würde einen Satz aufschreiben, der bei den anderen nicht vorkommt. „Meine Seele ist zu Tode betrübt“, hatte der Hirte gesagt. „Bleibt hier und wacht mit mir!“ (Mt 26,38).

„Wacht mit mir.“ Nur ein einziges Mal in seinem Leben erbittet der Hirte etwas von ihnen! Er *brauchte menschlichen Trost* in dieser Nacht. Doch jemand gab mit seinem Gähnen den Anstoß, und wenig später hatten sich die Gebete in Träume aufgelöst.

Nun warf sich der Sohn Gottes in den Staub des Olivenhains, und seine Seele erschrak über das, was ihm bevorstand. Elf Männer, die später die Weltgeschichte verändern sollten – einige davon gewohnt, die ganze Nacht auf ihren Fischerbooten zu arbeiten –, konnten sich nicht wachhalten, um die Szene zu erleben. Und doch wurde nur zwanzig Meter entfernt um ihr ewiges

Geschick gerungen. Außer einem Zucken der Schultern, auf denen das Gewicht der Welt lastete, konnte man nichts an dem dunklen Ort erkennen, wo der Sohn Gottes das schwerste Gebet seines Lebens sprach. Doch die Zuschauertribünen des Himmels waren in jener Nacht zum Brechen gefüllt – und die Hölle verrenkte sich den Hals, um zu sehen, wie dieses Schauspiel ausgehen würde. Der Vater sah hinab und nickte bloß. Der Sohn starrte zurück und senkte zustimmend den Kopf. Eine Reihe von Männern mit Fackeln kam durch die Dunkelheit den gewundenen Pfad von der Stadt herunter und auf den Garten zu. Der fleischgewordene Gott sah sie mit tränenerfüllten Augen.

„Es wird Zeit zu gehen", sagte er ruhig zu seinen Jüngern. Die Fackeln waren angekommen. Die Schafe flüchteten. Der Hirte hielt stand. Der Sturm begann.

Wer kann die sich überschlagenden Ereignisse der folgenden Stunden beschreiben? Können so viele Lügen tatsächlich in einer einzigen Verhandlung vorgebracht werden? Konnte sich soviel Sünde in einen einzigen Gerichtssaal ergießen? Die Ertrinkenden, für deren Rettung er gekommen war, schrien, daß man ihn aus dem Rettungsboot werfen sollte. Gott hatte behauptet, daß er Gott sei – was konnte es Schlimmeres geben? In diesen frühen Morgenstunden erschienen Sodom und Gomorra harmlos, verglichen mit Jerusalem. Später, im hellen Licht des Tages, unter dem Druck der fanatisch brüllenden Menge, schüttelte Pilatus Jahrhunderte römischer Justiz ab wie die Wassertropfen von seinen Händen.

Der Erlöser wurde jetzt mit Männern konfrontiert, die anders waren als seine Freunde. Das Gesicht, das Mose sehen wollte – und das er nicht sehen durfte –, wurde blutig geschlagen (Ex 33,20). Die Dornen, die Gott gesandt hatte, um der Rebellion der Erde zu fluchen, wurden ihm nun selbst um den Kopf gewunden. Sein Körper spürte die Peitsche – bald schon sah er aus wie die gepflügten Felder Judäas rund um die Stadt. „Verbindet ihm die Augen!" brüllte jemand. „Gut so, nun dreht ihn herum. Wer hat dich geschlagen? Na? Wer?" Als sie aufhören, ihn anzuspucken, ist mehr Speichel an ihm als in ihm. Man kann ihn nicht mehr erkennen. „Schneidet ihn vom Pfahl los! Werft ihm den Querbalken über und schickt ihn auf die Spielwiese." Hoch mit ihm auf den Schädelberg, wo ihn andere schlecht bezahlte Legionäre willkommen heißen und ihren Spaß mit ihm haben werden.

„Los, auf den Rücken mit dir!" Einer hebt das Schlagholz, um den Nagel einzuschlagen. Doch das Herz des Soldaten schlägt weiter, während er das Handgelenk des Gefangenen zurechtrückt. Jemand muß das Leben des Soldaten Minute um Minute erhalten, denn kein Mensch hat selbst die Macht, es zu tun. Wer liefert die Luft für seine Lungen? Wer gibt seinen Zellen Energie? Wer hält seine Moleküle zusammen? „... in ihm [dem Sohn] hat alles Bestand" (Kol 1,17). Das Opfer will, daß der Soldat weiterlebt – ihm verdankt der Krieger die Fortdauer seiner Existenz. Der Mann hebt das Schlagholz.

Als der Mann ausholt, erinnert sich der Sohn daran, wie er und der Vater den Mittelnerv des menschlichen Unterarms entwarfen – an die Empfindungen, die er vermitteln würde. Der Entwurf erweist sich als fehlerlos – der Nerv arbeitet ausgezeichnet. „Hoch mit dir!" Sie heben das Kreuz an. Gott wird halbnackt zur Schau gestellt und kann kaum atmen.

Doch diese Schmerzen sind nur gering im Vergleich zu einem anderen Schmerz und wachsender Bedrohung. Ein fremdes Gefühl beginnt sich seiner zu bemächtigen. Irgendwann an diesem Tag beginnt ein böser Hauch sein Herz zu erreichen. Er fühlt sich schmutzig. Menschliche Bosheit beginnt sich auf seinem makellosen Wesen auszubreiten – der lebende Unrat unserer Seelen. Der Augapfel des Vaters verdirbt.

Sein Vater! So muß er sich seinem Vater zeigen!

Der Vater im Himmel reckt sich wie ein aufgestörter Löwe, schüttelt seine Mähne und brüllt gegen die kümmerlichen Überreste eines Mannes, der am Kreuz hängt. Niemals hat der Sohn den Vater so blicken sehen, nicht auf sich – niemals hat er auch nur das Geringste seines heißen Atems verspürt. Doch das Brüllen erschüttert die unsichtbare Welt und verdunkelt den sichtbaren Himmel. Der Sohn kennt diese Augen nicht.

„Menschensohn! Warum hast du dich so verhalten? Du hast betrogen, gestohlen, verleumdet – gemordet, geneidet, gehaßt, gelogen. Du hast geflucht, geraubt, zuviel ausgegeben, zuviel gegessen – Unzucht getrieben, bist ungehorsam gewesen, hast unterschlagen und gelästert. O, die Pflichten, vor denen du dich gedrückt hast, die Kinder, die du verlassen hast. Wer hat je die Armen so wenig beachtet, ist so feige gewesen, hat meinen Namen so klein gemacht? Hast du je deine scharfe Zunge im Zaum gehalten? Was bist du für ein selbstgefälliger, armseliger Trunkenbold – du, der du dich an kleinen Jungen vergangen hast, mit Drogen gehandelt, dich Banden angeschlossen und dich über deine Eltern lustig gemacht hast. Wer gab dir die Kühnheit, Wahlen zu manipulieren, Revolutionen zu schüren, Tiere zu quälen und Dämonen anzubeten? Hat die Liste kein Ende? Familien zerstören, Frauen vergewaltigen, selbstgefällig auftreten, den Zuhälter spielen, Politiker bestechen, Erpressungen vornehmen, pornografische Filme herstellen, Bestechungsgelder annehmen. Du hast Häuser niedergebrannt, Terrorpraktiken vervollkommnet, falsche Religionen gegründet, mit Sklaven gehandelt – all das hast du genossen und dich damit wichtig getan. Ich hasse, ich *verabscheue* diese Dinge in dir! Alles an dir ekelt mich an! Kannst du meinen Zorn nicht fühlen?"

Der Vater sieht zu, wie das Liebste, was er hat, das genaue Ebenbild seiner selbst, in Sünde untergeht und ertrinkt. Der Zorn gegen die Menschheit, den Gott Jahrhunderte hindurch aufgespeichert hat, explodiert in einer einzigen Richtung.

„Mein Gott, mein Gott, warum hast du mich verlassen?!"

Doch der Himmel hält sich die Ohren zu. Der Sohn starrt zu dem Einen auf, der ihn nicht erreichen, ihm nichts erwidern kann oder will. Zwei ewige Herzen zerreißen – ihre intime Freundschaft bis auf den Kern erschüttert.

Die Dreieinigkeit hatte es geplant. Der Sohn hatte es erlitten. Der Heilige Geist hatte ihm dazu die Kraft gegeben. Der Vater verstieß den Sohn, den er liebt. Jesus, der Gott-Mensch von Nazaret, ging zugrunde. Der Vater nahm sein Opfer für die Sünde an und war zufriedengestellt. Die Rettung war vollendet.

Gott legte seine Säge fort.

Das ist der Gott, der verlangt, daß wir ihm vertrauen, wenn er uns Leiden zumutet.

3.
Erwartet Gott, daß ich leide?

Ohne Zweifel werden einige Christen sagen: *Richtig! Danke, daß du uns daran erinnerst, daß Christus unaussprechlich für uns gelitten hat. Doch er hat es getan, damit wir nicht leiden müssen. Gott in seiner Dreieinigkeit ist glücklich und will, daß auch wir voller Freude sind. Jesus wurde von seinem Mitleid dazu getrieben, blinde Augen sehend und leblose Glieder kräftig zu machen – niemals verherrlichte er Krankheit oder lobte Schmerz und Kummer. Da Christus gestern, heute und immer derselbe ist, wäre es verrückt, anzunehmen, er hätte jetzt seine Meinung geändert. Warum sollte Christus von uns verlangen, daß wir mit Tränen erkaufen, wofür er bereits bezahlt hat? In Jesaja 53 heißt es: „Aber er hat unsere Krankheit getragen und unsere Schmerzen auf sich geladen" und „durch seine Wunden sind wir geheilt."*

Leiden ist das Werk des Teufels – Jesus kam, um das Werk des Teufels zu zerstören. Satan ist vollkommen schlecht – Gott ist vollkommen gut. Gott erniedrigt sich nicht dazu, Satans Werkzeuge zu gebrauchen. Obwohl er unsere Prüfungen zum Guten wenden kann, wünscht er uns keine schweren Zeiten und würde sie uns schon gar nicht senden. In Wirklichkeit will er uns segnen. Er möchte, daß wir seinen guten Verheißungen Glauben schenken – und ihm die Freiheit geben, die Gefängnisse zu zerstören, die Satan um uns errichtet –, damit er sich selbst dadurch verherrlicht.

Diese Ansichten hört man auf der ganzen Welt. Viele, die sich daran orientieren, sind bewährte, gläubige Christen. Sie lesen ihre Bibel, helfen in ihren Kirchen, sorgen für ihre Familien, spenden Geld – sie zeigen ihre Liebe für Christus, wo immer sie sind. Deshalb sind die folgenden Ausführungen nicht persönlich gegen diese Menschen gerichtet. Die beiden folgenden Kapitel sollen verdeutlichen, daß die soeben zitierten Ansichten eine hoffnungslose Mischung aus Wahrheit und Irrtum sind. Der tiefste Grund für das Kommen Jesu fehlt darin. Und darum soll es jetzt gehen.

Erstens: Obwohl Christus aus Mitleid für uns in den Tod ging, verlangt Gottes Plan, daß Christen leiden und zwar mitunter sehr intensiv. Er mag – um uns Mut zu machen – einige leichte Augenblicke in das Drehbuch unseres Lebens schreiben; er mag uns Abenteuer oder romantische Erlebnisse zugestehen. Eine amüsante Situation kann uns zum Lachen bringen und eine überraschende Wendung der Handlung mag uns Freudentränen entlocken, denn Gott liebt es zu schenken. Doch ohne Frage werden einige Szenen Ihnen das Herz brechen, einige Ihrer Lieblingsgestalten sterben und der Film mag früher enden, als Sie es sich wünschen.

Zweitens: Gottes Plan ist präzise. Er sagt nicht: „In jedes Leben muß ein wenig Regen fallen" und hält den Wasserschlauch lässig in Richtung Erde, um zu sehen, wer am meisten durchnäßt wird. Er nimmt keinen Schlüssel, um die Natur mit ihren Sonnentagen und Orkanen aufzuziehen, und setzt sich dann hin, um das Schauspiel zu betrachten. Er läßt Satan nicht völlig uneingeschränkt umherstreifen. Er ist nicht der abwesende Vermieter unseres Planeten. Vielmehr begutachtet er die Prüfungen, die uns auferlegt werden – und erlaubt nur solche, die dem Zustandekommen seines guten Planes dienen, denn er hat keine Freude an menschlichen Qualen.

Diese Prüfungen werden nicht gleichmäßig unter die Menschen verteilt. Das kann uns entmutigen, denn wir sind nicht eingeweiht in seine Gründe. Doch in Gottes Weisheit und Liebe ist jede Prüfung im Leben eines Christen seit Ewigkeiten verfügt, auf das ewige Wohl dieses Menschen persönlich zugeschnitten, selbst dann, wenn es nicht so aussieht. Nichts geschieht durch Zufall – nicht einmal Tragödien, nicht einmal Sünden, die gegen uns begangen werden.

Drittens: Der Kernpunkt seines Planes ist es, uns von unserer Sünde zu erlösen. Unsere Schmerzen, unsere Armut und gebrochenen Herzen sind nicht sein endgültiges Ziel. Sie bekümmern ihn, doch sie sind lediglich Symptome des wirklichen Problems. Gott ist nicht am meisten darauf bedacht, es uns gemütlich zu machen, sondern darauf, daß wir unsere Sünden hassen, geistlich erwachsen werden und ihn lieben. Um das zu erreichen, *gibt er uns die guten Dinge, die die Erlösung mit sich bringt, nur nach und nach, ja manchmal geradezu schmerzhaft langsam.* Mit anderen Worten, er läßt uns auch weiterhin oft die Stiche der Sünde spüren, während wir uns auf den Himmel zubewegen. Dadurch werden wir ununterbrochen daran erinnert, wovon wir erlöst werden, und die Sünde wird als Gift entlarvt. Somit wird das Böse (Leiden) auf den Kopf gestellt und dazu benutzt, das Böse (Sünde) zu besiegen – alles zur Ehre der Weisheit Gottes.

Viertens: Jeder Kummer, den wir durchmachen, wird sich eines Tages als *das Beste* herausstellen, das uns überhaupt zustoßen konnte. Wir werden Gott im Himmel endlos für die Prüfungen danken, die er uns hier auferlegte. Das ist keine billige Vertröstung – das ist die Wahrheit.

Gottes Plan schließt Leiden mit ein

Jeder, der die Bibel ernst nimmt, und auch viele, die es nicht tun, sind sich darin einig, daß Gott Leiden haßt. Jesus hat einen Großteil seines kurzen Lebens darangesetzt, Leid zu lindern. Immer wieder beauftragt uns Gott, die Hungrigen zu speisen und die Armen einzukleiden, Gefangene zu besuchen und uns für die Hilflosen einzusetzen. Wenn wir Erbarmen für Menschen in Not haben, wissen wir, daß Gott es zuerst hatte. Er beweist es, indem er manchmal – zum Erstaunen der Ärzte – Kranke durch Gebete gesund werden läßt. Jeden Tag gewährt er unfruchtbaren Frauen Babys, zieht kleine Geschäftsbesitzer aus finanziellen Klemmen, beschützt kleine Kinder, wenn sie über die Straße rennen, und schreibt „Happy Ends" für traurige Situationen. Selbst wenn er Sünden bestrafen muß, sagt er, daß er keinen Gefallen daran hat (Ez 18,32). Im Himmel wird der Fluch von Eden aufgehoben. Seufzer und Sehnsüchte werden der Vergangenheit angehören, Tränen getrocknet und Taschentücher überflüssig sein.

Das heißt jedoch nicht, daß Gottes Verhältnis zum Leiden *nur* darin besteht, daß er es lindern will. Er sagt ausdrücklich, daß alle, die ihm folgen, Mühsal zu erwarten haben.

Wurde Jesus denn nicht gekreuzigt, damit wir nicht in der Hölle leiden müssen? Richtig, doch nicht, damit wir nicht *hier* auf Erden leiden. Hören Sie, was die Bibel dazu sagt:

„Ich werde [Paulus] auch zeigen, wieviel er für meinen Namen leiden muß" (Apg 9,16).

„Denn euch wurde die Gnade zuteil, für Christus dazusein, also nicht nur an ihn zu glauben, sondern auch seinetwegen zu leiden" (Phil 1,29).

„Durch viele Drangsale müssen wir in das Reich Gottes gelangen" (Apg 14,22).

Die Bibel geht sogar noch weiter. Nachdem wir Christen „Kinder Gottes und Miterben Christi" genannt werden, wird hinzugefügt, „*wenn* wir mit ihm leiden" (Röm 8,16–17).

Doch – wird jemand sagen – sicherlich ist es nicht Gottes Plan, sein Wille, wenn Christen derartig leiden. – Nein?

„Darum sollen alle, die nach dem Willen Gottes leiden müssen, Gutes tun und dadurch ihr Leben dem treuen Schöpfer anbefehlen" (1 Petr 4,19).

„. . . damit keiner schwankt in diesen Bedrängnissen. Ihr wißt selbst: Für sie sind wir bestimmt" (1 Thess 3,3).

Doch vielleicht beziehen sich solche Verse nur auf religiöse Verfolgungen. Jesus hat vorausgesagt, daß die ganze Welt seine Jünger hassen würde. Der Oberschüler, der im Deutschunterricht von Jesus spricht, kann später spöttische Bemerkungen auf dem Schulhof zu hören bekommen. Unzählige Christen haben in den vergangenen Jahrhunderten den Märtyrertod erlitten. In manchen Ländern können Christen damit rechnen, daß die Polizei um Mitternacht laut an ihre Türen klopft. Wenn die Bibel Leiden verspricht, sind derartige Dinge damit gemeint – nicht die anderen Probleme des Lebens. Wenn man von Verfolgung einmal absieht, können Christen, die nach biblischen Grundsätzen leben, erwarten, glücklich und gesund zu sein.

Anders ausgedrückt: Christen können Mißhandlungen erwarten – aber nicht die Masern. Die Welt mag uns hassen, doch sie kann uns nicht krank machen. Wir können den Tod nicht umgehen – doch wir können Krankheiten, Behinderungen, Autounfälle abwehren, vorausgesetzt allerdings, daß wir uns voller Glauben auf Gottes Versprechen berufen, in denen er uns Gesundheit zusagt.

Welche Logik verbirgt sich hinter solchen Ansichten?

1. Krankheiten entspringen dem Fluch, den Gott nach Adams Sünde in Eden über uns verhängte.[1]
2. Jesus kam, um diesen Fluch ins Gegenteil zu verkehren.
3. Christen sollten deshalb nicht unter Krankheiten zu leiden haben.

Lassen Sie uns diese Punkte ein wenig näher untersuchen. Prüfen wir einmal, ob wir sie nach genauerem Hinsehen noch immer für gültig halten. Nummer 1 ist mit Sicherheit wahr. „Durch Adams Fall sündigten wir all", heißt es in einem alten Kinderlied. Vor der ersten Sünde hatte nie jemand von Migräne, Fußpilz, Zahnschmerzen oder Zuckerkrankheit gehört. Der Name Dr. Downs wäre nicht mit einem Syndrom in Verbindung gebracht, der Ort Lyme in Connecticut nicht durch die Untersuchung einer von Zecken verursachten Krankheit berühmt geworden. Ein Bissen von einer Frucht hat alles verdorben. Der Böse, der die Menschen dazu überredete, Böses zu tun, wurde nun zum Werkzeug Gottes, sie für diese Rebellion zu bestrafen. Satan wurde erlaubt, sich an uns zu versuchen. Deshalb gab Jesus Satan die Schuld dafür, daß eine bedauernswerte Frau achtzehn Jahre lang mit zur Erde gebogenem Rückgrat leben mußte (Lk 13,11,16).

Nummer 2 ist ebenfalls wahr. „Der Sohn Gottes aber ist erschienen, um die Werke des Teufels zu zerstören." Jesus verglich sich einmal mit einem Einbrecher, der den starken Hausbesitzer fesselt, damit er ihn ausrauben kann. Der Teufel ist der Hausbesitzer. Wir sind die Besitztümer, die er ihm raubt (1 Joh 3,8; Mt 12,29).

Doch bei Nummer 3 verläßt uns die Logik. Wir wären alle gerne davon überzeugt, daß Jesus kam, um unsere Krankheiten zu tragen – damit wir uns nicht mehr mit ihnen herumzuquälen brauchen. Doch das wäre, als würden wir sagen: „In jeder Eichel steckt eine Eiche – nimm deshalb die Eichel und schneide daraus

[1] Mit „Krankheiten" sind hier alle medizinischen Probleme gemeint, egal, wodurch sie verursacht wurden, ob durch Bakterien oder Viren, Erbanlagen, Unfälle o. ä.

Eichenbohlen für Gartentische zu" oder: „Die Bundesregierung hat gerade eine Verfügung über die Reinhaltung von Gewässern erlassen – deshalb können ab morgen alle Anwohner von Köln das Wasser des Rheins trinken."

Vierzig Jahre werden vergehen, ehe die Eiche zu Bauholz verarbeitet werden kann. Das verunreinigte Flußwasser wird sauber werden, doch das braucht Zeit, selbst wenn die Bundesregierung das Endergebnis garantiert. Und so ist es mit unserer Rettung. Was Jesus begann, nämlich etwas gegen die Sünde und ihre Auswirkungen zu tun, wird erst bei seinem zweiten Kommen vollendet werden. „Es ist vollbracht!" stammelte er am Kreuz – die Erlösung war *erkauft*, der Ausgang gesichert. Doch der *Prozeß* der Erlösung der Menschen war noch lange nicht beendet.

Denken Sie einmal darüber nach. Der Messias war gekommen, damit der Löwe eines Tages neben dem Lamm liegen kann – doch zwischenzeitlich zermalmte dieser Löwe die Knochen der Christen des ersten Jahrhunderts im römischen Kolosseum. Die Bibel sagt, daß wir die Erlösung *haben*, doch der Tag unserer Erlösung liegt noch in der Zukunft.[2] Gott *hat* uns errettet – doch wir werden noch errettet.[3] Jesus kam, um „sein Volk von seinen Sünden [zu] erlösen" – doch „wenn wir sagen, daß wir keine Sünde haben, führen wir uns selbst in die Irre, und die Wahrheit ist nicht in uns."[4] Im ersten Korintherbrief wird Jesus „der letzte Adam" genannt, der kam, um den Fluch aufzuheben, den der ursprüngliche Adam ausgelöst hatte. Trotzdem werden Sie sich in diesem Sommer wieder mit dem Unkraut in Ihrem Garten plagen müssen, und die Geburt ihres nächsten Kindes wird nicht leicht sein. Erst im Paradies „wird [es] nichts mehr geben, was der Fluch Gottes trifft" (Offb 22,3).

Ja, Jesus hat „unsere Schmerzen auf sich geladen". Doch Paulus empfand Schmerz, als sein Freund, der mit ihm im Gefängnis saß, krank wurde. Er bekannte: „Ich bin voll Trauer, unablässig leidet mein Herz", wegen der Verlorenheit seines eigenen

---

[2] Eph 1,7 und Kol 1,14 stehen im Gegensatz zu Röm 8,23 und Eph 1,14.
[3] 2 Tim 1,9 steht im Gegensatz zu 1 Kor 1,18 und 2 Kor 2,15.
[4] Mt 1,21; 1 Joh 1,8.

Volkes, und er beschreibt die Apostel als Menschen, die jederzeit fröhlich sind, obwohl ihnen Leid zugefügt wird.[5] Der Tod Jesu bewahrte die Korinther nicht vor Traurigkeit über ihre Sünden, „denn es war eine gottgewollte Traurigkeit" (2 Kor 7,9). Selbst Jesus sagte: „Selig, die ihr jetzt weint", und Jakobus schrieb: „Klagt und trauert und weint!", wenn ihr sündigt.[6]

Ja, Jesus „hat unsere Krankheit getragen" (Jes 53,4). Sein Kreuz ist das Schiff, das uns in den Himmel bringt. Seine Wunder erlaubten uns, einen flüchtigen Blick ins Paradies zu tun. Mit tausend kleinen und großen Segnungen gibt er uns einen Vorgeschmack auf die Seligkeit. Doch sie sind nur ein Schimmer, ein flüchtiger Blick, ein Vorgeschmack. Wir sind noch nicht im Himmel. Deshalb hatte der gottesfürchtige Timotheus eine Magenkrankheit und war auch sonst häufig krank. Epaphroditus, der den Philippern den Brief von Paulus überbrachte, „war tatsächlich so krank, daß er dem Tod nahe war". Paulus mußte Trophimus krank in Milet zurücklassen. Der Apostel erwähnt in seinem Brief an die Galater, „ihr wißt, daß ich krank und schwach war, als ich euch zum erstenmal das Evangelium verkündigte" – offensichtlich hatte er einen Abstecher in das galatische Land gemacht, um sich zu erholen.[7]

Einige christliche Lehrer begründeten es damit, daß es Paulus und seinen Freunden an Glauben fehlte. Doch wollen wir uns wirklich dieser Begründung anschließen? Wäre es nicht richtiger zu sagen: „Uns und unseren Freunden fehlt es an Bescheidenheit – wir ziehen es vor, mit dem Finger auf die Apostel Christi zu zeigen, statt über die Möglichkeit nachzudenken, daß wir die Bibel falsch gelesen haben?"

Sagt die Bibel aber nicht ausdrücklich, daß Gott „all deine Gebrechen heilt?" (Ps 103,3).

Ja, David hat das in Psalm 103 geschrieben. David, der sich monatelang in Höhlen vor König Saul versteckt gehalten hat, der seinen besten Freund im Krieg verlor, dessen kleiner Sohn

---

[5] Phil 2,27; Röm 9,2; 2 Kor 6,10.

[6] Lk 6,21; Jak 4,9.

[7] 1 Tim 5,23; Phil 2,27; 2 Tim 4,20; Gal 4,13.

erkrankte und trotz seiner Gebete starb, dessen anderer Sohn versuchte, seinen Vater umzubringen und ihn zu stürzen; David, der mit Entsetzen zusehen mußte, wie siebzigtausend seiner Untertanen an der Pest starben. Doch offensichtlich wurde David immer wieder gesund und war dankbar dafür.

Doch Davids Leiden hätten sich vermeiden lassen – sie waren Strafen für seine Sünden (2 Sam 12,10,14). Wenn wir gottgefällig leben, sollten wir so etwas nicht durchmachen müssen.

Laßt den, der ohne Sünde ist, den ersten Stein auf den Schäfer werfen, der mit seiner Schleuder den Goliat erschlug. Denken wir wirklich, daß wir dem Mann geistlich überlegen sind, den Gott „einen Mann nach seinem Herzen" nannte (1 Sam 13,14), dessen Schriften einen Teil der Bibel ausmachen? Hat Jesus nicht darauf hingewiesen, daß unsere geheimen Lüste und unser geheimer Haß Davids Ehebruch und Mord ebenbürtig sind (Mt 5,22,27–28)? Stehen wir über dem Psalmisten, der im Gebet zugibt: „Ehe ich gedemütigt wurde, ging mein Weg in die Irre; nun aber halte ich mich an deine Verheißung" (Ps 119,67)? Überlegen Sie sich gut, ob Sie sich diesen Männern überlegen fühlen – Sie kennen Ihr eigenes Herz nicht. „Denn wen der Herr liebt, den züchtigt er; er schlägt mit der Rute jeden Sohn, den er gern hat" (Hebr 12,6).

Doch mit Sicherheit sind Heilung und Wohlstand in Jesu Versprechen mit eingeschlossen, wenn er sagt: „Alles, um was ihr in meinem Namen bittet, werde ich tun ... Wenn ihr mich um etwas in meinem Namen bittet, werde ich es tun" (Joh 14,13–14).

Inhaltsschwere Verse. Sie weisen uns alle zurecht, damit wir uns selbst prüfen und furchtloser beten. Doch wir wollen uns sein Versprechen genau ansehen. „Alles, um was ihr . . . bittet", hört sich doch gut an. „Alles, um was ihr *in meinem Namen* bittet", was ist damit gemeint? Sicher mehr, als daß man vor dem Amen noch schnell „in Jesu Namen" einfügt. Es bedeutet, daß man beim Beten zugibt, Gott hört mich nur, weil ich der Gast seines Sohnes bin. Damit wir so mutig, doch respektvoll beten, wie Jesus es tat, als er auf dieser Erde war. Damit wir für die Dinge beten, die er uns gelehrt hat.

Worum handelt es sich dabei? Er hat sie im Vaterunser

zusammengefaßt: geistliche Gaben, ewige Güter. „Dein Reich komme . . . möge sich dein Plan für diesen aufrührerischen Planeten erfüllen . . . Vergib mir, wie ich dich behandelt habe . . . Bewahre mich vor dem Übel, das mich lockt“ (siehe Mt 6,9–13). Nur eine von sechs Bitten handelt von etwas Irdischem, „gib uns heute das Brot, das wir brauchen“ – nicht: „Laß den DAX-Index wieder steigen.“

Natürlich ist es nicht verkehrt, wenn wir für mehr als unsere täglichen Bedürfnisse beten – dafür, daß Susi ihr verlorenes Kätzchen findet, daß ich mich morgen auf meiner Geburtstagsparty amüsiere, daß sich keiner von uns in diesem Winter eine Erkältung einfängt und daß es ganz schnell Weihnachten wird. Gott liebt die Gebete von Kindern. Er lädt auch die Erwachsenen ein: „Werft alle eure Sorge auf ihn“ und: „Bringt in jeder Lage betend und flehend eure Bitten mit Dank vor Gott“ (1 Petr 5,7; Phil 4,6). Denken wir wirklich, daß Jesus uns einen Blankoscheck für ein leichtes Leben gegeben hat? Stellen wir uns vor, daß wir betend alle Prüfungen von unserem Lebensweg fernhalten können? „Seid Unmündige an Bosheit, an Einsicht aber seid reife Menschen!“ (1 Kor 14,20).

Stellen Sie sich vor, Sie begleiten eine Gruppe dreizehnjähriger Pfadfinder zur Theateraufführung einer Oberschule. Während der Pause gibt es Gebäck und Erfrischungen für die Besucher. Über dem Tisch steht auf einem Schild: Bitte, bedienen Sie sich selbst. Der verfressene Jimmy beginnt, sich die Taschen mit Keksen vollzustopfen. Sein Freund leert einen Teller voller Makronen in sein Hemd. Der niemals schüchterne Erwin hat bereits genußvoll das sechste Glas Fruchtbowle in sich hineingeschüttet.

Empört gehen Sie zu dem Tisch hinüber und sagen: „Was denkt ihr euch eigentlich, Jungs?“

Voller Unschuld sehen die Jungen Sie an: „Auf dem Schild steht doch . . .!“

Ja, auf dem Schild steht es, doch Sie möchten die Jungen trotzdem in die Ecke zerren und ihnen die Leviten lesen, weil sie zwar das Schild gelesen, aber die Situation nicht erkannt haben. Was werden Sie sagen?

„Das sind Erfrischungen und keine Hauptmahlzeit!"

„Für euch sind die Kekse kostenlos, doch jemand mußte dafür bezahlen!"

„Wenn jeder es so machen würde, bekämen nur die ersten fünf Personen etwas!"

Mit anderen Worten: „Lest das Schild mit Verstand."

Wir wollen unseren *Kopf* gebrauchen, wenn wir uns das Versprechen Jesu näher ansehen, daß er uns alles geben will, worum wir ihn bitten. Petrus hat uns davor gewarnt, die Worte Gottes zu verdrehen. Paulus ermahnte Timotheus, die Heilige Schrift korrekt zu handhaben. Offensichtlich kannten diese Männer Lehrer, die es an dieser Sorgfalt mangeln ließen. Wir vermeiden das, indem wir verschiedene Stellen in der Bibel miteinander vergleichen und dadurch zusätzlich Licht in die Sache bringen. Parallellaufende Stellen sind wie Schienen, die einen Zug auf Kurs halten. Sie sind wie Spuren, die unserem Denken Richtung geben, wenn unser Wunschdenken sumpfig und vage wird.

Der folgende Vers ist eine solche Spur: „Wir haben ihm gegenüber die Zuversicht, daß er uns hört, wenn wir etwas erbitten, das seinem Willen entspricht" (1 Joh 5,14). Hier wird etwas deutlich: Damit uns grünes Licht gegeben wird, muß Gott bereits wollen, was wir von ihm erbitten. Niemand kann ihm durch lange Gebete ins Handwerk pfuschen, oder ihn gegen sein besseres Wissen überzeugen. Es gibt Leute, die von diesem Gedanken nicht aufgehalten werden. Sie meinen Gottes Willen genau zu kennen: „Es gereicht Gott mit Sicherheit zu größerer Ehre, wenn er mich heilt, als wenn er mir die Gnade gibt, die Krankheit zu ertragen."

Doch die Apostel besaßen eine derartige Hellsichtigkeit nicht. Paulus bat einmal darum, von einem bestimmten „Stachel im Fleisch" erlöst zu werden – bestimmt hätte er Gott besser dienen können, wenn er davon nicht abgelenkt worden wäre. „[Gott] aber antwortete: Meine Gnade genügt dir." Bei einer anderen Gelegenheit wollte er das Evangelium in Bithynien predigen – Gott mußte doch mit Sicherheit wünschen, daß die Gute Nachricht auch dort verkündigt wird. „. . . doch auch das erlaubte ihnen der Geist Jesu nicht." Aus diesem Grunde rät Jakobus den Gläubigen, keine Vermutungen darüber anzustellen, was Gott vorhat, und beim Pläneschmieden nicht zu selbstsicher zu sein. „Ihr solltet lieber sagen: Wenn der Herr will, werden wir noch leben und dies und jenes tun.“[8] Niemand hat den allmächtigen Gott in der Tasche.

Im Johannesevangelium finden wir eine weitere Spur: *„Wenn ihr in mir bleibt* ... dann bittet um alles, was ihr wollt: Ihr werdet es erhalten“ (Joh 15,7). Offensichtlich hängt es von meiner Lebensweise ab, ob Gott mich erhört. Wenn es darum geht, Antwort auf Gebete zu bekommen, kann nicht einmal ein Opferteller voller Aufrichtigkeit ein aufmerksames Leben des Gehorsams ersetzen.

Jesus fügt noch eine weitere Bedingung hinzu: „Wenn ihr in mir bleibt und *wenn meine Worte in euch bleiben*, dann bittet um alles, was ihr wollt: Ihr werdet es erhalten.“ Das ist sogar noch genauer. Ich kann einen Glauben haben, der Berge versetzt – der ausreicht, um die Jahreshauptversammlung der Gemeinde interessant zu machen –, und trotzdem kann ich mit meinen Gebeten nichts ausrichten, wenn Jesu Worte nicht in mir bleiben und ich mich über seine Weisungen hinwegsetze. Haben wir wirklich begriffen, welche Verbindung zwischen der Erfahrung von Gebetserhörungen und unserer Mühe um das Wort Gottes besteht? Je länger der Teebeutel in der Tasse schwimmt, desto stärker wird der Tee. Je mehr Gottes Wort unseren Verstand durchdringt, desto klarer erkennen wir, was für ihn wichtig ist, und desto wirksamer werden unsere Gebete.

Das Markus-Evangelium zeigt das sehr deutlich. Erinnern Sie sich, wie der Autor die bemerkenswerten vierundzwanzig Stunden beschreibt, die Christus in Kafarnaum verbrachte? „Am Abend, als die Sonne untergegangen war, brachte man alle Kranken und Besessenen zu Jesus. Die ganze Stadt war vor der Haustür versammelt, und er heilte viele, die an allen möglichen Krankheiten litten, und trieb viele Dämonen aus.“ Verständlicherweise suchte am nächsten Morgen jeder nach dem großartigen Arzt. Sie fanden ihn weitab von den Menschenmassen, wo er im Verborgenen betete. „Laßt uns anderswohin gehen“,

[8] 2 Kor 12,9; Apg 16,7; Jak 4,15.

antwortete er, „in die benachbarten Dörfer, damit ich auch dort predige; denn dazu bin ich gekommen“ (Mk 1,32–38).

Damit ich *predige,* hatte er gesagt. Deshalb war er gekommen. Nicht, daß ihm die Krebskranken und Fiebernden in Kafarnaum gleichgültig waren, die zu spät davon gehört hatten, um am Abend zuvor geheilt zu werden. Doch ihre Krankheiten waren nicht die Hauptsache – das Evangelium war es. Seine Wunder waren die Kulisse, das Anschauungsmaterial für seine dringende Botschaft. Diese Botschaft besagte: Die Sünde wird dich töten, die Hölle ist Wirklichkeit, Gott ist gnädig, sein Reich wird dich verändern und ich bin deine Eintrittskarte dafür. Jedesmal, wenn die Menschen diesen Punkt übersahen, wenn der sofortige Nutzen seiner Wunder sie von den ewigen Dingen ablenkte, zog Jesus sich zurück. Zu einer Menge, die meilenweit gelaufen war, um ihn zu finden, sagte Jesus: „Ihr sucht mich nicht, weil ihr Zeichen gesehen habt, sondern weil ihr von den Broten gegessen habt und satt geworden seid. Müht euch nicht ab für die Speise, die verdirbt, sondern für die Speise, die für das ewige Leben bleibt und die der Menschensohn euch geben wird“ (Joh 6,26–27). Die *Worte* Jesu erklären seine Wunder und müssen unsere Gebete leiten.

Manche Christen versichern uns: „Gott will eure Krankheiten heilen, damit die Welt aufmerkt und glaubt.“ Jesus sagt: „Wenn sie auf Mose und die Propheten nicht hören, werden sie sich auch nicht überzeugen lassen, wenn einer von den Toten aufersteht.“ Auf Erfolgs- und Wohlstandsseminaren wird gelehrt, daß Gott uns mit finanziellem Überfluß segnen will. Jesus lehrt: „Selig ihr Armen“ und warnt uns: „Ein Reicher wird nur schwer in das Himmelreich kommen.“ Manche verdrehen Gottes Wort und behaupten: „Gott will seine Kinder glücklich sehen.“ Jesus sagt: „Selig, die ihr jetzt weint“ (Lk 16,31; 6,20; Mt 19,23; Lk 6,21).

Starb Jesus, um jedem das gute Leben zu geben, der nur genug Glauben besitzt? Urteilen Sie selbst: Unser Erlöser war arm, und das Gleiche trifft auf die meisten frühen Christen zu. „Da sind nicht viele . . . Mächtige, nicht viele Vornehme . . .“ Die Gläubigen in Mazedonien wurden „durch große Not geprüft.“ Jakobus wurde der Kopf abgeschlagen. Petrus war im Gefängnis.

Stephanus wurde gesteinigt. Johannes starb im Exil auf einer öden Insel. Die Jerusalemer Christen wurden aus ihrer Stadt vertrieben. Aquila und Priszilla wies man aus Rom aus. Markus gab unter den Schwierigkeiten seiner Missionsreisen auf. Petrus sagt, daß die Christen in Kleinasien „unter mancherlei Prüfungen" litten. Viele Gläubige waren Sklaven oder Frauen, deren Ehemänner keine Christen waren und sie nicht verstanden. Viele wurden „vor aller Welt beschimpft und gequält". Sie wurden krank. Ihre Besitztümer wurden beschlagnahmt. Sie sahen sich Versuchungen ausgesetzt, wußten, was es hieß zu sündigen, kannten den Schmerz eines belasteten Gewissens. In ihren Gemeinden gab es manche Probleme. Alle benötigten Ermutigung, um weitermachen zu können. Vielleicht hat es Paulus in seinem Tagebuch am klarsten ausgedrückt:

„[Ich] war oft in Todesgefahr. Fünfmal erhielt ich von Juden die neununddreißig Hiebe; dreimal wurde ich ausgepeitscht, einmal gesteinigt, dreimal erlitt ich Schiffbruch, eine Nacht und einen Tag trieb ich auf hoher See. Ich war oft auf Reisen, gefährdet durch Flüsse, gefährdet durch Räuber, gefährdet durch das eigene Volk, gefährdet durch Heiden, gefährdet in der Stadt, gefährdet in der Wüste, gefährdet auf dem Meer, gefährdet durch falsche Brüder. Ich erduldete Mühsal und Plage, durchwachte viele Nächte, ertrug Hunger und Durst, häufiges Fasten, Kälte und Blöße" (2 Kor 11,23–27).

Sie hatten, was sie nicht haben wollten, und wollten, was sie nicht hatten. Bei alledem gehorchten sie lediglich ihrem Erlöser, der sagte: „Wer mein Jünger sein will, der verleugne sich selbst, nehme täglich sein Kreuz auf sich und folge mir nach" (Lk 9,23). Indem sie seine Leiden teilten, erlebten sie etwas von der Macht seiner Auferstehung.

Die Bibel konnte es nicht klarer ausdrücken. Gott *erwartet* von seinen Kindern in jedem Land und in allen Gesellschaftsschichten dieser Welt, daß sie leiden. Nur drei Plätze in dieser Welt sind davon ausgeschlossen – ein paar Hektar in Südkalifornien, ein paar in Florida und ein paar in Frankreich, die einer freundlichen, sprechenden Maus mit riesigen Ohren unterstehen.

4.
Was böse scheint, ist gut gemeint?

Bevor Sie das vierte Kapitel lesen . . .

Dreißig Sekunden nachdem 1995 die Bombe in Oklahoma City explodierte, war der Schauplatz mit Menschen bedeckt, die sich von Blutlachen umgeben vor Schmerzen krümmten. Wenn Sie es nicht selber gesehen haben, versuchen Sie sich das folgende einmal vorzustellen. Neben Ihnen liegt eine Frau – das Gesicht, der Körper und die Arme von Glassplittern zerfetzt. Wahrscheinlich ist eine Arterie getroffen worden, doch von dort, wo Sie liegen, können Sie es nicht genau erkennen. Der entsetzliche Anblick verursacht Ihnen Übelkeit. Sie sind verwirrt und fühlen Panik in sich aufsteigen. Sie haben Angst, daß noch eine weitere Bombe explodieren könnte. Sie wissen nicht, ob Sie fluchen oder beten sollen. Die unterschiedlichsten Gefühle stürmen auf Sie ein – doch wenn Sie nicht aufhören zu fühlen und nicht beginnen, darüber nachzudenken, wie sie die Blutung der Frau zum Stillstand bringen und ihren Schock verringern können, wird diese Frau wahrscheinlich sterben.

Sollen Menschen nach solch einer Explosion keine Gefühle haben? Selbstverständlich! Schweres Leiden verlangt nach tiefen Empfindungen. In der Zeit danach haben Oklahoma und die ganze Nation geweint. Wir *sollen* weinen. Gott weint. „Für jedes Geschehen unter dem Himmel gibt es eine bestimmte Zeit . . . eine Zeit zum Weinen." Doch es gibt auch eine Zeit zum Denken. Keine kann die andere ersetzen.

Die nächsten beiden Kapitel sind vom Gefühl her schwierig zu begreifen. Sie handeln von einer Botschaft, über die viele Christen stolpern. Wenn jemand unter Ihnen von einem unsagbaren Verlust getroffen ist, Sie in einem Maße leidgeprüft sind, daß Sie sich allem Trost verschließen und außerstande sind, nach oben zu schauen – Gott hat Verständnis dafür. Bitte legen Sie das Buch beiseite und bringen Sie Ihren Kummer vor Gott. Wenn Sie etwas lesen wollen, lesen Sie die Psalmen. Es ist nicht die Zeit, sich mit einer komplizierten Beweisführung zu quälen.

Doch wenn Sie in der Lage sind zu lesen, obwohl Ihr Schmerz noch immer groß ist, finden Sie in der Bibel viele Aufforderungen, „sich zu erinnern", „zu überlegen", „darüber nachzudenken", „abzuwägen", „zu entscheiden". Wenn Jesus über Leben, Tod und Leiden befragt wurde, richtete er oft an den Fragesteller eine Gegenfrage. „Was sagen die Schriften dazu?" würde er wahrscheinlich fragen. Die Menschen würden stutzen, anfangen zu blättern, sich laut die Stellen vorlesen und mit den passenden Versen zu ihm kommen. Doch damit wäre die Diskussion nicht beendet. Jetzt beginnt die Arbeit erst richtig: „Was ist damit *gemeint*?" würde er fragen. Für oberflächliches oder vereinfachendes Denken ist hier kein Platz.

Was wir über Gott denken, beeinflußt unsere Freundschaft mit ihm. Es ist ausschlaggebend dafür, wieviel Ehre wir ihm geben. Unsere Vorstellungen von Gott sind jedoch nicht immer verläßlich. Die Menschen im Altertum wurden durch Spekulationen darüber, was Gott sich wünscht, zu Menschenopfern verleitet. Wir können uns jedoch genauso wenig auf unsere Gefühle verlassen. Wenn wir uns Gott so denken, wie wir ihn uns wünschen, wird er sicherlich unserem Abbild ähnlich sein, und die Gefahr besteht, daß wir den Menschen gleichen, die Paulus beschreibt: „... sie [haben] Eifer ... für Gott; aber es ist ein Eifer ohne Erkenntnis" (Röm 10,2).

Für das Wissen um Gott ist die Bibel unsere einzig sichere Quelle – und sie verlangt, daß wir nachdenken. Zu allen Zeiten lautet Gottes beständige Einladung: „Kommt her, wir wollen sehen, wer von uns recht hat" (Jes 1,18).

Bei diesem Kapitel werden einige die Augenbrauen hochziehen. Es handelt davon, daß Gott selbst dann die Kontrolle hat, wenn es Probleme gibt. Aus verständlichen Gründen werden sich die meisten Nichtchristen und viele Christen unbehaglich räuspern, wenn sie sich einen Gott vorstellen sollen, der behauptet, die Zügel in der Hand zu halten. Schließlich scheint es oft so, als wenn die Pferde durchgehen und die Kutsche Gefahr läuft, in den Straßengraben zu fahren. Bei manchen ist die Kutsche bereits umgekippt und auf ihnen gelandet. Unter den Trümmern begraben, denkt vielleicht jemand:

Na gut, wir können uns darauf einigen, daß Gottes Plan für Christen Leiden mit einbezieht. Doch einige von uns machen sich über den zweiten Punkt Sorgen, denn da heißt es, daß Gott für jeden einen ganz „bestimmten" Plan hat und uns die Prüfungen „zugeteilt" werden. Sie wollen damit doch nicht etwa sagen, daß Gott es wirklich selbst ist, der uns Menschen leiden läßt? Die Bibel sagt, daß Gott Liebe ist – doch wenn die Prüfungen, die ich durchmache, von ihm kommen, müssen wir unterschiedliche Wörterbücher benutzt haben, um das Wort Liebe zu definieren.

Ein Gott, der tatsächlich Vergewaltigungen, Morde, Erdbeben und Herzkrankheiten verfügt, ist nicht der Gott, den ich anbete. Zu behaupten, daß er solche Dinge veranlaßt, macht ihn zu einem Ungeheuer. Ich bekomme Angst vor ihm. Ich fühle mich wie eine Schachfigur – als hätte eine seelenlose Maschine im Himmel, die die Entscheidungen trifft, mich bereits für gebrochene Knochen und scheußliche Gerichtsverfahren vorgesehen, egal, ob ich mich vorsehe und ob ich bete oder nicht. Meiner Ansicht nach verbietet es Gottes Heiligkeit, daß er irgend jemand dazu veranlaßt, gegen uns zu sündigen. Er veranlaßt niemand, irgend etwas zu tun – wir sind keine Roboter. Er plant keine Unglücksfälle – sie passieren einfach, oder vielleicht verursacht Satan sie. In seiner Gnade und aufgrund unserer Gebete verhindert Gott mitunter Tragödien und Kümmernisse, doch wenn sie über uns kommen, hat er sie nicht geschickt. Vielmehr läßt er gewöhnlich geschehen, was geschehen muß, und erst danach führt er das Schlechte – für die, die ihn lieben – zum Guten.

Da ist sicher allerhand Wahres dran. Wir *sollten* von der Vorstellung abgestoßen sein, daß wir Schachfiguren sind. Das Universum ist kein riesiges Marionettentheater. Gott verabscheut Leiden. Er sündigt niemals und veranlaßt niemand zum Sündigen. Wie verwerflich, Gott als ein Ungeheuer darzustellen! Wie absurd zu denken, daß unsere Gebete sinnlos und unsere Taten bedeutungslos sind!

Doch wie traurig ist es, daß wir, in dem Bestreben, ihn gegen solchen Unsinn zu verteidigen, Gottes Worte verleugnen, mit denen er sich selbst beschreibt. Gott behauptet ganz klar, daß er die Welt regiert – nicht, daß er es „könnte", wenn er wollte, oder daß er eingreifen „kann", wenn es sein muß, sondern daß er sie „regiert" – zu allen Zeiten, selbst dann, wenn sie sich von ihm abwendet. Selbst wenn wir leiden. Er behauptet, daß uns ohne seine Zustimmung nichts berührt, denn „... meine Tage waren schon gebildet, als noch keiner von ihnen da war" (Ps 139,16). Er sagt, ohne rot zu werden: „Geht nicht hervor aus des Höchsten Mund das Gute wie auch das Böse?" (Klgl 3,38).

Doch darin besteht das Wunder: Er behauptet, daß er all diese Dinge tut, ohne unsere Hände zu irgend etwas zu zwingen, ohne unseren Willen auszuschalten oder uns zu etwas geringerem als Menschen zu machen. Sein Werk ist – was die physikalische Welt anbelangt – so diskret, so allgemein, so normal, daß wir sein Wirken nicht bemerken. Die sogenannten „Naturgesetze" sind lediglich unsere Beschreibung seines üblichen Handelns.

Wenn Menschen uns gegenüber schuldig werden, sind sie – der Bibel zufolge – allein dafür verantwortlich, und Gott wird sie eines Tages richten. Wenn sich Orkane über uns austoben, ist es nicht unchristlich, wenn der Wetterdienst eine wissenschaftliche Erklärung dafür gibt. Wenn sich Krankheiten einstellen, gibt es medizinische Gründe, denen nachgespürt werden kann. Wenn Tiere Probleme verursachen, handeln sie aus Instinkt. Wenn Unglücksfälle geschehen, darf man sie ruhig Unglücksfälle nennen – selbst die Bibel tut das. Wenn Babys sterben und ganze Völker verhungern, wenn Kokainsüchtige verängstigte Ladenbesitzer erschießen, weint Gott um seine Welt. Alle diese Dinge sind wahr. Doch die Bibel besteht gleichzeitig auf einer anderen Wahrheit.

Während all dieser Sünden, Orkane, Krankheiten, Schlangenbisse, Unglücksfälle, während Babys sterben und Tankstellen überfallen werden – hat Gott seine Hand keine dreißig Sekunden vom Lenkrad genommen. Seine Pläne werden trotzdem, ja sogar durch diese Tragödien erfüllt. Es sind Tragödien. Auch er hält sie dafür. Er verabscheut das Böse, das Elend und die Zerstörung an sich – doch er ist entschlossen, das zu steuern, was er haßt, um das zu erreichen, was er liebt.

„Wie kann das möglich sein?" mag jemand fragen.

Willkommen in der Welt begrenzter Menschen, die einen grenzenlosen Gott begreifen möchten.

Um nicht zu sehr ins Theoretisieren zu verfallen, lassen Sie uns das Ganze mit Hilfe einiger Geschichten erläutern.

Gute Menschen leiden Schmerzen

Erste Geschichte

Reisen Sie in Gedanken mit uns in einen Teil der Erde, der mit Terrorismus geradezu in einem Atemzug genannt wird – dem Mittleren Osten. Nachfolgend lesen Sie die Geschichte persönlicher Schrecken, die ein Mann dort erlebte.

In seinem Heimatland war er eine bekannte Persönlichkeit des öffentlichen Lebens, doch international war er nicht bekannt. Aufgrund seines weitreichenden karitativen Wirkens, zu dem ihn seine religiösen Überzeugungen veranlaßten, war er nicht nur für viele einfache Menschen ein Held, sondern auch für viele kultivierte Menschen. Es gab jedoch politische Kreise, die ihn als Bedrohung empfanden. Die Gruppe, die für seine Gefangennahme verantwortlich war, schlug in der Nacht zu. So, wie es viele verzweifelte Organisationen tun, versuchten auch sie ihrer Aktion einen legalen Anstrich zu geben.

Ein Schnellgericht wurde einberufen, die Anklage formuliert und der Gefangene für schuldig befunden. Man führte ihn den Korridor entlang, warf ihn in einen Keller, wo er von einigen Schlägertypen mit den Fäusten bearbeitet wurde. Danach streckten sie ihn unbarmherzig über ein grobes Folterinstrument und durchbohrten mehrere seiner Körperteile. Wie beabsichtigt, überlebte der von vielen geliebte Mann diese Prozedur nicht. Seine empörten, trauernden Freunde erinnerten sich seiner als eines bescheidenen, hilfreichen Menschen, der immer Zeit für andere hatte. Seine Mörder wurden niemals vor Gericht gestellt.

Zweite Geschichte

6. August 1978. Entschlossen, ihrem Ehemann die Scheidungspläne auszureden, sprang sie in ihr Auto und fuhr in Richtung Süd-Georgia. Den Hund hatte sie zur Gesellschaft mitgenommen – den Wodka, um sich Mut anzutrinken. Als sie durch Florida fuhr, kam ihr der Mittelstreifen nicht mehr ganz gerade vor. Auf der Landstraße 441 geriet sie kurz vor Fort Lauderdale im Nebel auf die gegenüberliegende Fahrbahn und stieß mit einem entgegenkommenden grünen Kleinbus zusammen, in dem sich fünf junge Leute befanden. Der Junge auf dem hinteren Mittelsitz hatte am meisten abbekommen.

Nach siebenundsiebzig Tagen waren sich die Ärzte sicher, daß der junge Mann überleben würde. Paul Ruffner (der Name wurde geändert), neunzehn Jahre alt, verließ die Intensivstation und kehrte nach Hause zurück, um zu lernen, wie man leben konnte, ohne unterhalb der Halswirbel etwas fühlen oder bewegen zu können.

Sein Vater und seine Brüder hatten für ihn einen Anbau aus Holz mit einer Rampe gebaut. Zu Hause genoß er die gleiche warme Familienatmosphäre, die er schon immer gekannt hatte. Er lernte, den elektrischen Rollstuhl mit seinem Kinn zu bedienen, und ging mit seinem Vater fischen. Mit seinem Bruder, der ihm seine Hände lieh, besuchte er ein Jahr lang die Hochschule. Dort stärkte er seinen Glauben, den er bereits mit fünf Jahren gezeigt hatte, als er den Kopf unter der Zeitung durchsteckte und seine lesende Mutter fragte, wie man Christ wird. In diesen frühen Jahren der Genesung waren Lachen und Weinen oft gleichzeitig zu Gast. Doch seine Freunde sprachen davon, wie leicht es ihnen fiel, bei ihm vorbeizuschauen, weil die Atmosphäre, die ihn umgab, so angenehm war.

Fünf Jahre nach seinem Unfall wurde Paul über Nacht zum Millionär, als er eine Abfindung von der Autofirma erhielt, deren fehlerhafte Konstruktion zu seiner Lähmung beigetragen hatte. Es wurde Zeit, daß er mit seiner Familie ein bestimmtes Thema besprach. „Meine Brüder sind erwachsen und ausgezogen – bitte, laßt mich auch gehen. Ich möchte mein eigenes Heim haben und mich um meine eigenen Angelegenheiten kümmern.“

Es war das erste Mal, daß Paul wirklich etwas verlangte, seit er den Unfall hatte. Vater und Mutter stimmten zu, und Paul zog nach Nord Carolina, direkt neben das Sommerhaus der Familie. Auf diese Weise würde man auch weiterhin an seinem Leben teilnehmen.

Wer hätte die Gedanken des Mädchens lesen können, das sich auf die Annonce als Krankenschwester bewarb? Ein Freund hatte sie empfohlen und versichert, daß sie „eine Christin" sei. Doch die Krankenschwester hatte ein Problem, für das Paul die Lösung war. Schon bald hatte sie erreicht, daß Pauls Herz so von ihr eingenommen war wie ihr Herz von seinem Scheckbuch. Die anderen Helfer gingen nach ihrer Schicht immer nach Hause, doch Janet (der Name wurde geändert) zog zu ihm. Endlich konnte ihre Schwäche für Marihuana befriedigt werden. Paul war ebenfalls ein wenig schwach in dieser Hinsicht. Im Krankenhaus hatte ihm ein junger Arzt Marihuana zum Entspannen der Muskeln empfohlen. Und jetzt nötigte ihn die erste junge Frau, die seit dem Unfall in sein Leben getreten war, darauf zurückzugreifen und bot ihm sogar noch stärkere Mittel an.

Ein kalter, nebliger Bergwinter trieb das Paar zurück nach Florida. Sie ließen sich drei Autostunden von Pauls Familie entfernt nieder, wo Paul ein Haus am Meer kaufte, und schon bald heirateten die beiden. „Natürlich würden wir uns über euren Besuch freuen", flötete die junge Frau, wenn die Ruffners anriefen. Doch in letzter Minute kam immer etwas dazwischen. Paul rief an und sagte: „Ich weiß, ihr habt euch darauf vorbereitet, doch Janet kann heute keinen Besuch ertragen – sie bekommt ihre Periode. Könnt ihr nicht an einem anderen Tag kommen?" Oder Janet öffnete die Tür einen Spalt weit, ohne die Kette abzunehmen, und sagte, es täte ihr leid, aber Paul fühle sich nicht wohl. Sie schlug vor, daß sie ihn vom Bootshaus im Garten anrufen sollten, bevor sie die Rückfahrt antraten. In fünf Jahren sah die Familie Paul ganze fünf Mal. Bei Telefonaten hörte man, daß die Lautsprecheranlage eingeschaltet war – Janet hörte immer mit. Sollten sie etwas unternehmen? Doch was. Unabhängigkeit von seinen Eltern war das einzige, was er je gefordert hatte.

Nach mehreren Ehejahren rief Paul seine Eltern an. „Mum, Dad, ich bin vor Gott davongelaufen. Von jetzt an werde ich Entscheidungen treffen, die mit der Bibel und einer richtigen Beziehung zu Jesus in Einklang stehen. Meine Lebensweise wird sich ändern." Sie änderte sich – die Familie konnte es fühlen. Paul begann wieder freimütig mit den Helfern, die in sein Haus kamen, über seinen Glauben zu sprechen. Einige davon wurden durch seinen Einfluß zu Christen. Auch Janet änderte sich – eine Zeitlang. Doch bald begannen beide wieder, sich zurückzuziehen. Paul war nett, wenn er seine Familie anrief (seine Angehörigen hatten gelernt, auf seinen Anruf zu warten). Er war dem Anschein nach nicht drogensüchtig, und seine Familie merkte, daß er sie sehen wollte, doch die Anrufe kamen immer seltener. Niemals paßte es Janet, daß sie zusammenkamen. Rottweiler begrüßten jeden, der einen Besuch wagte. Lieferautos, die Pakete brachten, mußten vor dem Gartentor hupen. Regelmäßig hielt das kleine weiße Auto eines Fischlieferanten vor dem Grundstück, das mehr als nur Fischfilets transportierte.

Wo war Paul? Die alten Ruffners nahmen an, daß Janets Mutter, die in der Nähe des Paares wohnte, gelegentlich nach ihnen sah. Doch auch sie war nicht willkommen. Die von Janet angeordnete emotionelle Überwachung und Isolation wirkten bei ihrem Patienten nur zu gut.

Am 9. September 1990 rief Janet völlig überraschend bei ihrer Mutter an und bat um Hilfe. „Paul hat Brustschmerzen und kann kaum atmen." Die Mutter eilte hinüber, sah sich um und sagte: „Du brauchst mich nicht, sondern sofort einen Rettungswagen."

Die Männer vom Rettungsdienst sprechen heute noch ungern von dem, was sie vorfanden:

Der Gestank im ganzen Haus, der nur in Janets Zimmer nicht zu spüren war, erregte Übelkeit. Schmutzverkrustete Matratzen. Der aufgeblähte Körper des jungen Mannes, der von Brand entstellt war. Verfilzte, ungekämmte Haare. Zu Krallen gewordene Fingernägel. Ein völlig ausgemergelter Körper. Krankheit und Stunden später der Tod.

Während der Untersuchungen, die dem Gerichtsverfahren vorausgingen, fragte der Ankläger: „Mrs. Ruffner, was schätzen

Sie, wieviel Geld Sie während Ihrer Ehe für Kokain ausgegeben haben?"

Die Krankenschwester, die einmal 15 000 Dollar im Jahr verdient hatte, mußte einen Augenblick nachdenken. Dann räusperte sie sich und sagte: „Ungefähr eine Million." Sie wurde wegen Vernachlässigung zu fünfzehn Jahren Gefängnis verurteilt.

Saß Gott im Planungskomitee?

Zwei wahre, doch unbegreifliche Geschichten. Ein Menschenfreund, der aus politischen Gründen zu Tode gequält wird. Ein Teenager, der durch die Schuld einer betrunkenen Fahrerin völlig gelähmt und seines Geldes wegen zu Tode ausgebeutet wird.

Beabsichtigte Gott diese Zwischenfälle? Offensichtlich erlaubte er sie. Doch waren sie verfügt? Waren sie ein „Teil des Plans"? War der Mord an einem wohltätigen Menschen in einem göttlichen Entwurf enthalten? Könnten die Ruffners tatsächlich sagen: „Es war unserer Familie bestimmt, das durchzumachen." Oder hätte – was Gott betraf – genausogut ein anderer Junge auf dem mittleren Rücksitz sitzen – ein anderer Ehemann auf mörderische Weise vernachlässigt werden können? Für den Fall Ruffner haben wir keine direkte Antwort von Gott. Die Familie wird in der Bibel nicht erwähnt. Doch der Menschenfreund kommt darin vor. Es ist Jesus!

Bei der Antwort, die wir vom Neuen Testament in bezug auf den Mord an einem guten Menschen erhalten, wird keine Zurückhaltung geübt. Hören Sie, was der Apostel Petrus der Menge in Jerusalem predigte: „Israeliten, hört diese Worte: Jesus, der Nazoräer ... der nach *Gottes beschlossenem Willen und Vorauswissen* hingegeben wurde, habt ihr durch die Hand von Gesetzlosen ans Kreuz geschlagen und umgebracht ... Kehrt um ... (Apg 2,22–23,38).

„Kehrt um" – ihre Schuld ist wirklich und das Gericht droht. „... nach Gottes Vorauswissen" – Gott sah die Kreuzigung kommen; „nach Gottes beschlossenem Willen" – Gott sah sie kommen, *weil er sie verfügt hatte*. So schwer sich das begreifen läßt, Gott wollte, verfügte, ja bestimmte den bekanntesten und schrecklichsten Foltertod der Geschichte. Dieser Punkt wird zwei Kapitel später noch verdeutlicht, wenn die frühen Christen beten: „Wahrhaftig, verbündet haben sich in dieser Stadt gegen deinen heiligen Knecht Jesus, den du gesalbt hast, Herodes und Pontius Pilatus mit den Heiden und den Stämmen Israels, um alles auszuführen, *was deine Hand und dein Wille im voraus bestimmt haben*" (Apg 4,27–28).

„Was deine Hand und dein Wille im voraus bestimmt haben" – läßt sich das mit den Einwänden in Einklang bringen, die wir einige Seiten vorher geäußert haben?

„Ein Gott, der Morde veranlaßt, ist nicht der Gott, den ich anbete!"

„Wenn sich Tragödien ereignen, hat er sie nicht geschickt."

Nein, sie lassen sich nicht damit in Einklang bringen. Gott sendet diese Tragödien. Er verfügte diesen Mord. Die obigen Bibelverse erlauben uns nicht zu sagen: „Ein liebender Gott könnte niemals schreckliche Sünden und Gewalttaten anordnen." Genausowenig gestatten sie uns „das Roboterargument" – das heißt den Einwand, daß die Ehefrau von Paul Ruffner oder die betrunkene Fahrerin – aufgrund der Verfügung Gottes – lediglich Marionetten waren. Sehen Sie doch, wie nervös Pilatus seine Hände wäscht, nachdem er das Urteil gesprochen hat. Hören Sie, wie die Menge brüllt: „Sein Blut komme über uns und unsere Kinder!" Die schuldigen Parteien fühlten doch ganz klar, daß sie freiwillig handelten (Mt 27,25). Und trotzdem hatte Gott das Ganze geplant.

Aha, sagt jemand. Die Kreuzigung Jesu war etwas Außergewöhnliches – die Erlösung der Menschheit hing davon ab. Gott schaltet das Steuersystem der Welt jedesmal von *Autopilot* auf *Handbetrieb* um, wenn es sich um eine Angelegenheit von monumentaler Bedeutung handelt – die Rettung der Menschheit, das Schicksal einer ganzen Nation oder ähnliche besondere und seltene Ereignisse. Das bedeutet jedoch nicht, daß er bei absolut allen großen und kleinen Geschehnissen seine Hand im Spiel hat.

Lassen Sie uns eine biblische Liste von den Dingen aufstellen, bei denen er seine Hand im Spiel hat. Da es den meisten Christen kaum Schwierigkeiten bereitet, Gott die sonnigen Tage des Lebens zuzuschreiben, wollen wir uns auf die Hagelstürme und einige Dinge beschränken, von denen wir es nicht erwarten würden.

Beginnen wir mit Levitikus (3. Buch Mose). Hier gibt Gott Israel Anweisungen, wie es mit Schimmel verfahren soll. Zugegeben, Schimmel ist lästig, doch mit Sicherheit hängt nicht das Schicksal einer Nation davon ab. „Wenn ihr in das Land Kanaan kommt, das ich euch zum Besitz gebe, und *ich* lasse an einem Haus des Landes, das ihr besitzen werdet, Aussatz auftreten, so soll der Hausherr kommen, es dem Priester anzeigen" (Lev 14,34,35).[1]

Wenn sie Schimmel sehen, den Gott auftreten ließ, müssen alttestamentarische Hausbesitzer den Priester rufen, damit dieser bestimmte Handlungen vornimmt. In diesen Versen ist eine Schwierigkeit enthalten. Wie konnten die Leute unterscheiden, ob es sich bei dem Schimmel um die von Gott gesandte oder um die gewöhnliche Art handelt, die sich ohne göttliche Hilfe einstellt? Der Text verrät es uns nicht. Ich frage mich, warum?

Gehen wir als nächstes zu Exodus (2. Buch Mose). Hier steht Mose vor Gott und protestiert, er verfüge nicht über die nötige Redegewandtheit, um dem Pharao in Gottes Namen zu sagen: „Laß mein Volk ziehen!" Wir sind versucht zu lächeln – der spätere Führer eines ganzen Volkes sollte nicht redegewandt sein? Manche nehmen an, er stotterte ein wenig. Es kann aber auch eine Ausrede gewesen sein. Wie dem auch sei. „Der Herr entgegnete ihm: Wer hat dem Menschen den Mund gegeben, und wer macht taub oder stumm, sehend oder blind? Doch wohl ich, der Herr!" (Ex 4,11).

Gott macht Menschen taub, stumm und blind? Das wird hier behauptet. Allerdings hat die Medizin seither festgestellt, daß Blindheit von chemischen Säurespritzern herrühren und genetischen Ursprungs sein kann – und daß Taubheit (von der das

[1] Mit „Aussatz" ist hier Schimmel oder Hausschwamm gemeint.

Sprechvermögen beeinflußt wird) von langanhaltendem Fieber, Hirnhautentzündung und Lärm verursacht werden kann.

In den Sprüchen begegnen wir einem Vers, der wohl kaum die Wände der Spielkasinos in Las Vegas ziert: „Im Bausch des Gewandes schüttelt man das Los, doch jede Entscheidung kommt allein vom Herrn" (Spr 16,33). Entscheidungen durch das Los sind fair, denn man läßt den Zufall entscheiden. Fußballmannschaften werfen eine Münze, um zu sehen, wer Anstoß hat. Unter Jagdkameraden wird durch das Los entschieden, wer in der Jagdhütte im harten Bett schlafen muß. Aus ähnlichen Gründen zogen die Menschen des Altertums verschiedenfarbige Steine aus der Tasche oder aus dem „Bausch" ihrer Gewänder. Doch immer bestimmt Gott den Gewinner, heißt es in den Sprüchen. Jedesmal? Nun ja, in Las Vegas hat er wohl manchmal Schwierigkeiten dabei. Es wird vermutet, daß die Mafia gelegentlich die Würfel zinkt.

Sehen wir uns die Verse des Propheten Amos an: „Geschieht ein Unglück in einer Stadt, ohne daß der Herr es bewirkt hat?" (Am 3,6). Daß er es bewirkt hat? Na hören Sie mal! Denken Sie nur an all die Katastrophen, die Sie im Fernsehen gesehen haben: Erdbeben, Überschwemmungen, Straßenschlachten, AIDS-Epidemien, Massenzusammenstöße auf der Autobahn, Brände in Mietshäusern, Bombenattentate in Weltstädten – von der Pest im vierzehnten Jahrhundert ganz zu schweigen. Kann der Gott, den wir kennen und lieben, solche Schrecken verfügen? Vielleicht hat ihn Amos falsch verstanden. Bevor Gott ihn zu seinem Dienst beruft, gibt er zu: „Ich bin kein Prophet und kein Prophetenschüler" (Am 7,14).

Inzwischen haben wir festgestellt, daß in der Bibel folgende Vorkommnisse mit Gottes Verfügung in Verbindung gebracht werden: Die Kreuzigung Jesu, der Schimmel in Ihrem Keller, blinde Augen, taube Ohren, der Ausgang von Skatspielen sowie städtische Katastrophen (ländliche werden nicht erwähnt). Haben wir auch richtig gelesen? Es klingt so beunruhigend.

Da wir gerade von beunruhigenden Bibelstellen sprechen, hier ist noch eine aus den Sprüchen: „Wie ein Wasserbach ist das Herz des Königs in der Hand des Herrn; er lenkt es, wohin er will“ (Spr 21,1). Könige haben im Laufe der Jahrhunderte einige recht grausame Dinge angeordnet – unverdiente Hinrichtungen, unmäßige Steuerabgaben, die Vorladung junger Mädchen in den Palast – lauter Angelegenheiten, die einen Robin Hood auf den Plan gerufen hätten. Doch wahrscheinlich gilt dieser Vers nicht für uns heute; schließlich ist seit dem Fall der Sowjetunion Demokratie in Mode, und Könige sind schwer zu finden. Trotzdem, in den Klageliedern wird die Idee noch erweitert: „Wer hat gesprochen, und es geschah? Hat nicht der Herr es geboten?“ (Klgl 3,37). Da wird ja noch weiter ausgeholt! Dieser Vers schließt jeden mit ein – den Autoverkäufer, der ein Auto anpreist, den Abgeordneten, der Gesetzesänderungen verspricht, Polizisten, die Sie zum Halten aufforden, Trainer, die Anweisungen brüllen. Er trifft auf Bettler zu, die um Kleingeld betteln, auf Diplomaten, die Abkommen aushandeln, und auf den nervösen jungen Mann, der im Restaurant um die Hand seiner Freundin anhält. Er schließt die Regierung mit ein, die neue Maßnahmen verkündet und den Babysitter, der erklärt, daß es Zeit zum Schlafengehen ist – jeden Diktator, der eine Hinrichtung anordnet, jeden Teenager, der eine Pizza bestellt. Diesem Vers zufolge kann ein Mann seinem Hund nicht befehlen, den Hausschuh zu bringen und erwarten, daß es geschieht, wenn Gott es nicht will. Doch Moment mal! Es heißt in dem Vers: „Wer hat *gesprochen* und es geschah?“ Was wäre, wenn all diese Leute ihre Äußerungen *schriftlich* machten?

Lassen wir die Ironie beiseite. Wenn die Bibel recht hat, geschieht *nichts* ohne Gottes Verfügung. Nichts Gutes, nichts Böses, nichts Angenehmes, nichts Tragisches. Nichts im Leben Paul Ruffners, nichts in Ihrem Leben. Wir mögen nicht in der Lage sein, Gottes Gründe zu begreifen, wir mögen mit seinem Denken nicht einverstanden sein, wir mögen ihn dafür lieben oder ihn dafür hassen, doch um es mit einfachen Worten zu sagen: Gott regiert die Welt. „Alles hat der Herr für seinen Zweck erschaffen, so auch den Frevler . . .“ „Unser Gott ist im Himmel; alles, was ihm gefällt, das vollbringt er“ (Spr 16,4; Ps 115,3).

Ich kann noch immer nicht das Gefühl loswerden, eine Art Roboter zu sein, bei dem Gott im Himmel die Tasten der Fernbedienung drückt. Weshalb sollten Christen jemals Medizin, Physik oder eine andere Wissenschaft studieren, wenn Gott einfach alles veranlaßt? Wie können Menschen menschlich sein, wenn Gott sich darüber hinwegsetzt, was sie denken und tun? Wird hier nicht angedeutet, daß letztendlich niemand, außer Gott, wirklich etwas tut? Welche Rolle spielt der Teufel bei unseren Prüfungen? Wie passen üble, böse Menschen ins Bild? Was ist mit tödlichen Orkanen und einstürzenden Brücken, für die es wissenschaftliche Erklärungen gibt? Nach dem, was Sie sagen, scheint kein Raum für jemand anders oder etwas anderes als für Gott zu sein. Gott plant, Gott verfügt, Gott handelt, Gott, Gott, Gott.

Schwerwiegende Fragen. Für die Antwort werden wir ein weiteres Kapitel benötigen.

5.
Des Himmels schmutzige Wäsche?

Ist alles nur Gott, Gott, Gott? Ist der große Versorger wirklich nur der große Manipulator? Wenn wir der Bibel entnehmen, daß er schließlich doch immer seinen Willen durchsetzt – was sagt das über ihn aus? Sein Lieblingsplanet hat im Laufe der Jahre viel Ungerechtigkeit gesehen – das macht sich nicht gut auf seinem Bewerbungsschreiben. Wo ist all das Mitleid, von dem wir einige Kapitel zuvor gehört haben? War die Sanftmut Jesu nur dazu da, einen sauertöpfigen himmlischen Vater zu decken? Ist Gott der Chef und Satan sein Angestellter? Ist „der liebe Gott" in Wirklichkeit nur ein furchteinflößender böser Diktator?

Darüber sollten wir mit jemand sprechen, der mehr Erfahrung hat als wir. Unterhalten wir uns darüber mit Ijob (Hiob).

Gott und Satan – ein (un)heimliches Team?

Erinnern Sie sich an Ijob, den Gerechten? Er hatte alles – Geld, Besitz, Ansehen, Familie. Eines Tages brachte Satan vor Gottes Thron seinen Unmut über Ijobs unerschütterliche Frömmigkeit zur Sprache. „Der Mann liebt dich, weil du ihn bestichst", argumentierte er. „Streck nur deine Hand gegen ihn aus, und rühr an all das, was sein ist; wahrhaftig, er wird dir ins Angesicht fluchen."

„Gut, all sein Besitz ist in deiner Hand", sprach Gott, „nur gegen ihn selbst streck deine Hand nicht aus!"

Schon bald erlebte Ijob seinen schlimmsten Tag. Ein Diener kam angerannt und brachte schlechte Nachrichten: Sabäer waren eingefallen, hatten seine Esel und Ochsen gestohlen und die Diener umgebracht. Kaum war er fertig, als ein zweiter Bote eintraf. „Feuer Gottes (ein hebräischer Ausdruck für Blitz) fiel vom Himmel, schlug brennend ein in die Schafe und Knechte und verzehrte sie“ (vermutlich entstand ein Steppenbrand). Wieder Schritte, ein weiterer Bote, atemlos: Eine Bande Chaldäer . . . Kamele gestohlen . . . Knechte erschlagen. Doch das Schlimmste sollte noch kommen. Der Bote, der diese Nachricht brachte, hat ohne Zweifel gezögert. „Es geht um deine Kinder.“ Einzelheiten sind fast nebensächlich. Alle zehn, sagte der Bote, waren beim ältesten Bruder zum Essen. „Da kam ein gewaltiger Wind über die Wüste und packte das Haus an allen vier Ecken; es stürzte über die jungen Leute und sie starben.“

Ijobs Reaktion ist ergreifend – er zerriß sein Gewand, schor sich aus Kummer den Kopf, fiel auf sein Gesicht nieder und betete Gott an (Ijob 1). Doch hier geht es nicht um seine Frömmigkeit. Wir fragen nach Gott – wie verhält er sich Satan gegenüber, wenn es um unsere Prüfungen geht? Wodurch unterscheidet sich seine Rolle von der Rolle menschlicher Bosheit oder trauriger Zwischenfälle im Leben, die sich ganz natürlich zu ergeben scheinen? Was lehrt uns die Geschichte von Ijob?

Kurz gesagt, sie lehrt uns beinahe alles, was wir wissen müssen. Fragen Sie sich selbst: Wer oder was verursachte Ijobs Prüfungen?

Auf der offensichtlichsten Ebene waren es *Naturgewalten*. Der Wüstenwind blies und der Blitz schlug ein. Diese Phänomene waren nicht eigentlich durch Wunder entstanden oder übernatürlicher Art. Gott hatte keinen Blitz direkt vom Himmel geschleudert, und Satan hatte keinen Sturm aus der Hölle entlassen. Die Naturgesetze sind nicht aufgehoben worden – Blitzeinschläge und heftige Stürme sind in diesem Teil der Welt nicht unbekannt. Die Meteorologen hätten in den Stunden, die der Tragödie vorausgingen, die atmosphärischen Strömungen studieren, den Sturm voraussagen und mit wissenschaftlichen Ausdrücken erklären können. Der Bibel zufolge wurden die Menschen durch schlechtes Wetter getötet.

Auf der gleichen Ebene verursachte *menschliche Bosheit* Ijobs

Prüfungen. Habsüchtige Männer, die zu morden bereit waren, machten einen Plan und führten ihn aus. In einem ordentlichen Gerichtsverfahren würden die Vertreter der Anklage diese Sabäer und Chaldäer auseinandernehmen. Der Tatbestand war eindeutig: Raub und Plünderung. Die einsame Gegend bot die Gelegenheit. Niemand hatte sie angestiftet. Es war ganz einfach Habsucht, vielleicht mit etwas Abenteuerlust vermischt.

Wer oder was verursachte Ijobs Prüfungen? Auf einer tieferen Ebene verursachte *Satan* sie. „All sein Besitz ist in deiner Hand", hatte Gott zu ihm gesagt. Satan macht kehrt, verläßt die Gegenwart Gottes, und im Handumdrehen ist der Schauplatz mit Leichen und Trümmern bedeckt. Wenn des Teufels Kessel je überkochte und sich sichtbar in die Welt eines Menschen ergoß, so war es bei Ijob der Fall. Die Bibel sagt nicht, daß Satan ständig seinen Finger am Abzug der Natur hat, doch bei diesen Stürmen hatte er eindeutig die Hand im Spiel. Die Bibel sagt, daß Satan alle Ungläubigen in der Tasche hat – „. . . die ganze Welt steht unter der Macht des Bösen" (1 Joh 5,19; lesen Sie bitte auch 2 Kor 4,4 und 2 Tim 2,26), und es besteht kein Zweifel, daß er diese herumstreunenden Halsabschneider zu ihrer Tat veranlaßte. Obwohl die Stürme Naturerscheinungen waren und die Räuber sich benahmen, wie es für gewalttätige Menschen *natürlich* ist, hat – der Bibel zufolge – Satan alles in Bewegung gesetzt: das Feuer, den Wind, das Schwert.

Wer oder was verursachte Ijobs Prüfungen? Auf der tiefsten Ebene war es die *Verfügung Gottes*. Satan holte sich für seine Vorhaben die Erlaubnis, und Gott unterschrieb die Vollmacht. Ijob hatte das begriffen, als er rief: „Der Herr hat [es] genommen" und als er später sagte: „Nehmen wir das Gute an von Gott, sollen wir dann nicht auch das Böse annehmen?" Das Buch endet damit, daß der berühmte Leidende „wegen all des Unglücks, das der Herr über ihn gebracht hatte", getröstet wurde (Ijob 1,21; 2,10; 42,11). Das ist nicht Ijob, der da spricht. Es wird vom biblischen Erzähler berichtet. Aus nur ihm bekannten guten Gründen, für die er uns keine Erklärung in diesem Buch gibt, verfügte Gott Ijobs Prüfungen. Letztendlich steckte er hinter den Leiden.

In gewisser Hinsicht *stand* hinter jedem Detail in Ijobs Geschichte Gott, Gott und nochmals Gott. Nichts geschah, das Gott nicht verfügte. Doch sehen Sie, wie das zusammenspielt? Satan handelte aus freien Stücken; niemand zwang ihn dazu. Sein Motiv war einzig und allein der Wunsch, Unheil anzurichten – er wollte Ijobs Leben zerstören und Gott erniedrigen. Gott reagierte, indem er einfach Satans Leine verlängerte. In einer Hollywoodversion über die Geschichte hätte man Gott zu Satan sagen lassen: „Dann tue, was du nicht lassen kannst." Der Satz klingt ein wenig respektlos, trifft aber den Kern der Sache, denn Satan hatte sich das Ganze ausgedacht. Es stammte aus der Finsternis seines Herzens.

Ähnlich war es mit den Sabäern und Chaldäern. Ihr Tag hatte nicht mit einer Morgenandacht begonnen. Sie hatten nicht Gottes Führung gesucht und dabei erfahren, daß Gott Ijobs Herden gestohlen und seine Hirten umgebracht haben wollte und sich dann auf einen heiligen Kreuzzug begeben. Sie waren eine Bande rauher Burschen, die betrunken einen Raubzug unternommen hatten und sich ansonsten eines einfachen Lebens erfreuten. Es hatte keinen göttlichen Wink gegeben.

Und die Natur? Sie war „mit dem falschen Fuß zuerst aufgestanden", was öfter vorkommt, und Satan hatte – auf eine Weise, in die wir nicht eingeweiht sind – ein wenig nachgeholfen. Es gab Heulen und Toben, ein paar Funken flogen, einige Gebäude wurden zertrümmert, Mensch und Vieh verbrannten. Sie kannte keinen Unterschied. Soweit es die Wissenschaft betrifft, ist die Natur nicht über die Stränge geschlagen. Beim Wirken der Hoch- und Tiefdrucksysteme sowie bei elektrischen Entladungen und Vorgängen, die die Natur selbst nicht versteht, hatte sich die Natur ... sagen wir mal ... ganz natürlich benommen.

Deshalb wollen wir nicht länger auf Gott zeigen. Seine Verfügung machte es möglich, doch er *tat* es nicht. Er wurde zu einem blinden Passagier in Satans Bus, der unsichtbare Barrieren um Satans Raserei zog und letztendlich aus Bosheit Gutes hervorbrachte. Er nutzte die vorsätzliche Bosheit einiger übler Charaktere und die unpersönliche Bösartigkeit einiger sehr übler Stürme, *ohne dabei irgend jemandem oder irgend etwas Zwang aufzuerlegen.* Er führte niemandem die Hand, überging niemands Willen und setzte – soweit uns bekannt ist – keine Naturgesetze außer Kraft.

Das sind steile Thesen: Gott verfügt es, doch er tut es nicht unbedingt. Gott nutzt etwas, doch er erlegt keinen Zwang auf. Wer oder was gibt dabei nach? Wie bringt er es fertig? Seine Methode zu verstehen, wird uns dabei helfen, sein Herz zu verstehen. Lassen Sie uns in der Bibel nach Anhaltspunkten suchen.

Genehmigungen

Uns wird sofort klar, daß Gott viele Dinge erlaubt, die er nicht gutheißt. Er erlaubt anderen, etwas zu tun, was er nie selbst tun würde. Er stahl nicht Ijobs Kamele. Er ließ sich nicht mit Wodka vollaufen und stieß mit Paul Ruffners Auto zusammen. Er nickt nicht anerkennend, wenn Heroin an Schüler verkauft wird. Er schürte das Feuer in den Öfen von Auschwitz nicht. Gott ist vielmehr traurig darüber, wie wir die Welt ruiniert und uns gegenseitig mißhandelt haben. Diese Trauer war teilweise der Grund, warum er die Zehn Gebote aufsetzte: Töte nicht, sagt er, ich hasse ungerechtes Töten. Begehe keinen Ehebruch – ich will nicht, daß Familien auseinandergerissen werden. Stehle nicht – die Gesellschaft wird zerfallen, wenn du es tust. Habakuk gab eine genaue Beschreibung von Gott, als er sagte: „Deine Augen sind zu rein, um Böses mit anzusehen, du kannst der Unterdrückung nicht zusehen" (Hab 1,13).

Das wird auf bewegende Weise im Buch der Richter beschrieben. Gott beobachtet, wie die Ammoniter Israel unterdrücken. Er beobachtet und hilft nicht, denn sein Volk hat gesündigt. Schließlich besinnen sich die Juden, rufen Gott im Gebet an und vernichten ihre Götzen. Und dann kommt der Satz: „Da konnte er das Elend Israels nicht länger ertragen" (Ri 10,16). Doch das war nicht das erste Mal, daß seine Zärtlichkeit durch menschliche Qualen geweckt wurde. Jahre zuvor hatte er Mose erklärt: „Ich habe das Elend meines Volkes in Ägypten gesehen, und ihre laute Klage über ihre Antreiber habe ich gehört. Ich kenne ihr Leid“ (Ex 3,7).

Das hört sich nicht so an, als wäre er ein göttlicher Folterknecht, der die Daumenschrauben anzieht, nicht wahr? Gott erlaubte diese Dinge, doch sie gefielen ihm nicht.

„Oh“, sagt jemand erleichtert, „Sie machen also aus Gott kein Ungeheuer – *Menschen* sündigen, und Gott erlaubt es ihnen lediglich. Sünder sind schlecht – Gott ist gut. Jetzt können wir beruhigt nach Hause gehen. Wir fühlen uns alle wohler.“

Bitte, machen Sie es sich nicht zu einfach. Denken Sie daran, womit wir uns einverstanden erklären. Gott *erlaubte* die Vernichtung ganzer Dörfer in Bosnien. Er *stand dabei,* als man am Mississippi Menschen lynchte. Er *genehmigt* Krieg. Er *toleriert* Leukämie. Wie läßt sich das rechtfertigen?

Angenommen, Sie laufen in der Stadt eine Straße entlang und hören aus einer dunklen Nebengasse den unterdrückten Schrei einer Frau. Was sollen Sie tun? Die Polizei rufen? Nehmen wir einmal an, Sie sind Polizist – zwar nicht im Dienst, doch Sie haben Ihre Dienstpistole bei sich. Sie schleichen die Gasse entlang. Im Schatten entdecken Sie zwei Strolche, die an der Bluse der Frau zerren und ihr ein Messer an die Kehle halten. Sie sind für derartige Situationen ausgebildet. Doch nehmen wir einmal an, Sie ziehen sich leise wieder zurück, aus welchem Grund auch immer: aus Furcht, Faulheit, weil Sie hohen Blutdruck haben oder sonst zu spät zu einer Verabredung kommen. Wie würden Sie in dieser Nacht schlafen? Wie würde man über Sie denken, wenn es herauskäme?

Gott sieht sich ständig solchen und schlimmeren Situationen gegenüber, überall auf der Welt. Er könnte das Unheil jederzeit verhindern. Doch er zieht sich zurück. Er läßt es geschehen. Wie sollen wir das verstehen?

Manche Menschen nehmen an, daß er einfach nichts tun kann oder es sich selbst auferlegt hat, sich nicht in anderer Leute Angelegenheiten zu mischen, wenigstens nicht vor dem Tag des Gerichts. Diese Ansicht wird in dem Buch „Wenn guten Leuten Böses widerfährt“ vertreten.

„Gott möchte, daß die Gerechten ein friedliches, glückliches

Leben führen, doch manchmal kann sogar er das nicht zustande bringen. Es ist selbst für Gott zu schwierig, unschuldige Opfer vor Grausamkeit und Chaos zu bewahren ... Gott hat sich selbst die Beschränkung auferlegt, daß er nicht eingreifen wird, um uns nicht unsere Freiheit zu nehmen, nicht einmal, wenn wir unsere Freiheit dazu benutzen, uns selbst und anderen weh zu tun."[1]

Doch das wird dem Gott der Bibel nicht gerecht, dem Allmächtigen, von dem es heißt:

„Der Herr vereitelt die Beschlüsse der Heiden, er macht die Pläne der Völker zunichte. Der Ratschluß des Herrn bleibt ewig bestehen, die Pläne seines Herzens überdauern die Zeiten" (Ps 33,10–11).

„Er macht mit dem Heer des Himmels und mit den Bewohnern der Erde, was er will. Es gibt niemand, der seiner Hand wehren [kann] ..." (Dan 4,32).

Wenn Gott in der Bibel etwas erlaubt oder zuläßt, klingt das weitaus überlegter, als was die Menschen gewöhnlich mit diesen Worten meinen. Gott gibt grünes Licht – nicht, weil er nicht anders kann oder weil er sich nicht in die Angelegenheiten seiner Kreaturen einmischen will, sondern weil er der ausschlaggebende Faktor ist. Das geht aus einigen Versen in Hesekiel hervor. Hier erinnert sich Gott an Israels traurige Geschichte der Götzenanbetung, die bis zum Opfern von Menschen ging. Er sagt: „[Ich] *ließ sie* unrein werden durch ihre Opfer, als sie alle Erstgeburt durchs Feuer gehen ließen, damit ich Entsetzen über sie brachte und sie so erkennen mußten, daß ich der Herr bin" (Ez 20,26, nach Luther).

„Ich ließ sie ..." Jahrhunderte zuvor sah Gott, was kommen würde. Er wußte, daß jüdische Kleinkinder als Huldigung für den Götzen Moloch geschlachtet würden. Er sagte zu Mose: „Ich kenne seine Neigung, die sich schon heute regt, noch ehe ich es in das Land gebracht habe, das ich mit einem Schwur versprochen habe" (Dtn 31,21). Warum ließ er es zu? Er sagt uns: um die Verderbnis freizulegen, die sich in ihren Seelen verbarg.

---

[1] Harold S. Kushner, *When Bad Things Happen to Good People* (Wenn guten Menschen Böses widerfährt), New York 1983, S. 43, 81.

Er beschloß, sie auf ihre eigene Abscheulichkeit starren zu lassen, damit sie sich entsetzen. Gott *verabscheut* das Morden von Kindern – doch er griff nicht ein. Für uns ist das schwer zu verstehen, *doch die Entlarvung der Sünde war Gott wichtiger, als menschliche Leiden zu lindern, selbst undenkbare Leiden.* Deshalb beschloß Gott, es zuzulassen.

An anderen Stellen wird ebenfalls deutlich, daß Gott mit Vorbedacht handelt, wenn er etwas zuläßt. So weist er im Buch Numeri (4. Mose), Kapitel 35 die israelitischen Gerichte an, wie sie mit jemand verfahren sollen, der einen Menschen „aus Unachtsamkeit, ohne feindliche Absicht" tötet. Der Täter muß die Gelegenheit erhalten, sich in Sicherheit zu bringen, bis die Aufregung sich gelegt hat und Gericht gehalten werden kann. Alle möglichen Unglücksfälle konnten das notwendig machen: Ein Maurer, der auf dem Gerüst stolpert und Steine fallen läßt, die jemand den Schädel einschlagen; der Kopf einer Axt, der sich beim Holzspalten vom Stiel löst und in eine verhängnisvolle Richtung fliegt – Fälle, bei denen der Täter nicht die Absicht hatte, jemand zu töten.

Doch in Exodus (2. Mose), ein Parallelvers, in dem die gleiche Situation beschrieben wird, benutzt Gott folgende Worte: „Wenn er ihm aber nicht aufgelauert hat, sondern *Gott* es durch seine Hand *geschehen ließ*, werde ich dir einen Ort festsetzen, an den er fliehen kann" (Ex 21,13). Gott *beobachtet* nicht nur, wie es geschieht – er *läßt* es geschehen. Was aus unserer Sicht wie ein Unfall aussieht, wurde ausdrücklich von Gott erlaubt. Er, in dem alles Bestand hat, muß selbst die Moleküle der Mauersteine und des Axtkopfes zusammenhalten, während sie auf ihr Ziel zufliegen (Kol 1,17). Seine Erlaubnis wird nicht leichtfertig oder zufällig erteilt.

Hier zögern wir alle. „Das ist gut und schön, wenn es sich um einen hypothetischen Maurer der Antike handelt, der die Risiken seines Berufes kannte. Was aber ist mit meiner kleinen Tochter, die von einem Müllwagen überfahren wurde?" Ja, und was ist mit Paul Ruffner? In solchen Situationen wird die Bibel ganz praktisch. Sind wir versucht, ihre Ansicht über dieses Thema zurückzuweisen? Finden wir einen Gott abstoßend, der zustimmend zu unseren Tragödien nickt? Denken Sie einmal über die Alternative nach.

Stellen Sie sich einen Gott vor, der *nicht* vorsätzlich die kleinsten Details der Ihnen widerfahrenden Sorgen zulassen würde. Was wäre, wenn unsere Prüfungen *nicht* Bestandteil eines göttlichen Plans wären? Was wäre, wenn Gott darauf bestünde, sich bei den Tragödien, die auf uns zukommen, herauszuhalten? Überlegen Sie einmal, was das bedeuten würde.

Erstens: Die Welt wäre viel schlechter. Sie wäre absolut nicht zu ertragen – für jeden – in jeder Sekunde. Versuchen Sie, sich den Teufel mit uneingeschränkter Macht vorzustellen. Sich selbst überlassen, würde er aus uns allen Ijobs machen. Das Dritte Reich wäre nicht zusammengebrochen. Vielleicht würde Ihr Kopf die Wand über Satans Kamin als Trophäe zieren. Zur Unterhaltung würden im Fußballstadion in der Pause Menschenopfer dargebracht. Methoden des sexuellen Kindermißbrauchs würden an der Abendschule gelehrt. Daß die Zustände nicht noch viel schlimmer sind, liegt nur daran, daß Gott das Böse in Schranken hält.

„Simon, Simon, der Satan hat *verlangt*, daß er euch wie Weizen sieben darf", sagte Jesus zu Petrus. Wir können sicher sein, daß die alte Schlange nicht nur aus Höflichkeit bei Gott anfragte (Lk 22,31). Er brauchte die Erlaubnis, und das bedeutet, daß er nur beschränkt handeln darf. Das Böse kann sich nur erheben, wo Gott sich vorsätzlich zurückzieht – immer aus ganz bestimmten Gründen, die weise und gut und oftmals während dieses Lebens verborgen sind.

Zweitens: Was würde das über Gott aussagen, wenn Ihre Prüfungen *nicht* durch ihn genehmigt worden wären? Was sagt es über das Boot aus, in dem Sie sich befinden? Es hieße, daß Gott ein schlechter Beschützer seiner Menschen ist. „Einen schönen Schutz hat er mir gegeben", stöhnt eine Witwe, jemand der einen Schlaganfall hatte, oder ein Zuckerkranker, dem gerade der Fuß abgenommen wurde.

Überlegen Sie doch einmal: Es ist eine Sache, wenn Gott bewußt etwas geschehen läßt, selbst wenn es etwas Schreckliches ist, aus Gründen, die wir nicht verstehen mögen. Doch es wäre eine andere, wenn der Gott, der über Leiden weint, wünschte, daß er uns helfen könnte, doch nicht dazu imstande wäre, weil ihm die Hände gebunden sind. Entweder Gott herrscht oder Satan bestimmt das Weltgeschehen, und Gott kann nur darauf reagieren. In diesem Falle wird der Allmächtige zu Satans Putzhilfe, die hinterherfegt, wo dieser sich austobte, und zu retten sucht, was noch zu retten ist. Das wäre nicht *das Beste* für uns, nicht das, was er im Sinn hatte. Mit anderen Worten: Obwohl Gott in der Lage wäre, die Sache irgendwie hinzubiegen, wären unsere Leiden selbst bedeutungslos geworden. Ein christlicher Autor, der glaubt, daß Gott wenig mit den Umständen zu tun hat, in denen der Einzelne lebt, beschrieb es folgendermaßen:

„1982 füllte jemand die Kapseln des schmerzlindernden Mittels *Tylenol* mit Zyanid und plazierte sie dann in Drogerien in Chicago. Sieben Menschen starben, nachdem sie die vergifteten Pillen geschluckt hatten. Ohne Zweifel zerbrachen sich die Familien von sieben Menschen den Kopf darüber, welche Bedeutung es haben sollte, daß Gott, das Schicksal oder das Unglück sich unter all den Menschen in Chicago ihre Lieben ausgesucht hatte. Wir könnten irgend eine Antwort improvisieren und vielleicht etwas Trost dabei empfinden, doch so traurig es ist, *diese Tode hatten keine Bedeutung. Jeder einzelne war ein bizarrer, schrecklicher Zufall und nichts sonst.* Darin liegt die Tragödie."[2]

Nein, die wirkliche Tragödie ist, daß sich ein Christ mit solcher Finsternis abfindet, obgleich das Licht der Bibel so klar leuchtet. Wenn Gott das Böse nicht kontrollieren würde, wäre das Ergebnis unkontrolliertes Übel.

Gott erlaubt, was er haßt, um das zu erreichen, was er liebt.

Ein Gärtner, der Gedanken pflanzt

Wir haben die Bibel durchforscht, um herauszufinden, wie Gott etwas verfügen kann, ohne es zu tun, etwas benutzen kann, ohne zu unterdrücken. Die erste Antwort war, daß er nicht alles veranlaßt, was er erlaubt. Die zweite Antwort ist noch faszinie-

[2] John Boykin, *Circumstances and the Role of God,* Grand Rapids 1986, S. 42.

render – er setzt Menschen Gedanken in den Kopf, ohne ihren Willen zu beeinflussen.

„Er verletzt unsere geistige Privatsphäre?“ wird mit Sicherheit jemand fragen. Die bloße Erwähnung verursacht einigen Menschen Unbehagen. Wir sind doch sehr empfindlich, wenn es um unsere Privatsphäre geht. Doch denken Sie an Satan. *Er* drängt sich ständig in die Gedanken der Menschen. Die Bibel nennt ihn den Geist, „der im Bereich der Lüfte regiert und jetzt noch *in* den Ungehorsamen wirksam ist.“ Im Gleichnis vom Sämann wird beschrieben, wie er Eingang in die menschliche Seele findet: „Immer wenn ein Mensch das Wort vom Reich hört und es nicht versteht, kommt der Böse und nimmt alles weg, was diesem Menschen ins Herz gesät wurde“ (Mt 13,19).

Die Leute lachen darüber. „Der Teufel hat mich dazu verleitet“, scherzen sie. Doch sie meinen es nicht wirklich, denn sie glauben nicht, daß er existiert. Wenn sie an einen Teufel denken, dann ist es höchstens ihr geschiedener Ehepartner. Dabei ist ihr Verstand mit seinen Einflüsterungen durchtränkt wie eine Gurke mit Essig. Sie sehen und hören ihn nicht. Wenn sie im Geist etwas wahrnehmen, meinen sie, daß sich eine gute Gelegenheit bemerkbar macht. Doch Christen wissen Bescheid, sie erkennen die Macht des unsichtbaren Versuchers.

Wenn Satan heimlich vorgehen kann, um Böses anzurichten, warum kann Gott es dann nicht, um des Guten willen?

Im Buch Hesekiel wird berichtet, daß Gott in den Verstand einer mysteriösen Figur, Gog, eindringt. Die genaue Bedeutung dieser Person ist strittig, doch alle sind sich einig, daß er kurz vor dem Ende der Welt gegen Gottes Volk antreten wird. „Ich lasse dich gegen mein Land heranziehen“, sagt Gott. Warum? Damit ich dich in der Schlacht besiegen kann „und mich vor dir, Gog, als heilig erweise.“

Faszinierend ist, *wie* Gott ihn dazu bringen wird: „So spricht der Herr: An jenem Tag *steigen (unheilvolle) Gedanken in deinem Herzen auf,* und du ersinnst einen bösen Plan. Du sagst: Ich will gegen das ungeschützte Land hinaufziehen und die friedlichen Menschen überfallen . . . Ich will Beute machen und plündern . . .“(Ez 38,10–12).

Sie werden einwenden: „Sie beschuldigen Gott, *böse* Gedanken in die Herzen der Menschen zu pflanzen."

Nein, nein. Jakobus sagt, daß Gott nie jemand in Versuchung führt (Jak 1,13). Etwas anderes zu behaupten wäre Blasphemie. Vielmehr sieht Gott das Böse, das bereits vorhanden ist, und steuert es, damit es seinem guten Vorhaben und nicht nur den vergifteten Absichten des Teufels dient. Es ist, als sagte er: „Du willst sündigen? Dann tue das – ich werde es jedoch *steuern*, damit du auf eine Weise sündigst, die letztendlich meiner guten Sache dient, selbst wenn du mir dabei die Faust vors Gesicht hältst." Deshalb können wir akzeptieren, daß Probleme letztendlich von Gott sind, selbst wenn die schlimmsten Menschen sie uns bereiten.

„Kann Gott so etwas tun, ohne den Willen der Menschen zu verletzen?" Unbedingt. Er tut es in der Bibel auf jeder dritten oder vierten Seite. Hier ist ein kleines Beispiel:

Simson war ein Macho, der eine Schwäche für Frauen hatte. Im Buch der Richter wird erzählt, daß er sich unsterblich in eine junge Philisterin verliebte. Israeliten durften aber keine Götzenanbeter heiraten. Doch es war nicht ihre Seele, an der Simson interessiert war. „Gebt sie mir zur Frau!" befahl er seinen Eltern. Die protestierten und sagten ungefähr folgendes: „Was hat ein netter jüdischer Junge wie du . . ." Die Bibel läßt uns hinter die Kulissen blicken. „Sein Vater und seine Mutter wußten nicht, daß es vom Herrn so geplant war, weil er einen Anlaß zum Kampf mit den Philistern suchte" (Ri 14,4).

„Von Gott?" Demselben Gott, der den Juden befohlen hatte, keine Ausländer zu heiraten?[3] Ja. Nicht, daß es richtig ist, was Simson tut. Nicht, daß er dafür keine Rechenschaft ablegen muß. Doch da Simson sündigen wollte, hatte Gott beschlossen, seine Aufmerksamkeit auf diese Philisterin und nicht auf ein Mädchen seines Volkes zu lenken, weil Gott die Philister bestrafen wollte. Wie er sie bestrafen wollte? Mit Hilfe des zornigen Simsons. In den Tagen vor der Hochzeit vertreibt sich dieser die Zeit damit, seinen Brautführern Rätsel aufzugeben. Sie spielen

---

[3] Dtn 7,1–4;21,10–11.

falsch, er verliert und muß ihnen dreißig Anzüge geben. Wo soll ein strammer junger Israelit, der nicht gut bei Kasse ist, dreißig komplette Anzüge herbekommen? Von den Körpern von dreißig jungen, toten Philistern!

Wie stellte Gott es an, daß ausgerechnet dieses Mädchen Simson ins Auge fiel? Wir wissen es nicht. Irgendwie lenkte er seine Aufmerksamkeit auf sie, vielleicht indem er einen vollendeten Sonnenuntergang als Hintergrund für ihre erste Begegnung lieferte. Ihr Charme und die Abendstimmung müssen Simson *überwältigt* haben. Gott bewirkte, daß Simsons bereits vorhandene sündige Schwäche in eine bestimmte Richtung gelenkt wurde.

Kann Gott Gedanken eingeben und dennoch die menschliche Entscheidungsfreiheit unangetastet lassen? Der gottlose König Ahab von Israel ruft seine Truppen zum Krieg zusammen. Wie wird die Schlacht ausgehen? Ein mutiger Prophet sagt ihm, was er nicht hören möchte: „[Der Herr] hat über dich Unheil beschlossen." Bedenken Sie: beschlossen! Ahabs Tod auf dem Schlachtfeld ist nicht nur eine Möglichkeit, die Gott in Betracht zieht. Der Prophet beschreibt in lebhaften Bildern die himmlische Beratung, in der Gott Ahabs Ende vorbereitet. Der König ist nervös. Als Vorsichtsmaßnahme überredet er einen verbündeten König, in vollem Prunk in die Schlacht zu ziehen, während er sich als einfacher Soldat verkleidet. Auch das rettet ihn nicht.

Wie stirbt Ahab? „Ein Mann aber spannte aufs Geratewohl seinen Bogen und traf den König von Israel zwischen Panzer und Leibgurt . . . Zur Zeit des Sonnenuntergangs starb er" (2 Chr 18,33–34). Ein Feind schoß „aufs Geratewohl". Was hätte unbeeinflußter sein können als das? Im hebräischen Text heißt es: Er schoß „in seiner Unschuld". Dutzende, vielleicht Hunderte von jüdischen Kämpfern befanden sich in seinem Schußfeld. Er zielt – und was für ein Glück! Er hat den wichtigsten Feind seines Volkes getroffen, hat das höchste Ziel seiner Armee erreicht und weiß es nicht einmal.

Wie dirigierte Gott den Pfeil des Schützen in des Königs Richtung? Wir wissen es nicht. Vielleicht hatte der Mann auf einen anderen Gegner gezielt, als eine plötzliche Bewegung Ahabs seine Aufmerksamkeit erregte. Vielleicht dachte er: „Na, den häßlichen Burschen dort werde ich aufs Korn nehmen." Wir wissen nur, daß es kein Zufall war. Gott hatte einen Gedanken eingegeben – jemand tippte dem Mann auf die Schulter. Der Pfeil tat das Übrige.

Kann Gott Gedanken eingeben, ohne den Willen der Menschen zu verletzen? Nehmen Sie die Kanaaniter, deren Land die Israeliten einige Jahrhunderte zuvor besetzten: „Es gab keine Stadt, die mit den Israeliten Frieden geschlossen hätte, außer den Hitwitern, die Gibeon bewohnten. Alle mußte man im Kampf nehmen. Denn vom Herrn war beschlossen worden, ihr Herz angesichts des Kampfes mit Israel zu verhärten, um sie dem Untergang zu weihen; Israel sollte keine Gnade bei ihnen walten lassen, sondern sie ausrotten . . ." (Jos 11,19–20).

Gott verhärtet Herzen? Wie denn? Vielleicht ließ er die Bürger des Landes, in dem Milch und Honig floß, nachts davon träumen, wie gut es ihnen geht. „Das sollen wir an die Israeliten verlieren? Kommt gar nicht in Frage!" Vielleicht bescherte er ihnen eine überreiche Ernte, die ihnen das Leben auf ihrer Scholle besonders süß erscheinen ließ. In irgendeiner Weise beeinflußte Gott ihr Denken, ohne sie zu willenlosen Schwachköpfen zu machen.

Oder denken Sie an Prinz Abschalom, den Sohn König Davids, der zum Verräter wurde und eine Armee gegen seinen Vater führte. (Die vollständige Geschichte finden Sie in den Kapiteln 15–17 des zweiten Buchs Samuel.) Als David und seine Männer aus der Hauptstadt fliehen, zieht Abschalom ein und wägt seine militärischen Möglichkeiten ab. Er berät sich mit dem bekannten Ratgeber Ahitofel – einem ehemaligen Günstling Davids, der zu ihm übergelaufen war. Bisher hat jeder den Rat Ahitofels Gottes Rat gleichgestellt. Jetzt ersinnt er einen Plan, der David im Handumdrehen vernichten wird. Doch ein anderer Ratgeber, der David heimlich ergeben ist, schlägt redegewandt einen anderen Plan vor, der David Zeit zur Flucht geben wird. David betet, Gott antwortet. Als der junge Abschalom den rivalisierenden Ratgebern zuhört, erscheint ihm die Rede des ehrenwerten Ahitofel wie das Geschwafel eines alten Schwachkopfes. Abschalom entscheidet sich für den schlechteren

Plan, David entkommt, und innerhalb von Tagen kostet die Entscheidung Abschaloms ihn das Leben. Gott nahm dem Prinzen die Vernunft, doch er ließ den Willen des Mannes unangetastet.

Abschalom wird dafür getötet, daß er so dachte, wie Gott es wünschte. Die Kanaaniter verloren ihr Land, indem sie Gottes Absichten dienten. Simson wird gefangen und geblendet, weil er der Frauenheld Gottes war. Ist das fair? Absolut! Es ist fair, weil ihre Motive so schlecht und selbstsüchtig waren wie die Motive Gottes heilig. Hinter all diesen Szenen verbergen sich zwei Parteien – Gott, der seine guten Ziele verfolgt, und Menschen, die der Sünde nachjagen. Wie Josef es seinen Brüdern erklärte, die ihn in die Sklaverei verkauft hatten: „Ihr habt Böses gegen mich im Sinn gehabt, Gott aber hatte dabei Gutes im Sinn . . . (Gen 50,20). Deshalb bestraft Gott regelmäßig und rechtmäßig die bösen Menschen, die seine Verfügungen ausführen. Über Judas sagt er: „Der Menschensohn muß zwar den Weg gehen, der ihm bestimmt ist. Aber weh dem Menschen, durch den er verraten wird" (Lk 22,22).

Haben Ihnen grausame oder rücksichtslose Menschen Ihr Herz gebrochen oder Ihre Träume gestohlen? Zur Zeit, als deren Sünde Ihr Leben beeinflußte, war es Gottes Wille für Sie – der Wille des Gottes, der Sie unendlich liebt und diese Menschen zur Verantwortung ziehen wird.

Auf den Zeitpunkt kommt es an

Wir fragten danach, wie Gott die Welt regiert. Antwort Nummer drei ist, daß er Naturereignisse zu *bestimmten Zeiten* stattfinden läßt, damit sie seinen Zwecken dienen. Mit anderen Worten, er plant Zufälle.

Auf dem Marktplatz in Athen „sprach [der Apostel Paulus] täglich mit denen, die er *gerade antraf*" (Apg 17,17). Einige dieser zufällig Anwesenden fanden zum Glauben. Doch es war kein Zufall, daß sie in dieser Woche über den Markt schlenderten, denn Gläubige sind „vor der Erschaffung der Welt" auserwählt worden (Eph 1,4).

Fünf Jahrhunderte zuvor war Artaxerxes, ein persischer König, zu Bett gegangen. Hat je ein Mensch beim Schlafengehen soviel Hilfe gehabt? Da gab es Diener, die mit ihren Fächern die Hitze und Musikanten, die die Langeweile vertrieben. Es gab einen Harem voller Bettgenossinnen, viel Wein, um bis zur Bewußtlosigkeit zu trinken. Warum warf er sich von einer Seite auf die andere? Wer weiß. Vielleicht hatte er einen anstrengenden Tag hinter sich oder ein zu üppiges Abendessen genossen. Vielleicht plagte ihn ein eingewachsener Zehnagel oder Hautjucken. Wie dem auch sei, „in jener Nacht konnte der König nicht einschlafen" (Est 6,1).

Anstatt nach einer Zigarre und Musik zu rufen, verlangte er nach der Chronik seiner Regierung – Lesestoff, der garantiert jeden zum Einschlafen verholfen hätte. Während die Stimme des Vorlesers monoton dahinplätschert, drängen einige Worte die Gedanken des Königs in eine bestimmte Richtung. So wird er auf ein Gesuch vorbereitet, das Königin Ester am nächsten Tag an ihn richten wird. Die Waagschale des Geistes senkt sich – er wird dem Gesuch stattgeben. Diese Entscheidung wird am Ende das jüdische Volk vor der Ausrottung bewahren. Ein großes Volk wird verschont. Jahrhunderte später wird dieses Volk einen Knaben hervorbringen, der heranwächst, um für die Sünden der Welt zu sterben. All das geschah, weil der König nicht schlafen konnte.

Gottes Freude am Arrangieren von Zwischenfällen macht bei Ihrem Leben keine Ausnahme. Stellen Sie sich vor, Sie veranstalten an einem schönen Sommertag eine große Grillparty. Sie haben viele Freunde und Bekannte eingeladen. Die Sonne ist warm, der Grill funktioniert, der Rasen ist gemäht, damit die Kinder Ball spielen können, und jeder hat einen Salat mitgebracht. Doch ohne daß Sie es wissen, wünscht Gott, daß es regnet. Er möchte, daß Ihre Freunde nach Hause gehen. Er will, daß Ihr Schwager Ihnen schnell dabei hilft, den Grill in die Garage zu bringen, wo Sie gegen das Auto gelehnt stehen und auf den niederprasselnden Regen lauschen. Dort beginnen Sie ein langes Gespräch, das auch über den Glauben geht und schließlich zu der Bekehrung Ihres Schwagers führt. Ihr Schwager hat in letzter Zeit oft über Gott nachgedacht, doch er ist ein zurückhaltender Mann, dem es schwerfällt, über persönliche Dinge zu reden. Er braucht eine günstige Gelegenheit und einen günstigen Zeitpunkt.

Wie macht Gott so etwas? Ist es ein Wunderregen? Handelt es sich um ein Geschehen, das die Wetterstationen verblüfft und die Schöpfer von Science-Fiction-Filmen in Aufregung versetzt?

Obwohl es in Ihrem Garten noch immer warm ist, beginnt sich die Luft achttausend Meter über Ihnen abzukühlen. Ein Wunder? Nein, eine polarische Strömung hat eine kalte Luftmasse aus dem Nordwesten herangebracht. Diese trockene und schwere Luft wird sich senken und die feuchtwarme Luft über Ihrem Garten nach oben drücken. Diese wird sich beim Aufsteigen abkühlen und zu Wolken verdichten, die in etwa viertausend Metern Höhe Eiskristalle hervorbringen. Diese Eiskristalle werden größer, indem sie sich mit Wassermolekülen vollfressen. Sie werden zu schwer, um zu schweben, verwandeln sich in Schnee und fallen zur Erde. Da es Sommer ist, sind sie zu Regen geworden, wenn sie endlich in Ihrem Garten ankommen.

„Auf Wiedersehn, Familie Schmitt! Auf Wiedersehn, Familie Peters. Schade, daß es nur so kurz war, aber es hat Spaß gemacht! Ja, Willy, vielen Dank. Wenn du mit anfassen würdest . . . der Grill kommt in die Garage."

Vor nicht allzu langer Zeit hatte sich der Luftstrom zweihundert Kilometer weiter nördlich befunden. Was leitete ihn an diesem besonderen Wochenende nach Süden? Etwas, das sich *drei Tage früher* ereignete – eine Störung über den kanadischen Rockies –, die gerade benötigt wurde, um die Strömungen in Richtung Philadelphia zu lenken. Und was geschah, um die Störung „passend" zu machen? Ein genau vorgeschriebener Weg des Luftstroms über die Berge. Und wie ergab sich dieser Weg? Durch eine komplizierte Folge von atmosphärischen Windungen bei den Erdumdrehungen und der genauen Wassertemperatur des Pazifischen Ozeans am Tag davor. Doch die Wassertemperatur wurde *bereits im April* beeinflußt, als die richtige Stärke der Wolkenschicht genau die richtige Anzahl Sonnenstrahlen durchließ. *Vier Jahre zuvor* hatte in neuntausend Kilometern

Entfernung ein Vulkan seine Asche in die Atmosphäre gespuckt, wodurch die Wolkenschicht im letzten April beeinflußt wurde. Und *elf Jahre davor* begann die Sonne sich auf ihren nächsten Sonnenfleckenzyklus einzustellen, der schließlich im letzten April die Meerestemperatur des Pazifik beeinflußte – Gott hat schon lange über Ihren Schwager nachgedacht!

Natürlich garantiert der Regen nicht, daß Willy zum Grillen erscheint. Eigentlich hatte er heute zum Golf gehen wollen. Doch die Frau seines Golfpartners hatte in der Morgenzeitung die Anzeige vom Ausverkauf in einem Gartencenter gelesen und ihren Mann so lange bestürmt, bis er zustimmte, ihr die entzückende Sitzgarnitur für die Terrasse zu kaufen, von der es hieß, daß sie sich in wenigen Minuten zusammenbauen ließ. Gott hatte heute einer Ehefrau einen Gedanken in den Kopf gesetzt und erlaubt, daß die Werbeleute in der Anzeige die Wahrheit ein wenig beschönigten, indem sie die benötigte Zeit für das Zusammenbauen um etwa fünfeinhalb Stunden verkürzten. Darüberhinaus hatte er die Natur im vorhinein beeinflußt. Und das gleiche tut Gott überall, mit Menschen, die ein bißchen Regen oder Sonnenschein brauchen, damit sein Werk in ihrem Leben vorangeht.

Völlig natürlich. Atemberaubend kompliziert.

Ist da Raum für Wunder?

Ja, manchmal läßt Gott wirklich ein Wunder geschehen – das ist die Antwort Nummer vier auf die Frage, wie Gott arbeitet. Gelegentlich werden unsere Gebete für Kranke auf eine Weise erhört, die die Ärzte verblüfft. Vielleicht greift Gott von Zeit zu Zeit direkt oder auf übernatürliche Weise in die Natur ein, um sie auf den richtigen Kurs zu bringen. Wer weiß das schon? Es war schon etwas Außergewöhnliches, als für Josua die Sonne stillstand und als das Rote Meer geteilt wurde. Würde eine Wiederholung dieser Ereignisse nicht jeden Science-Fiction-Fan in Ekstase versetzen? Doch Gottes Tagesarbeit besteht nicht aus Wundern. Sie sind nicht sein üblicher Weg.

Viele Christen erkennen Gott nicht in ihren Prüfungen. Wenn keine Wunder geschehen – wenn nicht wenigstens das Meer sich teilt oder der Krebs zum Stillstand kommt –, kann Gott nicht am Werk sein. „Bei den zehn Plagen in Ägypten hat Gott sich etwas einfallen lassen!" Zugegeben, Frösche und Läuse in Pharaos Bett gaben vor Jahren einen guten Filmstoff ab. Doch wenn wir im Himmel den Film sehen werden, wie Gott hinter der Bühne die Welt regierte – wie unendlich kompliziert das Ganze ist – wie er dem Bösen Gutes abgewinnt, als wollte man aus einem Stein Wasser pressen – wie er selbst Satans schlimmste Eskapaden noch zum Guten wendet – wie Gnade und Erlösung selbst hinter den Stacheldrahtzäunen russischer Todeslager wirken –, wird dieser Film alles in den Schatten stellen, was wir uns je vorgestellt haben. Bis dahin möchte Gott, daß wir ihm vertrauen. Deshalb sagte Jesus nach seiner Auferstehung zum zweifelnden Thomas: „Weil du mich gesehen hast, glaubst du. Selig sind, die nicht sehen und doch glauben" (Joh 20,29).

Weshalb zweifeln wir noch immer? Weil unserem Geist Grenzen gesetzt sind. Wir finden keine Geschenkpackung, die groß genug wäre, um diese Wahrheiten hübsch zu verpacken. Niemand kann den allmächtigen Gott begreifen. „Das alles zu sehen ist sogar das Verlangen der Engel" (1 Petr 1,12). Doch sollte das einem Christen Schwierigkeiten machen? Als Christen glauben wir an die Dreieinigkeit, obwohl niemand sie begreifen kann – drei unterschiedliche Personen, die alle Gott sind, und doch ist Gott eins. Unser Unvermögen, etwas zu begreifen, macht eine Sache doch nicht unwahr. Paulus sagte: „O Tiefe des Reichtums, der Weisheit und der Erkenntnis Gottes! Wie unergründlich sind seine Entscheidungen, wie unerforschlich seine Wege!" (Röm 11,33).

Warum zweifeln wir? Glauben ist schwer. Gott verbirgt sich, sagen die Psalmen. Er hält seine Karten so, daß niemand ihm hineinschauen kann und zeigt niemals alle seine Trümpfe. „Gottes Ehre ist es, eine Sache zu verhüllen" (Spr 25,2). Wir können das Gute nicht sehen, das durch unseren Kummer entsteht, oder höchstens ein wenig davon. Vielleicht sind wir etwas geduldiger geworden, seit uns die Arthritis zurückhält, etwas verständnisvoller alleinstehenden Vätern oder Müttern gegenüber, seit unsere Ehe in die Brüche ging. Der Glaube, den Paul Ruffner in seinem Rollstuhl ausstrahlte, brachte mehrere Menschen zum Glauben. Doch wiegt die Aufzählung des Guten das Schlechte auf, das wir sehen? Nein. Die Unschuld, die mit dem Paradies verlorenging, öffnete die Schleusentüren für ein Ausmaß an Leid, das sich nicht beschreiben läßt. Es braucht den Himmel, um die Fluten einzudämmen, um uns das vollständige Bild zu geben, das unsere Herzen für immer erleichtert.

Warum zweifeln wir? Im Grunde genommen, weil uns diese Wahrheiten Unbehagen verursachen, weil wir sündige Menschen sind. Aufgrund unseres Wesens wünschten wir alle, daß Gott ein paar Sprossen niedriger stünde – eine Gottheit, erhaben genug, um uns in unseren Prüfungen zu helfen, doch nicht so . . . unkontrollierbar. C.S. Lewis beschreibt das wunderbar in seinem bekannten Buch *Der König von Narnia*[4]. Drei Kinder suchen nach ihrem Bruder, der von der bösen weißen Hexe verzaubert wurde. Sie verstecken sich im Haus von Herrn und Frau Biber. Die Biber erzählen flüsternd von einem Gerücht – Aslan, der vor langer Zeit verschwundene Löwenkönig von Narnia, sei gesehen worden und zeige sich wieder. Der Löwe steht symbolisch für Christus, den Gottesmann.

„‚Ist . . . ist er . . . ein Mensch?‘ fragte Lucy.

‚Aslan ein Mensch?‘ sagte der Biber empört. ‚Keine Rede davon! Ich habe euch doch gesagt, daß er der König der Wälder ist und der Sohn des Großen Königs jenseits der Meere. Wißt ihr denn nicht, wer der König der Tiere ist? Aslan ist ein Löwe – *der* Löwe, der große Leu.‘

‚Oh‘, rief Suse. ‚Ich dachte, er wäre ein Mensch. Ist man dann auch sicher vor ihm? Vor einem Löwen habe ich Angst.‘

‚Das macht nichts, mein Kind, du sollst auch Angst haben‘, sagte die Biberin. ‚Wenn jemand vor Aslan erscheint, ohne daß ihm die Knie zittern, dann ist er entweder unerhört mutig oder bloß ein Narr.‘

---

[4] C.S. Lewis, Der König von Narnia, Moers [3]1996, S. 66.

‚Dann ist man also doch nicht sicher vor ihm?' meinte Lucy.

‚Sicher?' wiederholte der Herr Biber. ‚Ja, hast du denn nicht gehört, was meine Frau sagte? Wer hat denn von sicher geredet? Natürlich, man ist nicht sicher vor ihm, aber er ist gut, und er ist der König.'"

Der souveräne Gott, der Ihren Tag in seiner Hand hält, ist nicht harmlos. Er ist alles andere als das. Er ist der König. Doch er ist gut.

WAS HAT GOTT VOR?

1.
Ein paar Gründe, warum . . .

Wir tun so, als säßen wir ganz ruhig da, während unser viel zu kleiner Verstand mit diesen unermeßlichen Wahrheiten konfrontiert wird. Wir geben zu, daß Gott gut ist und daß er weiß, was das Beste ist, daß er das Unheil steuern kann, damit es seinen guten Zielen dient, während er unberührt vom Bösen bleibt – doch wir sträuben uns noch immer. Es ist schwer zu fassen. Falls überhaupt etwas dabei herauskommt, scheint uns Gott ehrfurchtgebietender denn je! So hoch und so mächtig, seine Ziele so großartig, von solchen Dimensionen, daß wir uns fragen, wie – oder sogar warum – er den Sprung in unserem Backenzahn bemerkt, der sich unter der Porzellankrone verbirgt.

Es ist gut zu wissen, daß unsere Tränen eines Tages im Himmel getrocknet werden, doch was passiert jetzt? Zu leiden ist eine Sache, doch zu leiden, ohne nach einem Sinn darin zu forschen, ist uns unerträglich. Wir haben davon gesprochen, „wer" hinter dem Leiden steht. Doch was hat er vor? Oder besser gesagt, „warum hat er es vor?" Gibt es Gründe dafür?

„Was ist, Joni, gibt es welche?" fragte Karla Larson, als laste die Frage wie das gesamte Gewicht der Erde auf ihren Schultern. Karla ist eine Frau Ende dreißig, die verzweifelt nach Gründen für das Leiden sucht. Die Wurzel ihres Übels ist eine schwere Zuckerkrankheit. Beide Beine mußten amputiert werden. Sie hat einen Herzanfall und eine Nierentransplantation hinter sich. Ständig gibt es Probleme mit ihren brüchigen Venen. Sie leidet unter einem schweren Ödem und erblindet langsam. Als wir uns das erste Mal bei einem JAF-Familientreffen begegneten und ich sagte: „Ich bin erstaunt, Karla, daß du es geschafft hast, herzukommen", antwortete sie mit einem Grinsen: „Ich dachte, ich komme lieber, bevor ich noch weitere Körperteile verliere."

Immerhin hat sie ihren Humor nicht verloren. Kürzlich schickte sie mir ein Päckchen. Ich öffnete den Schuhkarton und fand eine Fußprothese mit einem Zettel dran. Sie schrieb: „Da ich nicht immer bei Euch sein kann, dachte ich, daß ein Teil von mir genügen muß!"

Als ich sie in diesem Jahr beim Familientreffen wiedersah, war sie etwas bedrückt. Ihre Blindheit hatte zugenommen, und weitere Operationen standen bevor. Karla fragte sich, ob es sich lohnte, weiterzukämpfen. In der Pause nach dem Morgenseminar fanden wir eine ruhige Ecke an einem großen Fenster. Die Worte, die wir wechselten, waren der Situation angemessen, kurz, bündig und von Herzen. Wir stimmten darin überein, daß Leiden keinen Spaß macht. Wir seufzten über die Versuchung, aufzugeben. Schließlich kamen wir zum Kern. Zu der Frage nach dem „Warum".

„Sieh mich an", sagte sie und schlug die Augen nieder. Durch ihre kurzen Hosen konnte ich den Umriß der großen Plastikschalen sehen, in denen ihre Beinstümpfe steckten. Karla trug keine kosmetischen Prothesen, sondern die grobe Sorte mit den blanken Stahlschienen und den Scharnieren am Knie. Sie hielt ihre Hand hoch, um mir etwas Neues zu zeigen: An einem Fingerknöchel hatte sie einen dicken weißen Verband. Einer ihrer Finger war amputiert worden. „Ich falle auseinander."

Kinder lärmten draußen vor dem Fenster. Am Empfang klingelte ein Telefon. Vom anderen Ende des Flurs hörte man das Gelächter einer Gruppe Teenager.

Nach einer Weile sprach sie weiter. „Ich glaube an Gott. Ich habe gelitten. Meinst du nicht, daß ich meinen Beitrag gezahlt habe?" Sie sah mich verständnissuchend an. „Ich bin nicht deprimiert oder so etwas, ich kann nur . . . keinen Sinn darin sehen. Ich möchte gern nach Hause gehen – ich meine, heim zu Gott."

Normalerweise würde ich auf eine solche Frage nicht sofort antworten. Ich würde zuhören. Doch ich kenne Karla. Die Zeit des Ärgers liegt schon lange hinter ihr und damit auch der Versuch zu verhandeln, zu leugnen und mit zusammengebissenen Zähnen Fragen zu stellen. Kam ihre Frage jetzt aus einem suchenden Herzen? Ich beschloß, mich vorsichtig auf ein Gebiet zu begeben, das Engel kaum zu betreten wagen.

„Willst du wirklich eine Antwort darauf haben?“ fragte ich ernsthaft.

Sie nickte.

„Nun, du bist hier. Du bist nicht im Himmel. Das bedeutet, daß Gott seine Gründe dafür hat.“

„Worin bestehen sie? Welche Gründe sind so wichtig, daß sie *das* hier aufwiegen?“ fragte sie und hielt wieder ihre verbundene Hand hoch.

„Nimm deine Bibel“, sagte ich und wies auf das Buch, das neben ihrem Schenkel an der Seite des Rollstuhls steckte. „Lies mir bitte Philipper 1, Vers 21 vor.“

Karla quälte sich mit ihrer verbundenen Hand durch die Seiten. „Ich wünschte, ich könnte dir dabei helfen“, sagte ich, „doch meine Hände sind noch weniger zu gebrauchen.“ Sie fand die Seite und las laut: „Denn für mich ist Christus das Leben und Sterben Gewinn.“ Sie strahlte. „Na also, da haben wir's! Siehst du, Sterben wäre Gewinn. Sogar ein Apostel stimmt mir zu.“

Ich lächelte. „Lies weiter.“

„Na gut . . . Wenn ich aber weiterleben soll, bedeutet das für mich fruchtbare Arbeit. Was soll ich wählen? Ich weiß es nicht. Es zieht mich nach beiden Seiten: Ich sehne mich danach, aufzubrechen und bei Christus zu sein – um wieviel besser wäre das! Aber euretwegen ist es notwendiger, daß ich am Leben bleibe“ (Phil 1,22–24).

Einer halbblinden Frau ohne Beine dabei zuzusehen, wie sie mit verbundener Hand auf die Worte deutete und ihnen ihre Stimme lieh, schnürte mir den Hals zu. „Es ist in Ordnung, wenn man zwischen beidem hin und her gerissen wird“, sagte ich sanft. „Es ist wirklich besser, nach Hause in den Himmel zu gehen.“ Karla warf mir einen erstaunten Blick zu, so als hätte ich ihr die Genehmigung erteilt, mit Schlaftabletten allem ein Ende zu machen. „Doch“, sagte ich schnell und mit Nachdruck, „doch es ist *notwendiger*, daß du hierbleibst.“

„Warum?“ fragte sie und verzog ihr Gesicht.

„Lies es noch einmal, es heißt da, es ist ‚*euretwegen* notwendiger, daß ich am Leben bleibe.‘ Du denkst vielleicht, daß es besser wäre zu sterben und bei Christus zu sein, doch so lange du am Leben bleibst, haben deine Familie und deine Freunde etwas zu lernen, was von ewiger Bedeutung ist."

Karla wandte das Gesicht zum Fenster, ihr abwesender Blick verriet, daß sie tief in Gedanken war. Vielleicht dachte sie an Christie, ihre Krankenschwester, die sie seit der Transplantation betreute. Im Operationssaal bewahrte sie einen kühlen Kopf und außerhalb gegen alle geistlichen Dinge ein kühles Herz. Vielleicht dachte sie an andere Schwestern, die im Krankenhaus ihre Kaffeepausen damit verbrachten, sich über neue Arbeitsregeln zu beklagen. Oder an ihre Freunde in der Kirche, deren größtes Problem die Wechseljahre mit ihren Begleiterscheinungen waren. Vielleicht dachte sie an Kollegen aus ihrem ehemaligen Büro, an Nachbarn in ihrer Straße oder an die Angestellten und Kassiererinnen vom Supermarkt, die sie immer freundlich grüßten.

Sie wandte sich mir zu und fragte: „Es ist notwendiger für *sie*, daß ich bleibe?"

Die Kraft des Vorbilds

Bitte begleiten Sie mich zu dem zertrümmerten Bürogebäude in Oklahoma City, in dem 168 Menschen durch eine Bombenexplosion ums Leben kamen. Ein befreundeter Pastor lud mich ein, die Familien zu besuchen, die in seiner Kirche beisammenkauerten und auf Nachricht von ihren Angehörigen warteten. Ehe ich das Familienzentrum betreten durfte, mußte ich mir die Genehmigung vom Roten Kreuz holen.

Als ich in das zuständige Büro rollte, rief eine kompetent aussehende Frau im weißen Kittel: „Mein Gott, sind wir froh, *Sie* hier zu sehen!"

Ich sah über meine Schulter. Meinte sie mich? Hatte sie mich von einem Interview wiedererkannt? Wie ich später erfuhr, war sie die Leiterin der Trauma-Beratung und hatte keine Ahnung, wer ich war. Ich fragte sie, warum sie mich so herzlich willkommen geheißen hätte.

„Herzchen, ich wünschte wir hätten mehr Freiwillige in Rollstühlen, die uns bei so einer Krise helfen würden. Wenn Opfer bei uns Hilfe suchen und jemand wie Sie sehen, die ihre eigenen persönlichen Schwierigkeiten meistert, gibt es ihnen Hoffnung. Für diese Menschen sind Sie ein eindringliches Beispiel, ein Versprechen, daß auch sie diese Tragödie überstehen werden."

Oklahoma City übersteht seine Krise. Doch viele in unserer Kultur der Bequemlichkeit überstehen ihre nicht. Niedergeschlagen und nahe daran, aufzugeben, brauchen sie die Kraft des Vorbilds. Sie müssen sehen, daß jemand, der größere Schwierigkeiten hat als sie, *es schafft*; so wie die Gläubigen der frühen Kirche, denen gesagt wurde: „. . . damit ihr nicht *müde* werdet, *sondern Nachahmer* derer seid, die aufgrund ihres Glaubens und ihrer Ausdauer Erben der Verheißungen sind" (Hebr 6,12).

Wenn Menschen im Schlamm ihrer Probleme wühlen, wenn sie von der Klagekrankheit angesteckt oder – was Gott verhüten möge – apathisch werden wie die kampfesmüden Christen, von denen im Brief an die Hebräer die Rede ist, müssen sie daran erinnert werden, daß die Kraft Gottes tatsächlich wirkt, nicht nur in der Theorie, sondern in Wirklichkeit – im Leben eines anderen. Das ist eine gute Antwort auf das „Warum", das sich hinter unseren Leiden verbirgt. Karla Larson ist ein wirksames Vorbild.

„Ist dir klar, daß Gott dich braucht?" frage ich sie.

„Er braucht niemand."

„Das ist wahr", gebe ich zu, „doch er möchte dich trotzdem gebrauchen, besonders, wenn es um andere Christen geht. Lies noch einen anderen Vers – Kolosser 1,24."

„Sag mal, haben wir jetzt Religionsstunde?"

„Du ja", erwiderte ich lächelnd, „und außerdem . . . ich kann diese Verse nicht auswendig."

„Na gut, hier ist er", sagte Karla, als sie die Stelle fand. „Jetzt freue ich mich an den Leiden, die ich für euch ertrage. Für den Leib Christi, die Kirche, ergänze ich in meinem irdischen Leben das, was an den Leiden Christi noch fehlt."

Schweigend las sie es noch einmal und sah dann auf. „Wie bitte?"

„Nichts fehlt, wenn es darum geht, was Christus am Kreuz getan hat. Das ist vollbracht, genau wie er es gesagt hat. Doch wenn es darum geht, die Erlösung anderen klarzumachen, fehlt etwas. Jesus ist körperlich nicht mehr anwesend, aber du und ich sind es. Wenn wir leiden und dabei Haltung bewahren, sind wir . . . wie wandelnde Reklameschilder für das positive Wirken Gottes im Leben eines Menschen, der leidet. Es geschieht . . . zum Wohle der Gläubigen und ist mehr als nur eine Sache des Vorbilds oder der Inspiration“, stammelte ich, nach Worten suchend. „*Du* bist es, denn im Leibe Christi sind wir eins, sind wir zusammengeschlossen. Deine Siege werden zu meinen“ (siehe 1 Kor 12,26).

Ich beobachtete, wie die Idee langsam von ihr Besitz ergriff. Mir war klar, daß auch ich einer der Nutznießer war. Obwohl ich fast völlig gelähmt bin, halte ich meine Probleme für geringer als ihre. Karla muß sich mit ernsthafteren Problemen herumschlagen als ich. Sie zeigt mir, wie man mit einer unangenehmen Wunde am Fuß, die nicht verheilen will, umgeht und mit Rückenschmerzen, bei denen kein Aspirin hilft. Wenn eine Frau, die eine neue Niere braucht, mit Gottes Hilfe solche Dinge überwindet, kann ich das auch.

Karla strich über die Stelle, an der ihr Stumpf in die Prothese übergeht, und seufzte. „Es stimmt schon, ich würde mich nie so an Gott festhalten, wenn *das* nicht wäre. Und da sind Christie und meine anderen Freunde, die Gott nicht kennen. Ich sollte an sie denken.“

Ich strahlte vor Freude, als hätte sie gerade ihre Doktorprüfung in Theologie bestanden. „Und wenn Gott dich in diesem Zustand erhalten kann, dann sollten wir uns *alle* unserer Schwächen rühmen! Wenn Menschen, die sich mit unwichtigen Problemen herumschlagen – sagen wir, sie haben Ungeziefer in der Dusche – jemand sehen, der mit wirklichen Problemen fertig wird, dann wirkt das Wunder. Indem sie dich beobachten, lernen sie etwas sehr Wichtiges über Gott.“

Kein Mensch ist eine Insel. Wir sind alle verbunden. „Keiner von uns lebt sich selber, und keiner stirbt sich selber“ (Röm 14,7). Der Sinn des Lebens besteht darin, für andere zu leben.

Jesus hat uns das vorgemacht. Besonders für die „anderen", von denen im folgenden Vers die Rede ist: „Das Törichte in der Welt hat Gott erwählt, um die Weisen zuschanden zu machen, und das Schwache in der Welt hat Gott erwählt, um das Starke zuschanden zu machen. Und das Niedrige in der Welt und das Verachtete hat Gott erwählt: das, was nichts ist, um das, was etwas ist, zu vernichten, damit kein Mensch sich rühmen kann vor Gott" (1 Kor 1,27–29).

Karla beschämt die Weisen der Welt, die Gott für überflüssig halten. Sie beschämt die Halsstarrigen, die ihrer eigenen Stärke vertrauen. Sie stellt sie in den Schatten, und sie wissen das. Sie können ihrem rauhen, mutigen Glauben nicht das Wasser reichen. Doch das ist gut so. Wie anders könnte ihr Prahlen für nichtig erklärt werden? Wie könnten sie sonst ihres Vertrauens beraubt werden, das sie in ihre schlanken Taillen, flachen Bäuche, in ihr fotogenes Lächeln, ihr großartiges Gehirn, ihr üppiges Bankkonto und die Auszeichnungen an ihren Bürowänden setzen?

Es kann sein, daß Karla einen weiteren Finger verliert. Doch wenn es dazu kommt, wird die Welt, die sie beobachtet, dazu gezwungen sein, ihren Stolz aufzugeben und mit Staunen ihren hartnäckigen Glauben an Gott zur Kenntnis zu nehmen. Entweder ist sie verrückt oder hinter all ihren Schmerzen steht ein lebendiger Gott, der mehr als nur ein theologischer Grundsatz ist. Ihr Leben ist ein sichtbarer Beweis dafür, daß er am Werk ist. Das Christentum stellt ein paar ziemlich kühne Behauptungen auf. Je herausfordernder die Behauptung ist, desto deutlicher muß sie untermauert werden. Gott lädt Ungläubige (und einige schwankende Gläubige) ausdrücklich ein, die Grundlagen von Karlas Glauben zu untersuchen. Ihr Zeugnis ist genauso kühn wie die Behauptungen, auf denen es beruht, und es regt Menschen dazu an, genau über den Glauben nachzudenken.

„Gepriesen sei der Gott und Vater Jesu Christi, unseres Herrn, der Vater des Erbarmens und der Gott allen Trostes. Er tröstet uns in all unserer Not, damit auch wir die Kraft haben, alle zu trösten, die in Not sind, durch den Trost, mit dem auch wir von Gott getröstet werden. Wie uns nämlich die Leiden

Christi überreich zuteil geworden sind, so wird uns durch Christus auch überreicher Trost zuteil. Sind *wir* aber in Not, so ist es zu eurem Trost und Heil, und werden *wir* getröstet, so geschieht auch das zu *eurem* Trost; er wird wirksam, wenn ihr geduldig die gleichen Leiden ertragt, die auch wir ertragen" (2 Kor 1,3–6).

Wenn Karla Kummer hat, geschieht es, um andere zu trösten. Wenn sie leidet, wirkt sich das auf das Heil ihrer Krankenschwester aus. Es geschieht, damit ihre Freundinnen, die unter den Wechseljahren leiden, durchhalten.

„Ich glaube, langsam verstehe ich es", sagte Karla und richtete sich auf. „Wenn mein Körper Stück für Stück auseinanderfällt, erlaubt Gott das nicht nur, weil es mir nutzt –"

„. . . sondern, weil es auch den Menschen nutzt, die dich umgeben", beendete ich ihren Satz.

Karla Larson kann völlig erblinden. Es ist möglich, daß sie körperlich schließlich nicht mehr in der Lage ist, überhaupt etwas zu tun. Wenn das eintritt, braucht sie trotzdem nicht zu denken, daß sie zu nichts mehr nütze ist, daß ihr Leben keinen Zweck hat und es keinen Grund dafür gibt, weiterzumachen. Sie wird auch weiterhin Gottes Zeugin *sein* (siehe Apg 1,8).

Eine derartige Begründung klingt auch in einem Brief an, den ich von einer jungen Frau erhielt, die sich um ihre Großmutter kümmert.

„Liebe Joni!

Gestern hat sich Großmutter mit dem Gedanken gequält, daß sie nutzlos ist. Sie fragt sich, wozu sie noch gut ist, welchen Zweck sie erfüllt und welchen Sinn ihr Leben hat, wenn sie doch meistens nur zwischen ihrem Bett und der Couch hin- und herpendelt. Ich begriff, wie leicht wir den Zweck, den Sinn und Nutzen unseres Lebens mit dem gleichsetzen, was wir körperlich tun können, und wie wenig Bedeutung wir geistlichen Dingen und Gesten der Ermutigung beimessen, die körperlich wenig oder gar nichts von uns verlangen.

Ich sagte es Großmutter, doch dann wurde mir plötzlich klar, daß es mir nicht mehr wichtig war, Gott mit meinem inneren

Leben zu ehren, daß ich mich nur noch darauf konzentrierte, „für Großmutter zu sorgen", anstatt auf Gott zu hören, mich aufs Beten zu besinnen und auf diese Weise echtes Mitgefühl für andere an den Tag zu legen. Das sind Dinge, die sich in meinem *Inneren* abspielen müssen.

In Liebe

Tina"

Um anderer willen

Die Unterhaltung zwischen Karla und mir floß leise dahin. Unser Lächeln war herzlich, die Tränen waren echt und die Gedanken, die der Bibel entsprangen, waren Balsam für unsere Seelen. Ein Blick auf die Uhr zeigte uns, daß es Zeit für das nächste Seminar war.

Nachdem wir gebetet hatten, drehte Karla ihren Rollstuhl herum, um mich zu verlassen. „Ich werde darüber nachdenken, was wir besprochen haben", rief sie im Fahren über die Schulter. Ich beobachtete, wie einige Freunde, die sie zu unserem Familientreffen gebracht hatten, Karla umringten. Eine junge Frau umarmte Karla und hielt ihr eine Flasche Wasser mit einem Strohhalm hin. Für sie ist es besser – ist es notwendig, daß Karla am Leben bleibt.

Doch etwas störte mich daran. Werden leidende Menschen dann nicht nur zu Anschauungsobjekten eines nützlichkeitsbesessenen Gottes, für einen Anschauungsunterricht, von dem andere etwas lernen können? Sind leidende Menschen, die sich verausgaben, lediglich Vorbilder für die Motivation anderer? Was hatte Karla dabei zu gewinnen?

Ich überdachte noch einmal das Beispiel von Paulus. Nachdem er bestätigt, daß es notwendiger war, am Leben zu bleiben, um andere zu stärken und zu ermutigen, fügt er hinzu: „Im Vertrauen darauf weiß ich, daß ich bleiben und bei euch allen ausharren werde, um euch im Glauben zu fördern und zu erfreuen, damit ihr euch in Christus Jesus um so mehr meiner rühmen könnt" (Phil 1,25–26).

Mir gefällt der Teil „damit ihr euch ... meiner rühmen könnt." Wenn andere davon profitieren, daß sie Karla beobachten, wird es Karlas ewigem Konto gutgeschrieben. Es ist das alte Prinzip des Johannesevangeliums: „Ich bin der Weinstock, ihr seid die Reben. Wer in mir bleibt und in wem ich bleibe, der bringt reiche Frucht" (Joh 15,5,8).

Der allmächtige Herr des Universums bemerkt es, wenn Karla im Leben anderer Menschen Samen aussät. Er führt genau Buch darüber, wie sie die Keimlinge mit ihren Gebeten wässert. Wenn sich etwas Gutes in einer Seele rührt, selbst wenn es die Seele eines Menschen ist, den sie nicht kennt, rechnet Gott es ihrem Konto an. Er schreibt es Karla gut, wenn er sieht, wie im Leben eines Menschen Glauben erblüht und Früchte reifen, weil sie ihr Beispiel in ihn investiert hat.

Wenn diese Menschen profitieren, gewinnt sie. Wenn sie belohnt werden, erntet sie. Wenn sie erhoben werden, wird sie mit ihnen erhöht. Sie teilt sich mit ihnen den Preis für die Frucht, die ihr Leben hervorbringt. Deshalb nannte der Apostel Paulus die Menschen, in die er sein Leben investierte, „meine Freude und mein Ehrenkranz" (Phil 4,1). Andere Menschen sind *unser* Ehrenkranz!

Ich möchte auch gern da stehen, wo Karla steht. Nicht, daß ich nach ihrem Leiden verlange, ich möchte ihre Einstellung haben. Sie erinnert mich daran, um wieviel reicher wir alle sind, wenn wir unsere leeren Hände erkennen. Wir sind alle stärker, wenn wir uns mit unserer Schwäche abfinden, und gewinnen, wenn wir uns von unseren zerbrochenen Träumen trennen.

Wir opfern unsere Bequemlichkeit, doch Gottes Arme fangen uns liebevoll auf. Wir verzichten auf die Freuden dieser Welt, doch wir erhalten dafür eine Freude, die nicht von dieser Welt ist. Wir geben alles, doch Gottes Gnade schenkt uns Kraft und Lebensfreude. Christus hat es uns selbst vorgelebt:

„Seid untereinander so gesinnt, wie es dem Leben in Christus Jesus entspricht: Er war Gott gleich, hielt aber nicht daran fest, wie Gott zu sein, sondern er entäußerte sich und wurde wie ein Sklave ... er erniedrigte sich und war gehorsam bis zum Tod, bis zum Tod am Kreuz. *Darum hat ihn Gott über alle erhöht*" (Phil 2,5–9).

Was dem „Darum“ folgt, ist wie eine mathematische Formel, wie eine umgekehrte Proportion oder vielmehr wie eine Gleichung, die alle Proportionen sprengt. Gott erhebt uns nicht nur auf irgendeinen hohen Platz, wir kommen nicht nur auf die Zuschauertribüne, sondern wir werden als Miterben Christi neben ihn gesetzt. „Wir sind Erben Gottes und sind Miterben Christi, wenn wir mit ihm leiden, um mit ihm auch verherrlicht zu werden“ (Röm 8,17). Erstaunlich! Wir leiden mit Christus – damit wir an der *höchsten Ehre* Christi teilnehmen können.

Christen, die schwerste Lebenssituationen durchmachen und trotzdem von ganzem Herzen an Gott festhalten, die sich mitunter an der Hoffnung wie an einem Sicherheitsseil festklammern – sie sind diejenigen, die das größte Vertrauen darauf setzen können, mit Christus die Herrlichkeit zu teilen.

Alle Macht, Ehre und Herrlichkeit, die Christus an seinem Ehrentag zuteil wird, aller Segen und Reichtum, den er dann erhält, wird überfließen und sich über das ganze Universum verbreiten – und wir werden es mit ihm teilen. Was das wert ist? „Ich bin überzeugt, daß die Leiden der gegenwärtigen Zeit nichts bedeuten im Vergleich zu der Herrlichkeit, die an uns offenbar werden soll“ (Röm 8,18).

Gott bot Adam und Eva einen Weg an, der direkt von Eden ins ewige Paradies führte. Da unsere Ur-Eltern sich jedoch für eine Umleitung entschieden, gehören Leiden zum Menschsein, und Gott bedient sich ihrer. Er tut es nicht halbherzig, sondern mit Freude. Denn so dunkel und bösartig das Leiden auch ist, Gott wird es dem Widersacher zum Trotz „umpolen“ und es in etwas Gutes verkehren. Wenn Leid nicht verhindert werden kann, wird Gott es wiedergutmachen, indem er uns in die höchsten Gefilde des Himmels erhebt.

Es ist nicht leicht, an den Himmel zu denken, an seine Segnungen für andere und seine Wohltaten für einen selbst, wenn man Schmerzen hat. Desto mehr haben wir Grund, „nicht müde [zu] werden, das Gute zu tun; denn wenn wir darin nicht nachlassen, werden wir ernten, sobald die Zeit dafür gekommen ist. Deshalb wollen wir, solange wir noch Zeit haben, *allen Menschen Gutes tun*“ (Gal 6,9–10).

Ein Gedanke, an dem wir uns jedesmal aufbauen sollten, wenn wir Gefahr laufen, aufzugeben.

Was aber, wenn ...?

Was wäre aber, wenn Karlas Beispiel niemand guttäte? Was wäre, wenn sie nicht in der Lage wäre, zu unseren „Familientreffen" zu kommen, oder wenn sie völlig allein lebte? Ein Leben, das Gott widerspiegelt, sollte doch gesehen werden. Was ist mit der Witwe, die nur selten ihre Wohnung verläßt? Mit dem ausländischen Studenten, der am Wochenende im leeren Wohnheim bleibt? Dem Gefangenen in der Einzelzelle? Was ist mit dem alten Mann, der im Altersheim allein im letzten Zimmer am Ende des Korridors lebt? Was ist, wenn er kaum jemals mit den Betreuern in Berührung kommt? Vielleicht werden einige Pflegerinnen durch sein ruhiges Vertrauen ermutigt, doch was ist, wenn es sonst niemand bemerkt?

Einsamkeit und Leiden sind eine gefährliche Mischung. Man liegt wach und wird unablässig von Schmerzen gequält – körperlichen, aber auch seelischen. Von den Gebirgen, die man vor sich sieht, wissen die andern nichts. „Umsonst zu leiden", ist ein giftiger Gedanke. Es spielt keine Rolle, ob wir tatsächlich allein oder nur einsam sind, wenn wir das Gefühl haben, daß niemand unseren Kummer bemerkt, kann uns das zur Verzweiflung treiben.

Ich denke dabei an John McAllister. Ein Mann wie eine Eiche, einen Meter neunzig groß, der von einem degenerativen Nervenleiden verkrüppelt und geschwächt wird. Der Mann, dessen Augen aus seinen eingesunkenen Augenhöhlen strahlen. Mein Freund, der den Angriff der Ameisen überlebte. Erinnern Sie sich? John hat mit anderen Menschen keine Berührung mehr. Am Anfang seiner Krankheit war er in der Lage, noch selbst zur Kirche zu fahren, zum Einkaufszentrum und zu dem Heim, in dem er einen Bibelkurs für schwerstbeschädigte junge Leute abhielt. Nachbarn winkten ihm im Einkaufszentrum zu, Menschen sprachen mit ihm auf dem Parkplatz. Die Tankwarte freuten sich auf seinen fröhlichen Gruß. Doch Jahre sind seitdem vergangen, und das Neue seines Rollstuhls hat sich abgenutzt. Menschen besuchen ihn nur noch selten. Hager und nicht mehr in der Lage zu sprechen, verbringt er seine Tage im Bett, das in der Mitte des Wohnzimmers steht. Die Vögel draußen vor dem Fenster sind hauptsächlich seine Gefährten.

Ist John McAllister *wirklich* allein? Eine dynamische, elektrisierende Kraft ist in Johns Zimmer am Werk. Sie erfüllt die Luft und beherrscht die Atmosphäre um und über Johns Heim. Engel und Fürsten des himmlischen Bereichs beobachten, lauschen und *lernen*. Es ist möglich, daß Menschen John McAllister nicht beachten, doch die geistliche Welt beachtet ihn. Engel und selbst Dämonen sind an den Gedanken und Gefühlen eines jeden Menschen höchst interessiert. „So sollen jetzt die Fürsten und Gewalten des himmlischen Bereichs durch die Kirche Kenntnis erhalten von der vielfältigen Weisheit Gottes“ (Eph 3,10).

Ich kann förmlich hören, was Sie jetzt denken: *Engel sehen mir auf die Finger und belauschen mich? Engel sitzen auf dem Beifahrersitz meines Wagens und hören sich mein Schimpfen an, wenn mich der rote Sportwagen schneidet? Dämonen reiben sich die Hände und hoffen, daß ich zu fluchen beginne, wenn meine Kinder sich unmöglich benehmen? Himmlische Fürsten sehen mit angehaltenem Atem zu, ob ich mich zu Gott oder von ihm abwende?*

Es handelt sich hier nicht um Science Fiction. Das Lukasevangelium ist ein sachlicher Bericht. „Ebenso herrscht auch bei den Engeln Gottes Freude über einen einzigen Sünder, der umkehrt“ (Lk 15,10).

Gottes Engel jauchzen vor Freude, wenn Menschen sich für Gott entscheiden. Bitte lesen Sie Epheser 3, Vers 10 noch einmal. Es ist Gottes Absicht, Millionen von unsichtbaren Wesen etwas von sich weiterzugeben; und wir – Sie, ich und John McAllister – sind Tafeln, auf die Gott die Lektionen über sich schreibt, zur Bereicherung der Engel und Dämonen. Gott wird jedesmal Ehre gegeben, wenn die Geisterwelt lernt, wie stark sein Arm ist, mit dem er die Schwachen erhält. Sie lernt, daß es Gott ist, der jede Faser von Johns Sein mit Durchhaltevermögen erfüllt. Das

Leben meines Freundes ist nicht verschwendet. Obwohl sich nicht viele Menschen um ihn zu kümmern scheinen, kümmert sich jemand um ihn – ziemlich viele „Jemande“ sogar, mehr als John sich vorstellen kann.

Johns Leben bewirkt noch etwas anderes. Es ärgert Satan. Das Vertrauen, das John zeigt, treibt den Teufel zur Verzweiflung. Obwohl sein Körper ausgezehrt und seine Augen ihres Lichtes fast beraubt sind, gleicht er einem alten Krieger, der von weit her das Signal hört, das zum Kampf ruft. „Ich werde Gott niemals fluchen, egal, wieviel er mir nimmt.“

John ist ein wenig wie Ijob, den Satan zum Anlaß nahm, Gott zu verhöhnen: „Ijob liebt dich nicht, er liebt deine Segnungen. Du bist als Gott nicht groß genug, daß dir jemand nur deinetwegen folgt.“

Doch Ijob sagte: „Er mag mich töten, ich harre auf ihn“ (Ijob 13,15). Eine solche Aussage sagt viel über Ijob (sie sagt auch viel über John McAllister), doch noch mehr sagt sie über Gott aus. Nichts verwundet den Teufel mehr – und John streut Salz in seine Wunden. Das Leben des unbedeutendsten Menschen ist ein Schlachtfeld, auf dem sich die mächtigsten Kräfte des Universums begegnen – das erhöht die Stellung des letzten und niedrigsten Menschen auf Erden unermeßlich!

Ich stelle mir den Tag vor, an dem John diese Erde verlassen und sich auf den Weg zum Himmel machen wird. Wenn sein Geist aus der Hülle seines Körpers befreit wird, werden alle himmlischen Heerscharen strammstehen und voller Respekt den Atem anhalten. Voller Erstaunen werden sie ihm Ehre erweisen, während sie beobachten, wie sein Geist zu Gott aufsteigt. Und dann beginnt das Freudenfest erst richtig.

Jeder Tag, den wir weiterleben, *bedeutet* etwas. Gott hat – was unsere Prüfungen anbelangt – etwas Gutes vor. Es gibt Gründe – für uns, für andere, für Gottes Ehre und für die himmlischen Heerscharen.

Zur Ehre Gottes

Durch das Leiden wird jedoch noch mehr erreicht. Es bereitet darauf vor, Gott etwas ungeheuer Kostbares darzubringen: „Durch [Jesus] also laßt uns Gott allezeit das Opfer des Lobes darbringen, nämlich die Frucht der Lippen, die seinen Namen preisen. Vergeßt nicht, Gutes zu tun und mit anderen zu teilen; denn an solchen Opfern hat Gott Gefallen" (Hebr 13,15–16).

Der Psalmist David tat es ständig. In Psalm 43 seufzt er: „Meine Seele, warum bist du betrübt und bist so unruhig in mir?" Doch bevor seine Seele ihn hinunterziehen kann, richtet David sie auf: „Harre auf Gott; denn ich werde ihm noch danken, meinem Gott und Retter, auf den ich schaue" (Ps 43,5).

Gott freut sich über jedes Lob, doch seine Freude kennt keine Grenzen, wenn jemand zu seinem Lob ein Opfer bringt.

Nichts entzückt ihn mehr. Wie das kommt? Nehmen wir einmal an, eine Frau, deren Hände von Arthritis verkrümmt sind, stickt ein paar Kissenbezüge für Sie. Wahrscheinlich wird Ihnen das Geschenk besonders viel bedeuten. Weshalb? Weil die Dame mit den verkrüppelten Händen sich außerordentlich anstrengen mußte. Ihr Geschenk ist mit einem Opfer verbunden. Wenn Sie an die vielen Stunden denken, an die Pausen, die sie einlegen mußte, um sich die Knöchel zu reiben, den Schmerz, den sie bei jedem Stich empfand, sind Sie wahrscheinlich zu Tränen gerührt. Ihre Leiden „verherrlichen" ihr Geschenk und geben ihm einen höheren Wert in ihren Augen.

Wenn *wir* schon so auf ein Opfer reagieren, um wieviel mehr ist dann *Gott* entzückt? Lob, das als Opfer dargebracht wird, macht das Lob noch herrlicher.

Ken und ich gehen in eine kleine Kirche, in der wir ein paar Klappstühle umstellen müssen, um in der linken Reihe Platz für meinen Rollstuhl zu schaffen. Die Familie Pomeroy – Vater, Mutter, zwei Jungen und die jüngste Tochter Veronica, die mit Vorliebe hübsche Hüte auf ihrem blonden Haar trägt – sitzt gewöhnlich einige Reihen weiter auf der rechten Seite. Veronica hustet oft während der Andacht. Erst dachte ich, daß sie zu den

Kindern gehört, die ständig erkältet sind. Später erfuhr ich, daß sie an einer schweren Lungenkrankheit leidet, die ihre Atemwege ständig mit zähem Schleim blockiert. Für diese Krankheit gibt es kaum Heilungschancen. Doch Veronica läßt sich davon nicht unterkriegen. Sie ist erst elf Jahre alt, doch im vergangenen Jahr veranlaßte sie zu Weihnachten ihre Klassenkameraden, Hunderte von Spielsachen für Waisenkinder in Bosnien zu sammeln.

Es macht mir Freude, sie während des Gottesdienstes anzusehen. Besonders, wenn wir singen:

Erfülle mich, du Atem Gottes, fülle mich mit neuem Leben, damit ich liebe, was du liebst, und tue, was du tun würdest.

Zwischen den Zeilen hustet sie, und ich frage mich, was Gott wohl denkt, wenn er ihren Lobgesang hört. Es ist ein echtes Lobopfer, wenn sie während des Liedes nach Luft ringt. Veronica inspiriert mich dazu, meine gesunden Lungen zu füllen und von ganzem Herzen einzustimmen.

Eine Opfergabe läßt Gottes Ehre erstrahlen. Sie bringt den ungeheuren Wert zum Ausdruck, den wir ihm beimessen. Solches Lob kostet uns unsere Logik, unseren Stolz und unsere Vorlieben. Doch das lohnt sich. „Würdig ist das Lamm, das geschlachtet wurde, Macht zu empfangen, Reichtum und Weisheit, Kraft und Ehre, Herrlichkeit und Lob“ (Offb 5,12).

In der Zwischenzeit

Gerade erfuhr ich, daß Karla Larson einen weiteren Schicksalsschlag erlitten hat. Sie erwähnt ihn in einem Nachsatz zu dem Brief, den sie mir nach dem Familientreffen schrieb.

„Liebe Joni!

Seit ich mit Dir sprach, habe ich das Gefühl, daß ich ‚den guten Kampf‘ wieder kämpfen und ‚den Lauf vollenden‘ kann. Meine Gründe, warum ich keine weiteren medizinischen Eingriffe wollte, basierten auf Furcht. Jetzt ist mir klar, daß meine Entschlüsse nicht nur mich angehen, sondern auch meine Familie, Freunde und andere, die mich kennen. Durch Gottes Gnade, Erbarmen und Treue bin ich am Leben. Sollten also weitere Eingriffe nötig sein, bin ich dazu bereit.

Alles Liebe, Karla

P.S. Ich habe gerade erfahren, daß ich Gebärmutterkrebs habe."

Ich schob den Brief beiseite und atmete tief durch. *Danke, Karla, daß du mich daran erinnerst. Ich bin auch bereit, den Lauf zu vollenden.* Ihr Beispiel nimmt an Wichtigkeit und Bedeutung zu, und wenn ihre Familie und Freunde das vergessen, oder wenn ich es tue, gibt es immer noch die himmlische Welt, die es zur Kenntnis nimmt. Da ist noch immer Gott. Er ist nicht passiv. Er ist kein gleichgültiger Zuschauer.

Vielleicht ist Karla in der Lage, einige der guten „Gründe" besser zu verstehen. Während sie und ihre Freunde sich in ihrer Gemeinde näherkommen, während sie sich gegenseitig helfen, wird noch ein weiterer Grund deutlich. Er wird ihnen allen klarwerden. Dieser Grund hat mit Gott selbst zu tun.

Laßt uns die Leiden lindern

Gottes innigster Wunsch ist es, Leid abzuschaffen. Er setzt Himmel und Erde in Bewegung, um die Tränen zu trocknen, die Bürden zu erleichtern, die Lasten zu verringern, die Schmerzen zu entfernen, die Kriege zu beenden, die Gewalttätigkeiten abzubrechen, die Krankheiten zu heilen, die gebrochenen Herzen zu verbinden, die Ehen zu kitten.

Gott müht sich, die Obdachlosen zu speisen, die Nackten zu kleiden, die Gefangenen zu besuchen, die Waisen zu adoptieren, die Trauernden zu trösten, die Sterbenden aufzurichten, die Kinder zu verteidigen, die Geschlagenen zu verbinden, den Armen zu helfen, die Witwen zu betreuen, Ungerechtigkeit auszumerzen, Luftverschmutzung zu beseitigen, Abtreibungen zu verhindern, die Tiere zu schützen, Rassismus aufzuheben, die Alten zu unterstützen, die Betrübten zu erhalten, Kriminalität auszuschalten, Pornographie abzuschaffen, den Behinderten zu helfen, Mißbrauch zu verhindern, Korruption zu beenden, steinerne Herzen zu erweichen und Tote wieder lebendig zu machen.

Er ruft uns zu dieser großen Aufgabe, doch wir versagen. Wenn Gott weint, dann tut er es, weil sich selbst von seinen Gläubigen nur wenige zum Handeln entschließen, obwohl er uns seinen Wunsch ausführlich klargemacht hat. Aber wir hören weg.

„Sie suchen mich Tag für Tag; denn sie wollen meine Wege erkennen. Wie ein Volk, das Gerechtigkeit übt und das vom Recht seines Gottes nicht abläßt, so fordern sie von mir ein gerechtes Urteil und möchten, daß Gott ihnen nah ist. Warum fasten wir, und du siehst es nicht? Warum tun wir Buße, und du merkst es nicht? Nein, das ist ein Fasten, wie ich es liebe: die Fesseln des Unrechts zu lösen, die Stricke des Jochs zu entfernen, die Versklavten freizulassen, jedes Joch zu zerbrechen, an die Hungrigen dein Brot auszuteilen, die obdachlosen Armen ins Haus aufzunehmen, wenn du einen Nackten siehst, ihn zu bekleiden und dich deinen Verwandten nicht zu entziehen“ (Jes 58,2–3; 6–7).

Gott sehnt sich danach, das Leid zurückzudrängen, durch die, die ihm als Leib dienen, durch seine Hände und Füße auf Erden. „Er ist das Haupt des Leibes, der Leib aber ist die Kirche“ (Kol 1,18). Und „durch ihn wird der ganze Leib zusammengefügt und gefestigt . . . So wächst der Leib und wird in Liebe aufgebaut“ (Eph 4,16).

Vom Leib wird erwartet, daß er die Arbeit – Gottes Arbeit tut. „Wir lassen uns von Christus leiten, der der Ursprung von allem ist, was wir tun“ (nach Eph 4,15). Die Anweisungen könnten nicht deutlicher sein. An manchen Stellen appelliert Gott an unsere Menschenfreundlichkeit und drängt uns, „zu jedem guten Werk tauglich“ zu sein (2 Tim 2,21). An anderen Stellen muß er deutlicher werden und die Mahnung wiederholen: „Ein reiner und makelloser Dienst vor Gott, dem Vater, besteht darin: für Waisen und Witwen zu sorgen, wenn sie in Not sind, und sich vor jeder Befleckung durch die Welt zu bewahren“ (Jak 1,27).

Wir dagegen drehen und wenden uns. Das ist um so ironischer, weil viele von uns *Gott* beschuldigen, daß er sich, was das

Leiden in der Welt anbelangt, mit den Zuständen zufrieden gibt. Diese Zustände wären nicht so, wenn wir unsere Bequemlichkeit aufgeben und seinen Anleitungen folgen würden. Doch wir machen weiter wie bisher und lassen uns kaum in Bewegung bringen. Wir sind ungehorsam, hören auf unseren Stolz oder auf Vorurteile und weigern uns, irgend etwas zu tun. Dann vermehrt sich das Elend und breitet sich aus wie ein heimtückischer Virus. Es könnte zurückgedrängt, zum Stillstand gebracht und in vielen Fällen beseitigt werden, doch es greift um sich, weil wir nichts dagegen unternehmen. Seine Hände und Füße versagen beim Lindern des Leidens, weil wir uns „nicht an das Haupt" halten (Kol 2,19).

Und was hat das mit Karla und ihren Freunden in der Gemeinde zu tun?

„Gott aber hat den Leib so zusammengefügt, daß er dem geringsten Glied mehr Ehre zukommen ließ, damit im Leib kein Zwiespalt entstehe, sondern alle Glieder einträchtig für einander sorgen. Wenn darum ein Glied leidet, leiden alle Glieder mit; wenn ein Glied geehrt wird, freuen sich alle anderen mit ihm" (1 Kor 12,24–26).

Der Leib Christi wird gestärkt, wenn er jemand, der leidet, mit einbezieht. Das Blut fließt. Die Muskeln bewegen sich. Augen konzentrieren sich auf das Notwendige und Ohren hören auf den Ruf. Füße bewegen sich vorwärts. Der Leib beginnt zu arbeiten, damit „alle Glieder einträchtig füreinander sorgen". Wenn ein Gemeindemitglied leidet, ist in einer Gemeinde für Uneinigkeit und Spaltung keine Zeit. Daher weiß Gott, daß es wichtiger ist, daß Karla dort bleibt. Sie hilft dem Leib. Das geschieht bereits. Ihre Sonntagsschulklasse kümmert sich jetzt darum, wie sie anderen Menschen helfen kann. Sie übernimmt die Kosten, damit andere Familien, die behinderte Kinder haben, in diesem Sommer zu unseren Treffen kommen können.

Das Wort Gottes schreit es uns förmlich entgegen: „Im Gegenteil, gerade die schwächer scheinenden Glieder des Leibes sind unentbehrlich" (1 Kor 12,22). Darum weist Jesus immer wieder darauf hin, daß den Schwachen, den Armen, den Lahmen in unserer Gemeinschaft besondere Ehre zuteil werden soll.

Der Himmel weiß, daß der Leib ohne die Karla Larsons in den Reihen der Gemeinden geschwächt wäre. Denn „hat Gott nicht die Armen in der Welt auserwählt, um sie durch den Glauben reich [zu machen]?“ (Jak 2,5).

Wenn die Kirche im aufopferungsvollen Dienst ihre Kräfte stärkt, erfüllt sie ihre Berufung und begibt sich an die großartige Aufgabe, für die sie geschaffen wurde. Und Gott lächelt, während sie es tut. Leiden werden gelindert, Schmerz beseitigt. Und die Dunkelheit, die Herzen zusammenpreßt und Augen blind macht, wird zurückgedrängt.

Das ist eine gute, eine sehr gute Antwort auf Karlas Frage: „Warum?“ Doch es gibt noch bessere Gründe.

2.
Die beste Antwort, die wir haben

Als wir einmal eine Tour durch Südengland unternahmen, deutete meine Freundin Judy auf einen Obelisken, der an der Straßenkreuzung eines kleinen englischen Dorfes stand. Eingemeißelt in den Stein waren die Namen von achtzehn jungen Männern, die im Ersten Weltkrieg gefallen waren.

„Alle aus diesem winzigen Ort?" fragte ich ungläubig. Er bestand nur aus einer Handvoll Häusern, ein paar Läden, ein oder zwei Bauernhöfen und einer Kirche. Judy erklärte mir, daß die Werber der Britischen Armee jungen Männern versprochen hatten, daß sie zusammen kämpfen dürften, wenn sie sich gemeinsam verpflichteten. Das bedeutete im Massenblutbad des Ersten Weltkriegs, daß sie alle gemeinsam starben. Unter den neun Millionen Toten befanden sich fast eine Million Briten.

Das Dorf hat sich nie davon erholt. Die Läden waren schwarz verhängt und die Vorhänge geschlossen. Doch die Familien hielten zueinander, die Kirche war voll, Tränen wurden getrocknet, der Kummer wurde leichter, und die Menschen dieses kleinen Dorfes wurden edler und mutiger als die in den großen Städten des Kontinents.

Trotz allen Elends ging etwas Gutes daraus hervor. Es gab Opfergaben des Lobes, und der Himmel sah es mit Erstaunen. Viele litten zum Wohle anderer. Menschen, die dem Glauben ablehnend gegenüber standen, kamen ins Nachdenken. Menschen mit kleineren Sorgen lernten von denen, die viel zu tragen hatten. Der Leib Christi wuchs in diesem Dorf und wurde durch Liebe aufgebaut.

Als Gemeinschaft haben die Menschen wahrscheinlich gewonnen. Doch denken Sie einmal an die einzelnen. An die Mutter, die hinter verschlossener Tür einsam in ihre Kissen weint, es mit ihren Tränen und ihrem Kummer durchnäßt. Die nicht nur den Verlust eines Sohnes, sondern zweier oder dreier Söhne oder des Ehemanns beweint.

Daß aus Leid weitreichender Nutzen gezogen wird und daß es den Himmel, die Gemeinde und die beobachtende Welt beeindruckt, ist eine Realität. Doch das einzelne Herz verlangt nach einem persönlichen Trost – nach etwas, das mit dem Innersten der Seele übereinstimmt –, weil Leid so entsetzlich persönlich ist.

Gott weiß das. Wenn die trauernden Mütter und Witwen mit gebrochenen Herzen Trost bei Jesus suchten, wurden dabei niemals ihre Gefühle verletzt. Sie öffneten ihre Bibeln und fanden einen Mann der Schmerzen, der mit Krankheit vertraut war:

„Als er auf Erden lebte, hat er mit lautem Schreien und unter Tränen Gebete und Bitten vor den gebracht, der ihn aus dem Tod retten konnte, und er ist erhört und aus seiner Angst befreit worden. Obwohl er der Sohn war, hat er durch Leiden den Gehorsam gelernt; zur Vollendung gelangt, ist er für alle, die ihm gehorchen, der Urheber des ewigen Heils geworden“ (Hebr 5,7–9).

Das ist eine frohe Nachricht für leidende Seelen. Der Sohn Gottes hat sich vom Leiden nicht ausgeschlossen, er erlebte es und lernte davon. Sobald sein Leiden beendet war, wurde er für alle, die ihm gehorchten, eine Hilfe. Müssen wir leiden? „Ein Jünger steht nicht über seinem Meister und ein Sklave nicht über seinem Herrn“, sagt der Eine, der durch seine Leiden Gehorsam lernte. „Der Jünger muß sich damit begnügen, daß es ihm geht wie seinem Meister, und der Sklave, daß es ihm geht wie seinem Herrn“ (Mt 10,24–25).

In der Bibel sehen wir, daß Gott seine Gründe hat, Leid zuzulassen, und zwar nicht nur allgemein, sondern im Leben eines jeden einzelnen. Wenn wir einige dieser Gründe kennen, bringt uns das ein gutes Stück weiter auf dem Weg zur Erkenntnis.

Der große Bildhauer

Als wir durch das englische Dorf fuhren, sahen wir das Standbild eines Soldaten. Für mich symbolisierte es die Tapferkeit der jungen Männer auf den Schlachtfeldern von Nordfrankreich. Nicht weniger tapfer sind aber auch die Menschen, die den Ersten Weltkrieg, die Grippe-Epidemie von 1918, den Zweiten Weltkrieg, das große Erdbeben in Armenien, die Überschwemmungen von Bangladesch und viele andere Katastrophen überstanden.

Leiden hat nicht nur die bronzenen Standbilder inspiriert, die auf manchem Dorfplatz stehen. Leiden will uns verwandeln – ähnlich einer Statue, die aus Marmor geschaffen wird – in das „heilige und untadelige" Ebenbild Christi (siehe Eph 1,4). In Florenz fragte ein Künstler den großen Renaissance-Bildhauer Michelangelo, was er sieht, wenn er vor einem großen Marmorblock steht. „Ich sehe eine schöne Figur, die darin gefangen ist", erwiderte er, „und ich habe die Verantwortung, mein Werkzeug zu nehmen und so lange daran zu arbeiten, bis sie befreit ist."

Die schöne Figur, der sichtbare Ausdruck von „Christus in euch, der da ist die Hoffnung der Herrlichkeit" liegt im Inneren der Christen verborgen. Und Gott benutzt das Leid als ein Werkzeug, mit dem er so lange arbeitet, bis sein Ebenbild in uns zutage tritt. Als Modell hat Gott seinen Sohn, Jesus Christus, gewählt, „... denn alle, die er im voraus erkannt hat, hat er auch im voraus dazu bestimmt, an Wesen und Gestalt seines Sohnes teilzuhaben" (Röm 8,29).

Wie sieht die Skulptur aus? „Diesen Schatz tragen wir in zerbrechlichen Gefäßen; so wird deutlich, daß das Übermaß der Kraft von Gott und nicht von uns kommt. Von allen Seiten werden wir in die Enge getrieben ... und verzweifeln dennoch nicht ... immer tragen wir das Todesleiden Jesu an unserem Leib, damit auch das Leben Jesu an unserem Leib sichtbar wird" (2 Kor 4,7–10). Es ist ein Bild alles überragender Kraft.

Gott meißelt weiter. Er trägt noch mehr ab. „Damit ich mich ... nicht überhebe, wurde mir ein Stachel ins Fleisch gestoßen" (2 Kor 12,7). Gott wirkt in der Tiefe, sorgfältig jede verborgene Falte bearbeitend. Selbst unser Temperament wird davon berührt: „Seid untereinander so gesinnt, wie es dem Leben in Christus Jesus entspricht: . . . er entäußerte sich . . . er erniedrigte sich und war gehorsam bis zum Tod, bis zum Tod am Kreuz“ (Phil 2,5,7–8).

Wird diese Skulptur Stürme und Prüfungen überstehen? „Wir rühmen uns ebenso unserer Bedrängnis; denn wir wissen: Bedrängnis bewirkt Geduld, Geduld aber Bewährung, Bewährung Hoffnung“ (Röm 5,3). Es ist das Bild der Hoffnung, so massiv wie Stein.

Gott arbeitet weiter an uns: „Ehe ich gedemütigt wurde, ging mein Weg in die Irre; nun aber halte ich mich an deine Verheißung . . . Daß ich gedemütigt wurde, war für mich gut; denn so lernte ich deine Gesetze“ (Ps 119,67,71). Bevor ich gelähmt wurde, griffen meine Hände nach vielen falschen Dingen und meine Füße trugen mich zu vielen schlechten Plätzen. Meine Lähmung hat die Anzahl der Versuchungen wesentlich reduziert.

Gott benutzt Leiden zu verschiedenen Zwecken: um die Sünde aus unserem Leben zu entfernen, uns zu zwingen, ganz auf seine Gnade zu vertrauen, Gemeinschaft mit anderen Christen zu suchen, unser Urteilsvermögen zu entwickeln, unseren Verstand zu disziplinieren, uns zu lehren, unsere Zeit weise zu gebrauchen, ihn besser kennenzulernen. Er benutzt das Leiden, um uns zu lehren, in Zeiten des Kummers Dank zu sagen, unseren Glauben zu stärken und unseren Charakter zu formen. Es ist ein *wunderschönes* Bild!

Und es ist ein Bild wie kein anderes. Wenn Christus in mir zur Geltung kommt, ist die Skulptur einmalig. Sie zeigt, wie Geduld, Selbstbeherrschung, Ausdauer, Sanftmut, Güte und ein gesunder Haß auf die Sünde – an „Joni“ aussehen. Das unterscheidet sich durchaus davon, wie Feingefühl und Selbstbeherrschung bei meinem Mann oder jedem anderen zum Vorschein kommen. Das mir bestimmte Leid ist auf göttliche Weise auf mich zugeschnitten. Niemand sonst hat unter der gleichen Lähmung zu leiden, um seinem Ebenbild gleichzuwerden.

Sich in Gottes Werkstatt „bearbeiten“ zu lassen heißt, durch unsere „Leiden den Gehorsam“ zu lernen. Nicht unsere Umstände ändern sich, *wir* ändern uns. Unsere Persönlichkeit verwandelt sich in sein Ebenbild, das an Schönheit immer mehr zunimmt, wie eine Form, die Gestalt gewinnt. „Wir alle spiegeln mit enthülltem Angesicht die Herrlichkeit des Herrn wider und werden so in sein eigenes Bild verwandelt, von Herrlichkeit zu Herrlichkeit, durch den Geist des Herrn" (2 Kor 3,18).

Mir bricht das Herz, wenn ich daran denke, wieviele Menschen – besonders Christen – ihr ganzes Leben damit verbringen, sich vom Leiden verzehren zu lassen. Auch mir ging es jahrelang so. Mein Rollstuhl bestand darauf; er heulte und schrie nach meiner ungeteilten Aufmerksamkeit. Entmutigt gab ich nach. Ich erlaubte meinem Rollstuhl zu bestimmen, wer ich bin. Alles, was dabei herauskam, war eine vertrocknete, verzehrte Seele. Ich wurde dadurch nicht zu einem schlechten Menschen, mir fehlte nur jegliche Leidenschaft fürs Leben. Ohne irgendwelche geistlichen Anstöße verbrachte ich meine Tage in müder Resignation, niedergedrückt von der täglichen Routine. Erleichterung suchte ich nicht im Gebet oder in der Bibel, sondern in Fernsehsendungen und Wochenenden im Einkaufszentrum.

Verbitterte Resignation ist auch nicht besser. „Was soll's, das ist eben mein Schicksal", stöhnen wir. Das Leiden wird zur vertrauten Umwelt, mit familiären, wenn auch schmerzhaften Grenzen. Doch nicht lange. Sich dem Leiden zu ergeben, schwächt die Seele oder verursacht Zorn in uns.

Ich kenne einen dreiundsechzigjährigen Mann, der zuckerkrank ist und dem wahrscheinlich bald ein Bein amputiert wird. „Na schön", sagte er resigniert, „wenn das passiert, richte ich mich in meinem Schlafzimmer vor dem Fernseher ein und komme nicht mehr zum Vorschein." Dieser Mann regt sich über die Zukunft auf – obwohl er sein Bein noch gar nicht verloren hat!

Stolz ist noch schlimmer. Ich erinnere mich, wie ich als Kind einmal wegen eines aufgeschlagenen Knies weinte und mir die Worte von Onkel Henry anhören mußte: „Hör auf, du hast doch keinen Grund zum Weinen. Ein bißchen Schmerz hat noch keinem geschadet!" Seine Worte paßten zu seinem Haudegengesicht, seiner gewölbten Brust und dem verkrampften Lächeln.

Ich schluckte meine Tränen hinunter und gelobte mir, nie wieder in Gegenwart meines Onkels zu weinen. Andere müssen dasselbe gefühlt haben. „Komm bloß nicht Onkel Henry in die Quere“, hieß es. Ein solches „Heldentum“ läßt die Seele verkümmern.

An das Leiden zu glauben, ist eine Sackgasse. An den Bildhauer zu glauben, ist lebendige Hoffnung.

Blicken Sie auf ihn und vertrauen Sie darauf, daß er nie zuviel wegnimmt oder zu tief meißeln wird. Haben Sie Angst, daß Gott die Lage noch schlimmer machen könnte? Daß er Ihnen noch ein Kind mit einem Geburtsfehler gibt? Daß er Sie mit Alzheimer ins Altersheim befördert oder ohne einen Pfennig sitzen läßt? Gott ist kein zufälliger oder exzentrischer Bildhauer. „Denn ich, ich kenne meine Pläne, die ich für euch habe . . . Pläne des Heils und nicht des Unheils; denn ich will euch eine Zukunft und eine Hoffnung geben“ (Jer 29,11). Er verspricht, mit dem Meißel Präzisionsarbeit zu leisten. Im ersten Korintherbrief heißt es: „Noch ist keine Versuchung über euch gekommen, die den Menschen überfordert. Gott ist treu; er wird nicht zulassen, daß ihr über eure Kraft hinaus versucht werdet. Er wird euch in der Versuchung einen Ausweg schaffen, so daß ihr bestehen könnt“ (10,13).

Der Schmerz und das Hämmern werden nicht aufhören, ehe wir nicht vollkommen geworden sind – was aber mit Sicherheit nicht in diesem Leben geschieht. Das ist der Grund, warum ich mich damit abfinde, daß meine Lähmung unheilbar ist. Als ich mir das Genick brach, war das weder als Puzzlespiel gedacht, das ich schnell zusammensetzen sollte, noch als Schock, der mich schnell wieder auf den richtigen Weg bringen sollte. Mein Tauchunfall war der Anfang eines langen, mühseligen Prozesses, Christus ähnlicher zu werden. Natürlich gibt es Zeiten, in denen ich wünschte, daß es leichter wäre: „Dreimal habe ich den Herrn angefleht, daß dieser Bote Satans von mir ablasse. Er aber antwortete mir: Meine Gnade genügt dir; denn sie erweist ihre Kraft in der Schwachheit. Viel lieber also will ich mich meiner Schwachheit rühmen, damit die Kraft Christi auf mich herabkommt“ (2 Kor 12,8–9).

Ich bin noch immer nicht vollkommen. Es ist noch ein weiter Weg, bis meine eigentliche Gestalt vollendet ist. Gottes Gnade – die Sehnsucht und Kraft, seinen Willen zu tun – sind ausreichend. „Darum macht die erschlafften Hände wieder stark und die wankenden Knie wieder fest, und ebnet die Wege für eure Füße, damit die lahmen Glieder nicht ausgerenkt, sondern geheilt werden" (Hebr 12,12). Eines Tages werde ich körperlich wiederhergestellt sein und Gesundheit, Reife und Vollkommenheit erleben!

Wenn ich meine, diese Situation nicht mehr aushalten zu können, rufe ich mir die Worte des Jakobus ins Gedächtnis: „Wenn sich alle möglichen Prüfungen in euer Leben drängen, betrachtet sie nicht als Eindringlinge, sondern heißt sie als Freunde willkommen! Versteht doch, daß sie gekommen sind, um euren Glauben auf die Probe zu stellen und die gute Eigenschaft der Ausdauer in euch zu entwickeln. Ertragt diese Prüfungen, bis die Ausdauer völlig entwickelt ist" (nach Jak 1,2)[1]

Vollendete Ausdauer zu entwickeln, ist einer der Gründe, „*warum*" wir leiden, und doch läßt er mich zurückschrecken. Bitte, Gott, zerstöre alles in mir, was nach deiner Vorstellung entfernt werden muß. Wenn ich eine enge Beziehung zu dir haben will, muß ich heilig sein, denn du bist heilig. Das ist unbedingt notwendig – besonders, da ich auf dem Weg zu dir bin, zu dem Ort, zu dem du uns bestimmt hast. „Liebe Brüder, laßt euch durch die Feuersglut, die zu eurer Prüfung über euch gekommen ist, nicht verwirren, als ob euch etwas Ungewöhnliches zustoße. Statt dessen freut euch, daß ihr Anteil an den Leiden Christi habt; denn so könnt ihr auch bei der Offenbarung seiner Herrlichkeit voll Freude jubeln" (1 Petr 4,12–13).

Wenn ich Gott liebe, kommt es auf das Leiden letztendlich nicht an. Doch es kommt darauf an, daß Christus in mir ist. Der Schmerz hört dadurch nicht auf, doch ich kann „mich meiner Bedrängnis rühmen" (siehe Röm 5,3), denn die Kraft Gottes ist in meinem Leben stärker, als der Würgegriff des Leidens je sein könnte. Ich möchte mein Bild vollendet sehen.

---

[1] J.B. Phillips, *The New Testament in Modern English*, New York 1972, S. 478.

„Wir sind zum Lob seiner Herrlichkeit bestimmt" (Eph 1,12). Ich möchte in sein Ebenbild verwandelt werden. Auch der Bildhauer wünscht das, denn „er, der bei euch das gute Werk begonnen hat, [wird] es auch vollenden . . . bis zum Tag Christi Jesu" (Phil 1,6).

All diese Gründe stecken hinter unserem Leiden. Teilweise wird damit die Frage nach dem „Warum" beantwortet. Aber nur teilweise.

Während der ersten zehn Jahre, die ich in meinem Rollstuhl verbrachte, war ich irgendwann mit dem zufrieden, was ich zu sehen begann. Ich war für die Dinge dankbar, die ich lernte. Langsam kam das Abbild Christi zum Vorschein, als ich über seine Freundlichkeit und sein Mitgefühl sowie über seine Empfindlichkeit dem Bösen gegenüber nachdachte. Ich betrachtete diese ersten zehn Jahre als Meilenstein, als Teil eines Weges. Ich fühlte, daß Gott mir mehr zeigen, mich weiter leiten und zu größerer Höhe bringen wollte, um „die Skulptur zu verfeinern", wie man sagen könnte. Es war, als sagte er: „Darum wollen wir die Lehre vom Anfang christlichen Lebens jetzt lassen und zur Vollkommenheit fahren" (Hebr 6,1 nach Luther). Im Rückblick stellte ich eine Checkliste auf:

- Alles, was mir geschieht, führt zum Guten; es geschieht zur Ehre Gottes. Damit ist nicht gemeint, daß ich eine Bestseller-Autorin oder eine bekannte Konferenzsprecherin sein soll, es bedeutet, wie Christus zu sein.
- Not zwang mich dazu, mich für Gott zu entscheiden; Not hat meinen Glauben stark gemacht. Mein Glaube an ihn ist größer geworden als damals, als ich noch nicht im Rollstuhl saß.
- Das Leiden hat meinen Charakter geschliffen: nicht so lässig in meinen Beziehungen zu sein; meine Versprechen zu halten; mehr Geduld zu haben, wenigstens etwas mehr. Menschen sind mir wichtiger geworden.
- Meine Lähmung hat den Himmel wirklich lebendig werden lassen. Nicht als Flucht, sondern ich verspüre den Wunsch, auf Erden gelassen und getrost zu leben, weil es dort besser werden wird.

- Ohne Zweifel sind meine Gedanken auf das richtige Gleis gerückt worden. Ich kann nicht nach den üblichen Versuchungen greifen. Keine voll funktionstüchtigen Hände zu haben, hilft dabei.
- Das Leiden hat mich gegenüber anderen, die Schmerzen ertragen, sensibler gemacht. Vor meinem Unfall waren mir Gelähmte völlig gleichgültig. Jetzt sieht das anders aus.

Eine solche Aufzählung hört sich seltsam an, doch vor Jahren half sie mir wenigstens teilweise bei der schwierigen Frage: „Warum hat Gott mir eine derart schwere Last aufgeladen?" Warum? Nun ja, weil Gott mehr darauf bedacht ist, mich zum Ebenbild seines Sohnes zu machen, als mich in meiner Behaglichkeit zu belassen. Gott ist mehr an inneren Werten als an äußeren Umständen interessiert, mehr daran, meinen Glauben zu verfeinern und mein Herz zu demütigen, meine Gedanken zu reinigen und meinen Charakter zu festigen. Das wäre keine schlechte Antwort auf die oben gestellte Frage. Doch manchmal reichen selbst gute Antworten nicht aus.

Die einzige Antwort, die zufriedenstellt

„Hallo Connie", sagte ich zu meiner Freundin am Telefon. „In ein paar Wochen fliege ich nach Baltimore: Ich soll auf einer Tagung sprechen und würde mich bei der Gelegenheit gern mit ein paar alten Freunden treffen." Ich konnte mir nichts Besseres vorstellen, als meine Freizeit in meiner ehemaligen Heimatstadt damit zu verbringen, mich hübsch zu machen und mich mit meinen Schulfreundinnen zum Essen zu treffen. Wir würden lustige Geschichten austauschen, Fotos zeigen, ein paar denkwürdige Erinnerungen auffrischen und eine Stunde reservieren, um zu beten und gemeinsam zu singen. Wir hatten uns seit dem Schulabschluß 1967 nicht mehr gesehen, und ich konnte das Wiedersehen kaum erwarten.

Drei Wochen später rollte ich erwartungsvoll durch die Tür von Connies Haus und freute mich auf den bevorstehenden Nachmittag.

In der Vorhalle herrschte ein Durcheinander von Umarmungen und Begrüßungen, bis Connie uns ins Eßzimmer bat. Damasttücher, Porzellan, Schalen voller Früchte und Blumen erwarteten uns.

„Hört mal, ich habe nur drei Anliegen“, verkündete ich nach dem Tischgebet, als die Schüsseln herumgereicht wurden. „Laßt uns zusammen singen und beten, und jeder soll erzählen, wie es ihm inzwischen ergangen ist.“

Millie, die am anderen Ende des Tischs saß und ihren Arm in Gips trug, machte den Anfang. Ja, wir würden alle unsere Unterschrift auf ihrem Gipsverband hinterlassen. Nein, wir wußten nicht, daß sie ihn schon seit Monaten trug. Wirklich? Die Aussichten sind schlecht? Die Nachricht von der chronischen Infektion dämpfte unsere Stimmung.

Als nächstes war Jacque an der Reihe, meine lustige Freundin, mit der ich in der Vergangenheit viele Freuden geteilt hatte. „Ihr habt ja von meiner Scheidung gehört. Mit meinem Mann und mir klappte es einfach nicht. Mein Sohn nimmt Drogen, und es gelingt ihm einfach nicht, davon loszukommen“, sagte sie, mit dem Gesicht über ihren Teller gebeugt, das Essen hin und herschiebend. Bis auf das Klappern der Bestecke wurde es ruhig am Tisch.

Frau Filbert, die Mutter eines ehemaligen Schulfreundes, erzählte, wie die Frau ihres Sohnes sich davongemacht und ihr die Aufgabe überlassen hatte, nach den zwei Enkelkindern zu sehen, während ihr Sohn zur Arbeit ging. Inzwischen waren die Kinder schon etwas älter, und sie konnte sich wieder mehr um ihren Mann kümmern, der an Parkinsonscher Krankheit litt. Zwar hörte ich die Worte, doch vor meinem inneren Auge sah ich dabei Bilder aus der Vergangenheit, wie ich an Freitagnachmittagen in ihrem stattlichen Haus Klavier spielte. Ein sicheres, geordnetes, schönes Heim, das den Kummer nicht über die Schwelle ließ. „Einige sagen, daß ich nicht damit aufhören sollte, in christlichen Frauengruppen zu sprechen“, sagte sie und ihre Augen wurden feucht. „Doch ich bin überzeugt, daß ich das tue, was Gott von mir will.“

Am anderen Ende des Tisches saß Diana und hörte zu. Sie

hatte nur wenig gesprochen. Als wir uns begrüßten, kam sie mir ungewöhnlich ruhig vor. Jetzt war sie an der Reihe. Ihr düsterer Ausdruck paßte zu ihrer Geschichte. Das Klappern der Teller verstummte. In der Schule war Diana Gott näher als wir anderen gewesen. Doch heute starrte der damals „unbewegliche, nicht zu erschütternde Fels" vor sich auf den Tisch. „Erst wollte ich gar nicht zu unserem Treffen kommen. Wir haben meinen Sohn gestern aus der Entziehungskur nach Hause geholt. Es war ziemlich schlimm. Ich weiß nicht . . . ich weiß einfach nicht . . ."

Plötzlich war es sehr still. Jemand von uns konnte die Stille nicht ertragen – es war Jacque, deren Sohn ebenfalls Probleme mit Drogen hatte. „Du mußt einfach weiter hoffen, weiter beten. Irgendwie wird es schon gut werden. Du mußt weiter glauben. Wer weiß? Vielleicht passiert das, weil . . ." Jacque zählte ein paar innere Qualitäten auf, die Gott wahrscheinlich durch die äußeren Umstände bewirken wollte: Festeren Glauben, einen stabilen Charakter, unerschütterliche Hoffnung, Feingefühl anderen gegenüber; doch die Stille wurde nur noch drückender. Diana kannte das alles schon.

Sie hätte uns alle in intensive theologische Diskussionen verwickeln können – schließlich hatte sie einige Jahre Bibelstudium hinter sich und war außerdem diplomierte Psychologin. Sie kannte sich mit Glaubenswahrheiten aus und hatte mir immer wieder gepredigt, daß „Leiden zu Geduld führt" und „Leiden den Glauben vervollkommnet", als ich ihr vor dreißig Jahren ständig mein „Warum?" entgegenhielt.

Langsam, aus der Stille heraus, begann ein Lied zu erklingen. Erst leise, dann anschwellend, als wir alle einfielen:

Es gibt einen Balsam in Gilead,
Der Verwundete genesen läßt;
Es gibt einen Balsam in Gilead,
Der die sündenkranke Seele heilt.

Das alte Lieblingslied aus unserer Schulzeit stieg aus unseren Erinnerungen herauf, als wären wir noch immer Teenager, die mit gekreuzten Beinen auf dem Fußboden des Gemeindesaals saßen.

Es war ein altes Spiritual, von einem Wort aus dem Propheten Jeremia inspiriert, der inmitten der Schrecken des babylonischen Überfalls fragte: „Gibt es denn keinen Balsam in Gilead? ... Warum schließt sich denn nicht die Wunde?" Damals in der Schule haben wir von Gott und dem Balsam von Gilead gesungen, um in unseren Herzen den Kummer über eine zerbrochene Schülerliebe zu lindern. Doch jetzt schimmerten die Verse durch die Patina der vergangenen Jahre, in der Scheidung, Lähmung, Krankheit und Drogen nur allzu deutliche Spuren hinterlassen hatten.

Der letzte Ton verklang und Connie fragte seufzend: „Wie wär's mit Nachtisch?" Frau Filbert stand auf und begann, den Tisch abzuräumen. Stühle wurden gerückt, das Geschirr klirrte, und der Raum war mit angenehmem Geplauder erfüllt. Als der Kaffee serviert wurde, lehnte ich mich zurück. Mir wurde klar, daß ich – daß wir alle – gerade einen weiteren Meilenstein hinter uns gebracht hatten.

Wenn Ihr Herz verwundet ist, kann eine Aufzählung vieler guter biblischer Gründe, warum das vielleicht gerade gut für Sie ist, wie Salz in einer Wunde brennen. Der Schmerz wird dadurch nicht geheilt. Einsichtige Gründe mögen hilfreich sein, wenn man seine Leiden im Rückblick betrachtet. Doch wenn man mitten drin steckt, ist ein „*Laß-dir-erklären-warum-das-Geschieht*" nicht immer angebracht.

Egal, wie gut die Gründe sind, sie sollten nicht den Leidenden noch tiefer in Verzweiflung stürzen. Geläuterter Glaube ist kein Selbstzweck, er findet in Gott seinen Höhepunkt. Ein fester Charakter ist nicht um seiner selbst willen gefestigt worden, sondern um Gottes willen. Neue Hoffnung ist wirksam, weil sie sich auf den Herrn konzentriert. Das zu vergessen bedeutet, den Glauben zu beschmutzen, den Charakter zu schwächen und die Hoffnung zu entkräften. „Wenn diese Eigenschaften bei euch vorhanden sind und wachsen, bedeutet das, daß *die Erkenntnis Jesu Christi, unseres Herrn*, euch die Trägheit und Unfruchtbarkeit nimmt" (siehe 2 Petr 1,8).

Niemals dürfen wir die Antworten der Bibel als theoretische Wahrheit verstehen, die sich von Gott trennen ließe. Beim Problem des Leidens geht es nicht um *etwas*, sondern um *jemand*. Daraus folgt, daß die Antwort nicht in *etwas*, sondern in *jemand* zu finden ist. Unseren Herrn Jesus Christus zu erkennen heißt, unseren Blick auf den Bildhauer zu richten – nicht auf das Leiden, nicht einmal auf die möglichen Reifungsschritte, zu denen es uns führen kann.

Übrigens bleiben solche Antworten oft nur im Kopf. Sie erreichen das Problem nicht immer da, wo es schmerzt – im Herzen. Wenn Menschen sehr leiden, wie es bei meiner Freundin Diana der Fall ist, sind sie wie Kinder, denen etwas wehtut. Weinend sehen sie zu ihren Eltern auf und sagen: „Papa, es tut weh!" Diese Kinder wollen keine Antworten, keine Erklärungen, warum es so ist. Sie wollen, daß ihr Vater sie in die Arme nimmt, sie tröstet und ihnen versichert, daß alles wieder gut wird.

Von ganzem Herzen bitten wir um Zuversicht – um die väterliche Versicherung, daß es in unserer Welt eine Ordnung gibt, die weit über unsere Probleme hinausreicht, daß irgendwie *alles wieder gut wird*. Wir schlendern unseren Lebensweg entlang und werden – Peng! – vom Leiden getroffen. Unsere grundlegenden Ansichten über das Leben liefern uns nun keinen Sinn mehr für diese Welt, geben uns keine Sicherheit mehr. Das Leiden hat das Boot nicht nur zum Schwanken, sondern zum Kentern gebracht. Wir brauchen die Versicherung, daß die Welt nicht aus den Angeln fällt. Wir müssen sicher sein, daß wir uns nicht in Nichts auflösen und ins All verflüchtigen. Wir brauchen die Versicherung, daß die Welt und das Universum kein alptraumhaftes Chaos, sondern geordnet und stabil sind. Gott muß im Zentrum der Dinge sein. Er muß im Zentrum unseres Leidens sein. Vor allem muß er ein Vater sein, der persönlich und voller Mitgefühl ist. Danach sehnen wir uns.

Gott ist wie ein Vater; er gibt nicht nur Rat, er gibt sich selbst. Für die trauernde Witwe wird er zum Ehemann (Jes 54,4–5), für die unfruchtbare Frau wird er zum Tröster (Jes 54,1), für die Waisen wird er zum Helfer (Ps 10,14), für Alleinstehende zum Bräutigam (Jes 62,5). Er ist der Arzt für den Kranken (Ex

15,26). Für die Verwirrten und Deprimierten ist er der wunderbare Ratgeber (Jes 9,5).

Wenn jemand verzweifelt ist, reagieren Sie auf das Flehen seines Herzens, indem Sie ihm Ihr Herz öffnen. Wenn Sie derjenige wären, der sich im Zentrum des Universums befindet, der es zusammenhält, durch den alles atmet, sich bewegt und seine Existenz hat, könnten Sie nichts weiter tun, als sich hinzugeben (siehe Apg 17,28). Es ist die einzige Antwort, auf die es zuletzt ankommt.

Und dabei haben wir gerade erst begonnen zu fragen.

3. Dem Leiden einen Sinn geben

Begründungen erreichen den Kopf, doch Beziehungen erreichen das Herz. Es ist die Freundschaft Gottes, die uns während unserer Prüfungen erwiesen wird, die unter das Leiden einen Schlußstrich zieht.

Versuchen Sie es einmal mit folgender Geschichte. Sie gehen in Gedanken versunken eine Straße entlang. Plötzlich werden Sie angesprochen und gezwungen, einen sehr großen, schweren Korb auf den Rücken zu nehmen. Man befiehlt Ihnen, damit bis zur dritten Straße zu gehen, dann links abzubiegen, zwei Straßen weiter rechts abzubiegen und dann geradeaus zu gehen. Sie brechen unter der Last fast zusammen, stolpern aber vorwärts, verwirrt und ärgerlich. Das Gewicht des Korbes erdrückt Sie fast. Die ganze Angelegenheit erscheint sinnlos und kann nur ein Zufall sein. Sie ärgern sich darüber, wie sehr die schwere Last Ihnen zu schaffen macht und zum Zentrum Ihrer gesamten Existenz wird.

Als Sie unter der Last schwankend fast die dritte Straße erreicht haben, schreien Sie endlich: „Was soll denn das Ganze?"

Jetzt offenbart sich die Wahrheit. Die Last, die Sie tragen, ist Ihr verletztes, ohnmächtiges Kind. Außerdem entdecken Sie, daß Sie nicht sinnlos durch einen Irrgarten laufen, sondern sich auf dem direkten Weg zur Unfallklinik befinden.

Sofort richten Sie sich auf. Sie holen tief Atem und verspüren neue Kraft. Ihre Knie geben nicht mehr nach. Neue Energie beschleunigt Ihren Schritt, und mit veränderter Einstellung gehen Sie weiter. Wodurch wurde die Veränderung bewirkt? Das Leiden, das Sie durchmachen, ist mit einer Beziehung verbunden. Nicht mit irgendeiner, sondern mit der Beziehung zu Ihrem Kind. Es ist die Liebe zu Ihrem Kind, die Sie schneller laufen läßt und Ihr Herz stärkt. Ihre Beziehung verleiht Ihrer Last *Sinn.*

Selbst der verschlungene Weg wird sinnvoll. Sie wissen, wohin Sie gehen. Ihre Wanderung hat ein Ziel – die Klinik – und das gibt Ihnen *Hoffnung*.

Leid hat in sich selbst keine Bedeutung. Ohne einen Bezugsrahmen wird es zu einer frustrierenden, verwirrenden Last. Sobald es jedoch mit einer *Beziehung* in Verbindung gebracht wird, hat das Leid plötzlich einen Sinn.

Beziehung im Leiden finden

In dem Film *Sleeper* (Der Schläfer) spielt Woody Allen die Rolle eines Mannes, der für ein wissenschaftliches Experiment eingefroren wird und in einem anderen Jahrhundert erwacht. Man gibt ihm einen Stapel Fotografien aus unserem Jahrhundert, damit er sie erläutert. Dabei kommt es zu einigen urkomischen Bemerkungen. Unter anderem nimmt er Billy Grahams Bild zur Hand, zögert einen Moment und sagt: „Billy Graham ... behauptet, ein persönliches Verhältnis zu Gott zu haben." Die Zuschauer lachen, so absurd klingt es für manche. Es ist ja tatsächlich eine erstaunliche Behauptung.[1]

Von Gottes Standpunkt aus ist es nicht absurd, ein persönliches Verhältnis zu einem Menschen zu haben. Er lädt alle ein, zu ihm zu kommen. Er ist ein Hirte, der die neunundneunzig Schafe auf der Weide zurückläßt, um das eine verlorene zu suchen. Er ist ein König, der verschwenderische Feste für Bettler veranstaltet. Er ist an Beziehungen interessiert.

So möchte ich Gott kennen! Ich möchte unter dem Wasserfall der Freude stehen, der sich aus Gott ergießt und über die Mauern des Himmels schwappt. Wenn Gott allezeit guter Laune ist, möchte ich davon angesteckt werden. Wenn ich mich verlaufe, möchte ich von ihm gefunden werden. Komm herunter, Herr, wirf die Tische der Geldwechsler um, zerbrich alle Schilder, auf denen „Anfassen verboten" steht und umarme mich.

---

[1] Die Idee zu diesem Abschnitt stammt von Tim Stafford, *Knowing the Face of God*, Colorado Springs 1996, S. 16.

So leidenschaftlich sollte es sein. Doch wir Geschöpfe mit einer Vorliebe für feste Systeme und genaue Abläufe – fahren uns fest. Vielleicht indem wir uns auf eine bestimmte Form des Gottesdienstes festlegen – entweder auf die liturgische oder die charismatische – oder indem wir auf eine bestimmte Weise die Bibel studieren oder beim Gebet eine bestimmte Methode anwenden: Bekenntnis, Reue, Lob und Danksagung, schließlich die Fürbitten und wieder Lob. Wir machen die Form zur Hauptsache.

Bestimmte Methoden und Gottesdienstformen helfen, wenn wir gerade anfangen, Gott kennenzulernen – schließlich muß man irgendwo beginnen –, doch sie werden abgenutzt und mechanisch, wenn wir ein persönliches Verhältnis zu Gott entwickeln. Selbst Jesus war erstaunt, daß Menschen ihr ganzes Leben dem Studium der Schriften widmen konnten, jedoch nicht in der Lage waren, den zu erkennen, den die Schriften verheißen (Joh 5,39–40). Sich auf Reglementierungen und Routinen zu konzentrieren, mag für Direktoren von Firmen, Feldwebel und Pharisäer ausreichen, nicht aber für Gott. Man kann sich über ihn ein wenig oberflächliches Wissen erwerben, doch es geht um soviel mehr als: „Tun Sie A, B oder C und Sie werden Gott kennen." Er ist kein fehlendes Teil unseres Lebens, das eingesetzt wird, sobald man es findet, damit unser geistliches Leben effektiv und reibungslos abläuft.

So funktionieren persönliche Beziehungen nicht, vor allem nicht, wenn es sich um Gott handelt. Wenn wir jemand näherkommen wollen – ob es Gott ist oder jemand anders – müssen wir uns mit dem Herzen begegnen, müssen darüber reden, was wir mögen und was wir nicht mögen, Freude aneinander haben und uns wie Ehepartner erkundigen: „Kann ich etwas für dich tun? Brauchst du etwas?" Wir müssen die Ärmel hochkrempeln und gemeinsam eine Aufgabe bewältigen. Eine starke Beziehung besteht aus einem Geflecht vieler gemeinsamer Erlebnisse.

Aus solchen Dingen entsteht Intimität. Intimität läßt sich jedoch nicht reglementieren. Ich kann mich dazu zwingen, mit jemand viel Zeit zu verbringen, doch Intimität kann ich damit nicht erzwingen. Intimität entsteht, wenn zwei Seelen miteinander auf einen Ton einschwingen. Mehr als nach allen anderen

Dingen verlangen wir danach, jemand zu erkennen und von jemand erkannt zu werden. Selbst in der besten Beziehung hungern wir nach jemand, der unsere Welt versteht und unser Leben mit uns teilt – der uns mit einer Leidenschaft umarmt, die sich unser bemächtigt und uns zu einer Gemeinschaft verschmilzt, die niemals zerstört werden kann. Gott beantwortet diese jahrtausendalte Sehnsucht. Eine Sehnsucht, die in der Botschaft mitklingt, daß wir für ihn gemacht sind. Schlagen Sie die Stimmgabel Gottes an und hören Sie, wie der vollendete Ton etwas in uns zum Klingen bringt, nicht in perfekter Harmonie, jedoch in derselben Tonlage. Wir sind genau wie die Prostituierten, die Obdachlosen und Behinderten in Jesu Tagen, die wußten, daß er das gähnende Loch in ihrer Seele füllen kann. Sie folgten ihm überall hin. Gemeinsame Erlebnisse lindern den Schmerz.

Besonders eine Art von Erlebnissen. Allerdings würden Sie diese Erlebnisse nicht wählen, weil Sie dabei nicht methodisch vorgehen können. Es geht dabei häßlich, schmutzig, schmerzhaft und riskant zu. Sie können dadurch näher zu Gott gelangen, aber auch von ihm fortgetrieben werden. Wenn Sie sich aber erst einmal durchgerungen haben, würden Sie die dadurch erlangte Tiefe der Intimität mit Gott für nichts in der Welt wieder hergeben. Es verbindet Ihr Herz mit seinem wie nichts sonst auf der Welt.

Diese Art von Erlebnissen bindet Sie ebenso an Gott wie an andere Menschen. Veteranen des zweiten Weltkriegs wissen das. Ebenso kennen sich Menschen damit aus, die Krebs oder ein Flugzeugunglück überlebt haben. Die Zimmergenossen eines Krankenhauses fühlen es.

Ich spreche vom gemeinsamen Leiden. Wenn Sie im Schützengraben liegen und ihrem Kameraden die Munition reichen, weil Sie gegen einen gemeinsamen Feind kämpfen, schweißt das Menschen unweigerlich zusammen. Was Sie über einander wissen, ist einmalig und intim für Sie – für Sie beide.

Ich habe einen Freund, der sich das Rückgrat am selben Tag und im selben Jahr wie ich verletzte. Jedesmal, wenn wir uns begegnen, drehen wir unsere Rollstühle zueinander und sofort ist diese Kameradschaft spürbar! Seit dem Erdbeben in

Northridge im Jahr 1994 stehen mir meine Nachbarn viel näher. Mein Mann rannte nach der ersten Erschütterung nach draußen und stieß in der Dunkelheit beinahe mit unseren Nachbarn zusammen. Sie standen wie erstarrt, während der Boden unter ihnen bebte, als wären Preßlufthämmer am Werk. „Hier ist jemand, der dabei war, der genau weiß, wie mir zumute ist ... was ich durchgemacht habe. Wir haben etwas gemeinsam, das einmalig für uns ist."

Der *Gemeinschaftsgeist* unter Leidensgenossen ist tief. Wenn Leiden mit Gott geteilt werden, ist die Verbundenheit noch tiefer.

Ich möchte Christus kennen

„Papa, wann bekomme ich endlich einen Rollstuhl?" Der fünfjährige Matthias sieht seinem Vater ins Gesicht. Seine blanken braunen Augen haben einen bekümmerten, bittenden Ausdruck. Matthias und sein Bruder Stephen gehörten mit ihren Eltern zu den Freiwilligen, die eine Woche lang beim JAF-Familientreffen mithalfen. Sie hatten sich mit Dutzenden von Jungen und Mädchen angefreundet, die Krücken, Gehgestelle und Rollstühle benutzen. Ich lachte, als Jim, der Vater von Matthias, mir von dem Wunsch seines Sohnes berichtete. Dieser Junge braucht keinen Rollstuhl. Er hat keine Verwendung dafür. Aber versuchen Sie mal, ihm das klarzumachen!

Matthias würde einen Rollstuhl an erster Stelle auf seinen Weihnachtswunschzettel schreiben. Für ihn bedeutet ein Rollstuhl, daß er damit herumkutschieren kann. Er bedeutet aber auch, in einen wunderbaren Club eingeführt zu werden: zu der besonderen Gruppe von Kindern, die besonders eng mit Joni befreundet sind. Dieser Fünfjährige hatte keine Ahnung von Schmerzen und Lähmung, von dem Leid und den Schwierigkeiten. All das berücksichtigte er nicht; auf die dunkle Seite achtete er nicht. Alles, was er sich wünschte, war die Gelegenheit, mit meinen besten Freunden zusammen zu sein, sich mit mir zu identifizieren, wie ich zu sein. Wenn man dazu einen Rollstuhl braucht, wunderbar. Dann möchte er einen haben.

Es bedarf eines Kindes wie Matthias, um mir klarzumachen, was Paulus meint, wenn er sagt: „Ich sehe alles als Verlust an, weil die Erkenntnis Christi Jesu, meines Herrn, alles übertrifft. Seinetwegen habe ich alles aufgegeben und halte es für Unrat, um Christus zu gewinnen und in ihm zu sein" (Phil 3,8–9). Matthias wollte einem Club angehören, doch die Gemeinschaft des Leidens Christi ist kein eingeweihter Kreis von besonders Frommen. Das Wort Gemeinschaft im ursprünglichen Text ist *koinonia* – das Erlebnis, etwas Gemeinsames zu teilen.

Daran hatte der Apostel Paulus gedacht, als er schrieb: „Christus will ich erkennen und die Macht seiner Auferstehung und die Gemeinschaft mit seinen Leiden; sein Tod soll mich prägen" (Phil 3,10). Man kann förmlich die Erregung in seiner Stimme hören, kann seine Augen sehen, kummervoll und bittend, wie die Augen des kleinen Matthias. Paulus achtet nicht auf die dunkle Seite, das Leid und die Schwierigkeiten. Wenn es Leiden bedeutete, gut. Er wird es annehmen. Um Christus zu erkennen, wird er alles hinnehmen. Gott hatte sich für die Menschen weder Schmerzen noch Tod erhofft, doch als sie durch den Sündenfall in die Welt kamen, als sich Adam für das Leiden statt für die Freude der Gemeinschaft mit Gott entschied, machte Gott aus dem Leiden etwas, mit dessen Hilfe der Mensch Gott besser kennenlernen kann. Paulus hatte das verstanden. *Christus will ich erkennen!*

Das Wort „erkennen" bedeutet eine warme, intime und tiefe Verbindung zu haben; so wie im Buch Genesis, wo es heißt, „Adam erkannte Eva" (Gen 4,1). Es ist ein geistliches Bild körperlicher Vereinigung. Paulus wollte Jesus nicht nur mit dem Verstand erkennen; er wollte ihn in seinem Herzen, in seinem ganzen Sein erleben. Er wollte nicht nur Gottes gute Laune genießen und sich an seiner Freude ergötzen, sondern die Leidenschaft der Umarmung Gottes spüren, die ihn ergreift und mit ihm zu einer Einheit verschmilzt, die niemals zerstört werden kann.

Wenn man derartig mit Gott verschmilzt, weiß man nicht nur über Gott Bescheid, sondern man kennt ihn – kennt sein Innerstes.

Paulus wußte, daß es mit Leiden verbunden war, wenn das Herz Gottes mit seinem Herzen verschmelzen sollte. Daß es bedeutete, niemals auf sich selbst zu weisen, sondern Gott zu ehren und zu verehren; mit Gott in den Schützengraben zu steigen, um gegen den gemeinsamen Feind zu kämpfen, dorthin zu gehen, wo ihre Herzen zusammengeschweißt werden konnten.

Das ist der wahre *Gemeinschaftsgeist*. Wenn wir mit Gott im Schützengraben liegen, wissen wir, warum wir ihm vertrauen. Warum sollten Sie kein Vertrauen in den haben, der Ihnen im Gefecht den Rücken deckt? Gott zu kennen heißt, von dem unstillbaren Bedürfnis frei zu sein, genau verstehen zu müssen, was er tut, bevor wir ihm vertrauen. Menschen, die diesen *Gemeinschaftsgeist* besitzen, sind die glücklichsten Menschen der Welt.

Diese Menschen kennen den wirklichen Feind. Sie wissen, daß Gott niemals die Munition ausgeht – daß es immer genügend Gnade gibt. Sie wissen, daß Gott sie niemals im Stich lassen wird. Sie kennen sein Erbarmen, wenn sie versagen, seinen Schutz und seinen Frieden inmitten der Schlacht, sein Mitleid für die Leidenden.

Sie sind davon überzeugt, daß Gott *mit* ihnen im Schützengraben ist.

„Die Gemeinschaft der Teilnahme an seinem Leiden“

Das ist das Beste: Es macht Gott Freude, sich in unserem Leiden mit uns zu identifizieren.

Als sich der Apostel Paulus auf dem Weg nach Damaskus befand, fragte der auferstandene Herr nicht: „Saul, warum verfolgst du meine Anhänger?“ Christus sagte: „Warum verfolgst du mich?“ (siehe Apg 9,4). Er sieht unsere Leiden als seine Leiden an. Er fühlt den Stich in der Brust, wenn Sie Schmerzen haben. Er nimmt es sehr persönlich. „Wenn die Welt euch haßt, dann wißt, daß sie mich schon vor euch gehaßt hat“, sagt er im Johannesevangelium (15,18).

Jesus ist ein Erlöser, der mit unseren Schwächen „mitfühlen" kann . . . einer, „der in allem wie wir in Versuchung geführt worden ist, aber nicht gesündigt hat" (Hebr 4,15). Peter, ein blinder Freund von mir, erzählte, wie gedemütigt er sich als Teenager gefühlt hatte, als er hinfiel, nachdem er mit dem Kopf gegen einen herunterhängenden Ast gelaufen war. Als er vor seinen Freunden auf der Erde lag, fühlte er Schmerz und Beschämung. Sein Vertrauen in Gott geriet ins Wanken: *Gott, du hast keine Ahnung, was es heißt, blind zu sein. Niemals zu wissen, aus welcher Richtung der nächste Schlag kommt!* Doch Jesus weiß, was das heißt: „Die Wächter trieben ihren Spott mit Jesus. Sie schlugen ihn, verhüllten ihm das Gesicht und fragten ihn: Du bist doch ein Prophet! Sag uns: Wer hat dich geschlagen?" (Lk 22,63–64).

Gloria, eine Freundin, war tief verzweifelt über die düstere Prognose, die man ihr für die Krankheit ihrer Tochter gab. Die kleine Laura hatte schon sehr unter ihrer angeborenen Nervenkrankheit gelitten, und nun sprachen die Ärzte davon, daß sie nicht mehr lange zu leben habe. Als Gloria eines Nachts ihren Platz neben dem Bett ihrer Tochter verließ, stieß sie hervor: „Gott, das ist nicht gerecht. Du hast nie mit ansehen müssen, wie eins deiner Kinder starb!" Sobald ihr die Worte entschlüpft waren, hielt sie sich die Hand vor den Mund. Er hatte zugesehen, wie sein Kind starb. Sein einziger Sohn.

Als ich kurz nach meinem Unfall begriff, daß Jesus ein Erlöser ist, der unsere Schwächen nachfühlen kann, erzählte ich jedem voller Leidenschaft, daß Christus am Kreuz wie gelähmt war, daß er versteht, wie mir zumute ist. Ein frustrierter Feuerwehrmann kreuzte zufällig meinen Weg. Wir waren uns in einem Schnellimbiß begegnet, und ich sagte zu ihm: „Er hat es erlebt. Er versteht es." Draußen hupten Taxis und Lastwagen ratterten vorbei, doch wir bemerkten es nicht. Die Augen des Feuerwehrmanns hielten meinen Blick gefangen. Ich blickte fröhlich und aufrichtig; er, ungläubig und mit verächtlich verzogenem Mund. „So, er versteht uns? Na wenn schon. Was hilft mir das?" sagte er zornig und zog seine Arme unter dem Tisch hervor. Die hochgekrempelten Ärmel entblößten zwei glatte

Stümpfe, wo eigentlich Hände hätten sein sollen. „Bei einem Feuer verbrannt. Hat mich meine Arbeit gekostet."

Bestürzt sah ich ihn an. Ich war gerade erst aus dem Krankenhaus gekommen und weder theologisch bewandert noch ein Experte in biblischen Fragen. Die Fröhlichkeit verschwand aus meinem Gesicht. Ich antwortete so ehrlich ich konnte: „Ich habe nicht alle Antworten. Und selbst wenn ich sie hätte, weiß ich nicht, ob das helfen würde. Doch ich kenne den Einen, der alle Antworten kennt." Eine lange Pause entstand. Er senkte seine Augen, „. . . und diese Kenntnis macht einen himmelweiten Unterschied." Ich hatte niemals mit einer derartigen Zuversicht gesprochen, doch ich konnte die Verbundenheit fühlen, die mich mit diesem Mann ohne Hände verband. Ich war über mich selbst erschrocken, als ich zum ersten Mal nach meinem Unfall sagte: „Ich bin lieber in diesem Rollstuhl und kenne ihn, als auf meinen Füßen ohne ihn."

Der Feuerwehrmann brauchte nicht viele Worte. Er brauchte *das Wort,* das Mensch gewordene Wort: betrogen, die Gelenke von Nägeln durchbohrt, die Hände fast abgerissen. Bespuckt, blutig geschlagen und von Haß fast ertränkt. Das sind nicht nur Fakten über Jesus. Das ist keine abstrakte Idee der Liebe. Das ist Liebe gewaltig wie Feuer. In diesem Schnellimbiß änderte sich das Bild, das der Feuerwehrmann von Gott hatte. Er hörte auf, ihn als eine mystische Gestalt zu sehen, die meditierend weit weg auf einem Berggipfel sitzt. Er war nicht mehr eine abstrakte Gottheit. Er war nicht sauber und adrett. Gott wurde schmutzig, als er sein Blut am Kreuz vergoß, um Menschen vom Feuer der Hölle zu retten. Dieses Geschehen sprach etwas an in diesem Mann, der sich verletzt hatte, als er andere aus den Flammen rettete.

Programme, Systeme und Methoden passen in die Elfenbeintürme von Klöstern oder in die hölzernen Arme von Heiligenstatuen. Kopfwissen entsteht durch eifriges Forschen. Doch die Einladung, Gott zu erkennen – ihn wirklich zu kennen –, ist immer auch eine Einladung zu leiden. Nicht allein zu leiden, sondern mit ihm zu leiden. „Wer mein Jünger sein will, der verleugne sich selbst, nehme sein Kreuz auf sich und folge mir nach.

Denn wer sein Leben retten will, wird es verlieren; wer aber sein Leben um meinetwillen und um des Evangeliums willen verliert, wird es retten“ (Mk 8,34–35).

Der Feuerwehrmann war gepackt. Gott hatte nicht nur seine Sünde offengelegt, sondern war in sie eingedrungen. Eingedrungen, wie man in ein brennendes Gebäude eindringt, um ein Baby in letzter Minute zu retten. Jesus büßte dabei mehr als nur seine Hände ein. Er verlor sein Leben. Doch der Tod hat ihn nicht verbrannt. Er kam zurück ins Leben. Welche Kraft! Wenn ich in meinen Leiden einen Halt suche, der mich wirklich trägt, möchte ich, daß es keine Lehre, sondern die mächtigste Person im Universum ist.

Diese Liebe ist unfaßbar! Wie kann es sein, daß Gott für mich das Messer in sein Herz stieß, während ich gleichgültig, kühl und unbeteiligt bin? Daß er, der Gott des Lebens, den Tod überwand, indem er ihn umarmte? Daß er die Sünde zerstörte, indem er sich von ihr zerstören ließ? Das ist „das Törichte an Gott“, das „weiser als die Menschen und das Schwache an Gott“, das „stärker als die Menschen“ ist (1 Kor 1,25).

Kein Wunder, daß der Apostel Paulus sich danach sehnte, ihn und „die Macht seiner Auferstehung“ zu erleben.

„Die Macht seiner Auferstehung“

Julia Beach stand hinter der verkrüppelten Gestalt ihres Mannes, Bob. Sie – leicht ergraut, schlank und zierlich, er – gewaltig, muskulös, mit einer Klappe über einem Auge, das er bei einem Jagdunfall verloren hatte. Sie seufzte und gestand: „Noch bevor ich am Morgen meine Augen öffne, überfällt mich manchmal der Gedanke: *O Gott, ich kann es keinen Tag mehr aushalten.* Noch ehe ich die Bettdecke zurückgeschlagen habe, hat mich die Mutlosigkeit überwältigt.“ Ich fragte mich, wie die beiden Tag für Tag zurechtkommen. Julia Beach braucht eine Kraft, die nicht von dieser Welt ist.

Ohne Kraft kann man sich nicht über seine Umstände erheben. Man kann nicht den Schmerz überwinden, wenn einem niemand zur Seite steht. Man kann nicht einmal Zuversicht gewinnen oder neue Hoffnung schöpfen, wenn man die Kraft dazu nicht von irgendwoher bezieht.

Doch warum sagt Paulus „die Macht seiner *Auferstehung*"? Und wie hilft sie Julia?

Erstens hilft es ihr zu wissen, daß Jesus mit ihr fühlt. Jesus mußte zuerst sterben, um auferstehen zu können. Um sterben zu können, mußte er Mensch werden (ohne dabei je seine Göttlichkeit aufzugeben). Der Auferstandene ist derselbe, der die Schmerzen der irdischen Existenz aus eigener Erfahrung kennt. Selbst nach seiner Rückkehr zum Vater hat ihn die Erinnerung an seine Erdentage wohl kaum verlassen. Er weiß, was Julia Beach durchmacht. Ist sie niedergedrückt? Er ist es ebenfalls. Kommen die Nachbarn nicht mehr vorbei, um zu helfen? Jesus konnte seine drei besten Freunde nicht dazu bringen, eine Stunde lang mit ihm zu beten. Wenn Julia denkt, die Welt kommt ohne sie aus – auch er wurde ignoriert. Versinkt sie im Schmerz? Auch Jesus sank tief, er war „ein Mann voller Schmerzen" (Jes 53,3). Ist er bei ihr in ihrer Hölle? Ja! Selbst wenn Julia rufen würde: „Finsternis soll mich bedecken . . . auch die Finsternis wäre für [ihn] nicht finster" (Ps 139,11–12). Man kann so ziemlich alles – stundenlange Nachtwachen am Krankenbett nicht ausgenommen – ertragen, wenn man weiß, daß Gott neben einem sitzt.

Zweitens hilft ihr die „Macht der Auferstehung", weil Julia die Möglichkeit hat, den Geist Jesu zu empfangen. Der auferstandene Jesus erwarb das Recht, ihn über sie auszugießen. Das heißt, sie hat unmittelbaren Zugang zu ungeheuren Kräften.

Aber: Ohne Schmerzen gibt es keinen Gewinn! Bedenken Sie, daß Jesus Sünde und Tod überwinden mußte, um diese Kraft verleihen zu können. Der Zugang zu dieser Kraft kostet auch uns etwas, zum Beispiel „ein ausgerissenes Auge" oder „wenn dich deine rechte Hand zum Bösen verführt, dann hau sie ab und wirf sie weg! Denn es ist besser für dich, daß eines deiner Glieder verloren geht, als daß dein ganzer Leib in die Hölle kommt" (Mt 5,29–30). Jesus wird eins mit uns in unseren Leiden; und umgekehrt werden wir eins mit ihm in seinen Leiden.

Er nimmt unsere Menschlichkeit an, wir nehmen seine Heiligkeit an.

„An unseren leiblichen Erziehern hatten wir harte Erzieher, und wir achteten sie. Sollen wir uns dann nicht erst recht dem Vater der Geister unterwerfen und so das Leben haben? Jene haben uns für kurze Zeit nach ihrem Gutdünken in Zucht genommen; er aber tut es zu unserem Besten, damit wir Anteil an seiner Heiligkeit gewinnen. Jede Züchtigung scheint zwar für den Augenblick nicht Freude zu bringen, sondern Schmerz; später aber schenkt sie denen, die durch diese Schule gegangen sind, als Frucht den Frieden und die Gerechtigkeit" (Hebr 12,9–11).

Wie Jesus *für* die Sünde starb, so müssen wir der Sünde sterben. Das heißt nicht, daß wir wie Christus sterben müssen, um die Strafe für die Sünde zu bezahlen, sondern, daß wir „immer ... das Todesleiden Jesu an unserem Leib [tragen]" (2 Kor 4,10), wenn wir die lebensverändernde, das Leiden überwindende Kraft in unserem Dasein erleben wollen.

Zu Anfang mag das Julia Beach nicht recht sein. Es hört sich kalt und grausam an. „Ein Auge ausreißen? Mein Mann hat bereits eins eingebüßt. Gott! Was verlangst du sonst noch von uns?" Was Gott sich wünscht? Er möchte, daß diese schwache, müde Frau für ihre Zweifel, Ängste, Sorgen und Fähigkeiten tot ist. Gott weiß, daß dies Lasten sind, die sie nicht tragen kann.

Gegen uns selbst tot sein. Uns selbst sterben. Das ist nur ein kleiner Vorgeschmack der Leiden und Qualen, die Jesus erlitt, doch kosten müssen wir davon. Wenn wir an seiner Freude, seinem Frieden und seiner ewigen Heimat teilhaben wollen, wenn wir alle Errungenschaften Christi mit genießen wollen, dann bedeutet es, daß wir „die Gemeinschaft mit seinen Leiden" erleben müssen, daß „sein Tod" uns prägen muß. Der Tod ist das Tor zum Leben. Und das Tor zur Kraft.

Doch wie gelangen wir durch das Tor?

Das Kreuz

Leid an sich bringt nichts Gutes. Doch wenn wir es als etwas sehen, was *zwischen* Gott und uns geschieht, erhält es einen Sinn. Mit dem Kreuz verbunden, wird das Leiden verwandelt; das Kreuz ist der Schauplatz der Verwandlung. „Das . . . Kreuz ist . . . Gottes Kraft“ (1 Kor 1,18). Es ist der Ort, wo sich die Kraft *zwischen* Gott und uns entfaltet. Dort wird eine *Beziehung* geboren und dort erhält sie Tiefe. Das Kreuz war zuerst eine Verwandlung, die Vater und Sohn betraf. Weil sich dort das Werk der Erlösung vollzog, hat das Kreuz einen Sinn. Nicht nur für den Vater und den Sohn, sondern für den Sohn und uns. Für unsere Erlösung, doch auch für unser Leiden. Das Kreuz ist der Mittelpunkt unserer Beziehung zu Jesus. Etwas sehr Entscheidendes hat sich dort vor zweitausend Jahren zugetragen. Dort wurden wir neu (geistlich) geboren.

Noch immer passiert dort etwas Symbolisches: Das Kreuz ist der Ort, wo wir sterben. Wir gehen täglich dorthin. Das ist jedoch nicht leicht. Gewöhnlich folgen wir Jesus überall hin – zum Fest, wo er Wasser in Wein verwandelt, zum sonnigen Strand, wo er vom Boot aus predigt, und selbst zum Tempel, wo er die Tische der Geldwechsler umwirft. Doch zum Kreuz? Wir weichen zurück. Die Einladung ist so schrecklich persönlich. Wir sind eingeladen, allein zu gehen. Der Herr erläßt keinen allgemeinen Aufruf, sondern einen, der direkt und ganz persönlich an Sie gerichtet ist. Die Verwandlung vollzieht sich zwischen dem Beherrscher des Universums und Ihnen.

Wir wissen, daß das Kreuz ein Ort des Todes ist. „Darum tötet, was irdisch an euch ist“ (Kol 3,5). Wer möchte das schon? Seinen eigenen Stolz kreuzigen? Seine Wunschträume und Phantasien töten? Ein Grab für seine eigenen kleinen Sorgen graben? Wir bringen es einfach nicht fertig, zum Kreuz zu gehen. Nichts zieht uns dorthin.

Folglich leben wir unabhängig vom Kreuz oder versuchen es wenigstens. Mit der Zeit verblaßt die Erinnerung an den verzweifelten Zustand, in dem wir uns befanden, als wir zu glauben begannen. Das Kreuz ist etwas, was wir *damals* erlebten.

Wir vergessen, wie hungrig auf Gott wir einmal waren. Wir werden selbstzufrieden. Zwar absolvieren wir die Übungen weiter – halten die andere Wange hin und gehen die zweite Meile –, doch die Anstrengung ist eben nichts weiter als das – eine Anstrengung. Eigentlich möchten wir es nicht zugeben, doch wir wissen sehr wohl, daß wir unabhängig von Gott leben.

Das ist der Zeitpunkt, an dem Gott ins Bild tritt. Er erlaubt das Leiden. Er erlaubt Peters Blindheit, Lauras verkrüppelnde Krankheit, den Jagdunfall von Herrn Beach, meine Lähmung. Leiden reduziert uns zu einem Nichts, und wie Søren Kierkegaard bemerkt: „Gott schafft alles aus dem Nichts. Und alles, was Gott benutzen will, reduziert er erst einmal zu nichts." Zu nichts reduziert zu werden, heißt, zum Fuß des Kreuzes geschleppt zu werden. Es ist eine harte Gnade. Unsere dunkle Seite verabscheut es; unsere helle Seite erkennt es als ein Ziel.

Am Kreuz findet eine wundersame Verwandlung statt. Wenn uns das Leiden auf Golgata auf die Knie zwingt, stirbt unser altes Ich. Wir können dort nicht lange knien, ohne unseren Stolz und unseren Ärger aufzugeben, ohne unsere Träume und Wünsche loszulassen. Darum geht es, wenn wir zum Kreuz kommen. Im Austausch dafür verleiht uns Gott Kraft und neue, anhaltende Hoffnung. Erneuert erheben wir uns, denn sein Joch drückt nicht, und seine Last ist leicht. Doch gerade, wenn wir beginnen, ein wenig selbstgenügsam zu werden, drückt uns das Leiden schwerer. Und so streben wir wieder zum Kreuz, demütigen den Märtyrer in uns, zerstören das Bild, das wir von uns zur Schau stellen. Damit kann die Umwandlung weitergehen. Während wir uns am Kreuz des Leidens festhalten, offenbart Gott mehr von seiner Liebe, von seiner Macht und seinem Frieden. Wenn wir davon abweichen, versiegt die Kraft.

Als ich ein Kind war, lebte unsere Familie auf einem Bauernhof. Der kleine Teich neben dem Stall, war einer meiner Lieblingsplätze. Stundenlang konnte ich mich mit Kaulquappen und Stichlingen beschäftigen. Ich hockte davor und fragte mich, woher das Wasser im Teich kam. Ich lief rund herum, konnte aber keinen Bach entdecken, der hineinfloß. Es gab nicht das kleinste Rinnsal und auch keine Wasserleitung, die dorthin führte.

Geduldig versuchte mein Vater mir zu erklären, daß der Teich sein Wasser von einer Quelle erhielt, die sich tief auf seinem Grund befand. Die Quelle sprudelte hervor und füllte den Teich. Hätte mein Vater den Teich größer gegraben, hätte die Quelle ihn trotzdem gefüllt. Für mich war das ein Rätsel, doch ich war soweit befriedigt, daß ich fortfuhr, mit Fröschen und Fischen zu spielen.

Nachdem ich jahrzehntelang die mißlichen Begleiterscheinungen meiner Lähmung erlebt habe, ist es für mich kein Rätsel mehr. Die Beeinträchtigungen, die mir meine Beschränkungen auferlegen, fühlen sich oft wie die scharfe Kante eines Spatens an, der die verzweigten Triebe der Ichbezogenheit aus dem Erdreich der Sünde und Rebellion gräbt, Rechte entwurzelt, die Überbleibsel sündiger Angewohnheiten entfernt und den Stolz wegschaufelt. Im Leiden an Gott zu glauben, heißt, leer zu werden von mir selbst. Und indem ich mich selbst entleere, vergrößere ich die Größe des Teichs – mein Fassungsvermögen für Gott. *Der größte Nutzen, den mein Leiden haben kann, ist der, mein Fassungsvermögen für Gott zu vergrößern.* Dann ist er – wie eine Quelle – in der Lage, durch mich hindurchzufließen. In der Bibel heißt es: „Wer an mich glaubt . . . aus [dessen Innerem] werden Ströme von lebendigem Wasser fließen“ (Joh 7,38). Nicht nur ein Rinnsal, sondern ein mächtiger Strom des Friedens.

Gottes Liebe legt uns Beschränkungen auf

Das Leiden ermöglicht diese wundervolle Verwandlung, diese Beziehung *zwischen* Gott und uns. Und wenn sich zwischen Gott und uns etwas Wunderbares vollzieht, scheint uns sein Kreuz nicht mehr nur ein Symbol des Todes zu sein. Ein weiterer wundervoller Austausch findet statt: Das Kreuz wird zum Symbol des Lebens – siegreichen Lebens. Wir wehren uns nicht mehr mit Händen und Füßen, zum Kreuz zu gehen, sondern rennen dorthin, so schnell uns unsere Füße tragen. „Denn die Liebe Christi drängt uns", den Forderungen der Liebe noch weiter nachzugeben; deshalb „wollen auch wir alle Last und die Fesseln der Sünde abwerfen" (2 Kor 5,14; Hebr 12,1).

Wir gehen nicht mehr zum Kreuz, um etwas zu erhalten, nicht einmal dann, wenn es sich um etwas so Kostbares wie Frieden handelt. Überhaupt „gehen" wir nicht mehr zum Kreuz. Wir werden von ihm angezogen, etwas zwingt uns dorthin.

Die Liebe Christi legt mir ein unerbittliches, beharrliches Verlangen ins Herz, das mich umwirbt, verleitet, lockt und wie ein Magnet zu Gott hinzieht. Mein Herz schlägt höher bei den Worten des Psalmisten: „Die sind Vertraute des Herrn, die ihn fürchten" (Ps 25,14). Also lohnt sich selbst das größte Leiden, um das Vertrauen des Allmächtigen zu gewinnen. Rückenschmerzen, Lungenentzündungen, lange Krankheitszeiten, mein Sitzen in einer Welt, in der jeder steht. „All das überwinden wir . . . denn ich bin gewiß: Weder Tod noch Leben, weder Engel noch Mächte, weder Gegenwärtiges noch Zukünftiges, weder Gewalten der Höhe oder Tiefe noch irgendeine andere Kreatur *können uns scheiden* von der Liebe Gottes, die in Christus Jesus ist, unserem Herrn" (Röm 8,37–39).

Gott wünscht keine Trennung. Er erlaubt das Leiden zwischen Jesus und mir, damit sich nichts anderes zwischen Jesus und mich drängt.

Gereift und wunderbar verändert, wandern wir vorwärts und aufwärts dem Kreuz entgegen, gestehen unsere Schuld und vertrauen, geben nach und gehorchen. Dichter und Weise, christliche Mystiker und Märtyrer haben sich danach gesehnt, Worte zu finden, mit denen die Schönheit, das Vergnügen, das Entzücken einer solchen intimen Verständigung mit Gott ausgedrückt werden kann. Ich wünschte, es gäbe ein Wort für diesen Zustand, in dem Freude, Friede, Entzücken, Ruhe und Freiheit ineinanderfließen. Ich weiß nur, daß die Welt einen solchen Frieden nicht bieten kann. Es ist die Antwort, die Jesus auf sein Gebet an unseren Vater erhielt: „Ich in ihnen und du in mir" (Joh 17,23).

Die Kraft der Auferstehung wird am Kreuz gefunden. Sie ist eine reinigende Kraft. Sie ist in der Lage, allen Schmutz der Vergangenheit fortzufegen und allen Ballast von unseren Schultern zu nehmen. Sie ist die Kraft, die die Kette um unsere Seele sprengt und die Gefängnistüren weit öffnet, damit die frische Luft der Freiheit hereinströmen kann. Sie ist die Kraft, durch die wir imstande sind, zu Zweifeln und Ängsten nein und zur Befähigung durch Gott ja zu sagen. Sie ist das, wovon der zweite Brief an Timotheus spricht: „*Sterben* wir mit, so werden wir *mit leben*; *dulden* wir, so werden wir *mit herrschen*" (2 Tim 2,11–12 nach Luther).

Vielleicht wird damit diese alte Sehnsucht erfüllt, von der ich bereits sprach. Die Antwort auf diese Sehnsucht ist die Botschaft, daß wir für ihn gemacht sind. Wenn wir mit der Stimmgabel die Tonhöhe Gottes anschlagen, werden wir ... Vollendung hören. Vielleicht ist unser Verlangen, ihn und die Macht seiner Auferstehung zu kennen, in Wirklichkeit ein intensives Verlangen nach Heiligkeit. Ein Verlangen, all das zu sein, was er beabsichtigte, als er uns schuf.

Komm zum Kreuz, und finde dich selbst

Shawna Leavell könnte ein Model auf den Laufstegen der feinsten Pariser Modehäuser sein. Sie ist groß und geschmeidig, mit einer blonden Mähne, die hinter ihr herflattert, wenn sie mit ihren langen Beinen ausschreitet. Als sie noch klein war, haben wir zusammen in den Bergen gezeltet. Ich saß am Fuß einer Klippe und freute mich daran, wie sie am Felsen hochkletterte. Manchmal angelten wir Forellen. „Sie ist so hilfsbereit", sagte ich zu ihrer Mutter, als Shawna am offenen Feuer Würstchen für mich briet oder mich über die Wege des Zeltplatzes schob. Jahre später nahm ihr Leben durch die Kunsthochschule und ihre Arbeit als Modedesignerin für die Filmindustrie einen anderen Verlauf.

Allein, mitten in Los Angeles, geriet sie an den Rand von Dunkelheit und Depression. An einem einsamen Freitagabend stolperte sie, nachdem sie einige Gläser Gin getrunken hatte, benommen und gefühllos aus dem Haus. Wie im Nebel stieg sie in ihren Wagen, fuhr Richtung Hollywood eine Abfahrt hinunter. Sie raste in nördlicher Richtung direkt in den ihr entgegenkommenden Verkehr hinein. Die anderen Autos versuchten auszuweichen, hupten und gaben Lichtsignale. An den Frontalzusammenstoß kann sie sich nicht mehr erinnern. Auch nicht an die Polizeiwagen, die Hubschrauber, die Sirenen und die Reportage in den Abendnachrichten. Ein Mann war tot, ein anderer schwer verletzt. Eine Frau hatte ihren Mann verloren und drei Kinder ihren Vater.

Noch Tage danach bewachte ein Polizist im Krankenhaus Shawnas Zimmer, wo sie zerschunden in einem Vollgips lag. Als ich zu ihr ans Bett rollte, stöhnte sie durch geschwollene Lippen: „Es tut mir . . . so leid." Verschwunden war das glückliche, unbeschwerte kleine Mädchen mit dem sonnenfarbenen Haar. Nie wieder wird sie dieselbe sein.

Den Beweis dafür brachte ein Brief aus dem Gefängnis. Es dauerte zwei Jahre, bis sie verurteilt wurde. Unter der Aufsicht ihrer Mutter bereitete sie sich in dieser Zeit sorgfältig auf das Gefängnis vor. An fünf Abenden der Woche ging sie in eine Gemeinde und am Sonntag begleitete sie ihre Mutter zur Kirche. Sie besuchte Bibelkurse, Gebetstreffen, sprach über ihr Leben, und jedesmal, wenn wir beisammen waren, weinte sie Tränen der Reue. Als man sie endlich in Handschellen abführte, war sie froh darüber. Sie begrüßte die Gelegenheit, anderen Frauen im Gefängnis zu sagen, daß ein sündiges, auf sich selbst gerichtetes Leben tötet.

Shawna hatte nicht erwartet, daß das Gefängnis überbelegt sein würde, so daß sie isoliert und ohne ihre Bibel einige Zeit in einer Todeszelle verbringen mußte. „Ich brauchte das. Mein Fundament wurde dadurch getestet." Vor kurzem erfuhr ich, daß sie endlich in eine andere Zelle verlegt wurde, die sie sich mit sieben anderen Frauen teilt. Shawna fällt auf. Die anderen sind hart; sie ist seit ihrem Unfall empfindsam. Die anderen sind nie mit ihren Müttern Zelten oder Reiten gewesen und haben nie eine Kunsthochschule besucht. Doch es fällt auf, wenn jemand anders ist. Viele der Frauen wenden sich an Shawna, um ein Gebet oder Rat zu erhalten. Eine von ihnen spottete: „Du denkst wohl, du bist etwas Besseres." Worauf Shawna erwiderte: „O nein, das stimmt nicht. Ich bin die Schlimmste hier. Ich hatte jede Chance. Mir wurde jede Möglichkeit geboten, und ich habe alles falsch gemacht. Doch Christus hat mir, dem schlimmsten Sünder, vergeben. Und er kann dir auch vergeben."

Wenn Shawna aus dem Gefängnis entlassen wird, will sie mit den Familien ihrer Opfer sprechen, um zu versuchen, wenigstens einen Teil ihrer schweren Schuld wieder gutzumachen. Die Stahlteile in ihrem Rücken und die Schmerzen in ihren Knöcheln werden sie stets daran erinnern, daß Sünde zerstört. Doch wie sie selbst sagt: „Es ist besser zu leiden – besonders wenn das Leiden die Folge von Sünde ist –, als ein Leben der Rebellion zu führen."

Wahrscheinlich hatte sich Shawna für eine lebenslustige, junge Frau gehalten, die sich in der Gesellschaft zu Hause fühlt. Vielleicht hatte sie ihre Identität durch die Kunst- und Filmwelt bezogen. Das Leiden zwang sie, völlig mit sich allein zu sein. Durch das Leiden wurde sie am meisten auf die Probe gestellt, geprüft und gefragt: „Wer bist du?" Als sie versuchte, darauf zu antworten, war sie niedergeschmettert. Ihre dunkle Seite war ihr bis dahin verborgen geblieben. Wahrscheinlich war es ihr vor der verhängnisvollen Nacht gelungen, die Umstände irgendwie hinzudrehen und nicht kleinlich und nachtragend zu erscheinen. Der Unfall änderte alles. Das Leiden stellte sie vor die Frage: „Denkst du, daß dein Leben so in Ordnung ist?"

Die wahre Shawna wurde in Hollywood aus den Trümmern ihres Autos geborgen – eine Sünderin, die den Tod verdient. Es ist gut, daß es so gekommen ist. Wäre der Sünde in ihrem Leben freie Hand gelassen worden, hätte sie ihre Persönlichkeit in der Tiefe zerstört.

„Sünde zerstört das einzige, wovon unser wahrer Charakter, unsere wahre Identität und unser wahres Glück abhängen: unsere fundamentale Orientierung an Gott. Wir sind dafür geschaffen zu wollen, was Gott will, zu wissen, was Gott weiß, zu lieben, was Gott liebt. Sünde ist der Wille zu tun, was Gott nicht will, zu wissen, was er nicht weiß, zu lieben, was er nicht liebt . . . in all diesen Dingen erweist sich Sünde selbst als das höchste Unrecht, nicht nur Gott gegenüber, sondern vor allen Dingen uns selbst gegenüber."[2]

„Es war notwendig", schreibt sie, „damit ich für die Anziehungskraft der Sünde sterbe."

„Da Christus im Fleisch gelitten hat, wappnet auch ihr euch mit diesem Gedanken: Wer im Fleisch gelitten hat, für den hat die Sünde ein Ende. Darum richtet euch, solange ihr noch auf Erden lebt, nicht mehr nach den menschlichen Begierden, sondern nach dem Willen Gottes!" (1 Petr 4,1–2).

Am Test des Leidens läßt sich nichts verbessern. Wir können uns seinen Fragen nicht entziehen. Leiden wird immer unseren wahren Kern offenbaren. Wenn wir uns selbstsüchtig lieben, wird das Leiden die Sünde zum Überlaufen bringen. Das Böse in uns wird an die Oberfläche sprudeln und Gift verströmen. Not wird uns zum Haß treiben. Indem wir Leiden zu umgehen suchen, werden wir uns selbst wehtun und andere mit beschädigen. Wenn das passiert, macht uns das Leiden schlechter, als wir vorher waren. Schmerzen lehren uns die Wahrheit über uns selbst nicht nach einem Lehrbuch. Sie benutzen nur, was in uns steckt.

Es ist demütigend, wenn wir bis auf den Kern bloßgestellt werden. Die Maske des Stolzes wird fortgerissen. Das Furnier der Kleinlichkeit blättert ab. Doch es ist auch etwas Belebendes, seinen Kern zu entdecken. Die Verletzlichkeit, die Durchschaubarkeit, das „Nichts" *zwischen* Gott und uns.

Und Gott sei Dank, daß er uns nicht entblößt stehen läßt.

Das Schöne am Entblößt- und Leersein ist, daß Gott uns dann bedecken kann. Wie bei einem Untergrund, der zuerst blank gescheuert werden muß, bevor man ihn streichen kann, kann Intimität zwischen Gott und uns erst entstehen, wenn die Schmutzschicht, aus Ehrgeiz, Eitelkeit und alles, was sich gegen andere und gegen Gott stellt, beseitigt ist.

Nicht nur die Sünde wird entfernt, Christus wird sichtbar. „Denn alle, die er im voraus erkannt hat, hat er auch im voraus

---

[2] Thomas Merton, „No Man is an Island", *The Word of the Cross,* New York 1995, S. 84.

dazu bestimmt, an Wesen und Gestalt seines Sohnes teilzuhaben“ (Röm 8,29). Gott erfreut sich seines Spiegelbildes. Der Sohn ist sein Spiegelbild. Gottes Freude ist groß, wenn er Christus in Ihnen erkennt. Nichts kann ihn mehr fesseln. Wenn die Seele von Stolz und Kleinlichkeit gereinigt ist, füllt Christus sie. In der Bibel wird das so ausgedrückt: „Denn ihr seid gestorben, und euer Leben ist mit Christus verborgen in Gott“ (Kol 3,3). Sie sterben – er lebt. Es gibt sonst nichts, was auf eine herrliche Weise so bittersüß sein könnte. Nicht süß, sondern bittersüß.

„Haben Sie jemals bemerkt, daß es eine Form von Leiden und Sterben gibt, nach der wir uns im geheimen sehnen, die auf geheimnisvolle Weise unbeschreiblich wohltuend ist? Gemeint ist nicht das gewöhnliche Leiden (es sei denn, wir sind Masochisten). Doch wir möchten am liebsten sterben, wenn wir ein mystisches Erlebnis haben. Ich habe es nur zweimal erlebt: Als ich bei einem heftigen Sturm im Ozean schwamm und als ich zum ersten Mal Beethovens Neunte Symphonie hörte. Die Franzosen nennen den Orgasmus *le petit mal*, den kleinen Tod. Es ist ein Ende, eine Vollendung wie der Tod, und doch ein Ende, das man sich andächtig wünscht. Die Mystiker sprechen von ihrem tiefen Verlangen, in Gott zu sterben, in Gott zu Nichts zu werden . . . Was bedeutet es, daß wir zu sterben verlangen, daß wir die völlige Selbstaufgabe erleiden möchten? Und was bedeutet es, daß Freude und Tränen dicht beieinander sind und daß die wunderbarsten Dinge nicht süß, sondern bittersüß sind?“[3]

Nie haben Tränen so süß geschmeckt, bevor ich die Gemeinschaft der Leiden Christi kennenlernte. Bis dahin hatte ich nie bitterlich über verlorene Seelen und eine verlorene Welt geweint. Der Schmerz in meinem Herz fühlte sich niemals so brennend und leidenschaftlich an. Kummer und Freude schienen sich nie vorher auf so tröstliche Weise zu vermischen, Hoffnung erschien mir niemals so zuverlässig, Alleinsein niemals so befriedigend.

Meine Mutter war immer von der Familie, von Freunden und Nachbarn umgeben, doch jetzt, wo sie dreiundachtzig Jahre alt ist, ihren Mann verloren und das Haus der Familie verkauft hat,

---

[3] Dr. Peter Kreeft, *Making Sense Out of Suffering*, Ann Arbor 1986, S. 153.

verbringt sie viel Zeit mit sich allein. Die Verluste haben sie leer gemacht, doch Gott hat sie gefüllt. Ich machte mir Sorgen um sie, weil sie so viel allein ist, bis sie kürzlich sagte: „Joni, Gott hat mich verändert. Es macht mir nichts aus, allein zu sein. Ich mag mich und fühle mich in meiner eigenen Gesellschaft wohl.“ Mutter gefällt, was sie sieht: nicht sich selbst, sondern Christus in sich, die Hoffnung der Herrlichkeit.

Leiden ist die Mühle, in der Stolz zu Staub wird, damit unsere Seelen nackt und bloß mit Christus verbunden sind. Und das fühlt sich wunderbar an.

Kraft im Leiden

Kraft stellt sich ein, wenn wir mit Christus die Gemeinschaft seiner Leiden teilen.

Es ist bitter, daß der Menschensohn den Trost des Vaters hatte, als er auf Erden lebte, nicht aber den seiner Freunde. Im Leiden fand er auf diesem Planeten keine Gesellschaft. Er erlebte nur die blinde Gefühllosigkeit seiner Jünger; moralische Unterstützung fand er jedoch nicht. Er trug sein Kreuz „angesichts der vor ihm liegenden Freude“. Er blieb ungetröstet, damit wir getröstet werden. Er war ohne Freude, damit wir sie haben können. Er begab sich freiwillig in die Einsamkeit, damit wir niemals allein sein müssen. Doch das Wunderbarste ist, daß er Gottes Zorn ertrug, damit wir es nicht müssen. Gott ist auf uns nicht zornig, er hat nur Vergebung, Erbarmen und Gnade für uns.

Wenn „Gottes Güte dich zur Umkehr treibt“ (Röm 2,4), dann gibt es nur eine Erwiderung auf eine derartige Liebe: Schlagt euch auf die Brust, „ordnet euch also Gott unter . . . sucht die Nähe Gottes . . . reinigt die Hände, ihr Sünder, läutert euer Herz . . . klagt und trauert und weint!“ (Jak 4,7–9).

Hört sich das krankhaft an? Vielleicht. Doch dabei wird die *wirkliche* Kraft frei – nicht in erster Linie, um mit dem Leiden fertig zu werden. Das hieße, den Wagen vor das Pferd zu spannen. Die Macht der Auferstehung ist dazu bestimmt, die Sünde aus unserem Leben zu entfernen, damit wir Gottes Liebe in größerem Maße erfahren können. In der Liebe Christi überwinden wir alles. Die enge Gemeinschaft mit Christus gibt uns eine helle Perspektive, eine zuversichtliche Hoffnung. Wenn es darauf ankommt, mit Schmerzen fertig zu werden, ist Jesus die Kraft, die sich auf unsere Seite schlägt. „Getrennt von mir könnt ihr nichts vollbringen“ (Joh 15,5).

Um noch einmal auf Julia Beach zu kommen. Wir verließen sie, als sie im Bett lag und sich fragte, wie sie die Kraft für den nächsten Tag aufbringen würde. Bevor sie heute die Augen öffnet und das Deckbett zurückschlägt, wird sie beten: „Alles vermag ich durch ihn, der mir Kraft gibt“ (Phil 4,13). Sie wird die Ängste, die überwältigenden Gefühle, die Sünde hinter sich lassen. In dem Moment, wo sie sich an die morgendlichen Aufgaben begibt, wird göttliche Energie sie durchströmen. Wenn sich die Stunden hinziehen, wird ein Kampf daraus werden. Sie wird sich viele Male in größter Not an Gott wenden müssen, doch sie wird Kraft haben – die Kraft Jesu. „Ich bin mit Christus gekreuzigt worden; nicht mehr ich lebe, sondern Christus lebt in mir“ (Gal 2,19–20), oder um Julia selbst sprechen zu lassen: „Jesus, es wird mir zuviel, ich habe die Kraft nicht . . . doch du hast sie. Wenn ich heute einen Fuß vor den anderen setze, vertraue ich darauf, daß du mir die Kraft dazu gibst.“

Und er wird es tun. „Wie überragend groß seine Macht sich an uns, den Gläubigen, erweist durch das Wirken seiner Kraft und Stärke. Er hat sie an Christus erwiesen, den er von den Toten auferweckt und im Himmel auf den Platz zu seiner Rechten erhoben hat“ (Eph 1,19–20).

Wenn Gott Jesus von den Toten auferstehen lassen kann, kann er auch Julia Beach helfen, ihre Schwierigkeiten zu überwinden.

WIE SCHAFFE ICH ES, DURCHZUHALTEN?

1. Der Aufschrei der Seele

Ich verstehe es einfach nicht. Ich verstehe Gott nicht." Diesen Kommentar höre ich oft, wenn ich mit meinem Mitarbeiter Greg Ericks zu irgendeinem Treffen fahre und wir Zeit haben, uns zu unterhalten. Manchmal sind wir still, und ich beobachte ihn von meinem Rollstuhl aus, wie er hinter dem Lenkrad sitzt. Nicht viele Männer haben ein so angenehmes Profil wie Greg. Er ist Holländer, groß, blond und hat strahlende Augen. Auch seine Kleidung ist attraktiv. Karierte Hemden, Jeans und Tweedjacketts bevorzugt er und verrät damit, daß er sich beim Forellenfischen in Montana wohler fühlen würde als beim Leiten von Workshops.

Doch was ich heute zu sehen bekomme, ist nicht der übliche Anblick. Greg ist geschieden, und gelegentlich fängt diese offene Wunde an, ihn zu quälen. So auch an diesem Nachmittag. Mit einer Hand hält er das Lenkrad, mit der anderen füttert er seinen Sohn Ryan mit Keksen und Bananen. Ryan, sein hübscher, zehnjähriger Sohn, dessen glückliches Lächeln einen vergessen läßt, daß er geistig zurückgeblieben ist, noch Windeln tragen muß und außer seinem Kichern und zeitweiligem Kreischen keine zwei Worte zusammenhängend sprechen kann. Ryan sieht seinem Vater sehr ähnlich und ist, trotz seiner häufigen epileptischen Anfälle, eine genausogute Gesellschaft. Ich beobachte die beiden und versuche, mir Ryans Mutter vorzustellen, wie sie ihn auf dem Schoß hält, die sorgfältig geschnittene Banane in einem Schüsselchen in der Hand. Zerkaute Banane läuft über Ryans Kinn.

Als Greg mit der freien Hand die Bananenschale in den Abfallbehälter wirft und nach seinem Insulin langt, fällt mir ein, daß er zuckerkrank ist. Er sticht in seinen Finger, hält das Lenkrad fest, trinkt einen Schluck gesüßten Apfelsaft und beobachtet Ryan dabei. „Na, du großer Junge", sagt er und verzieht sein Gesicht in komische Falten. Ryan belohnt ihn mit seinem strahlenden Lächeln. Greg ist genauso gejagt, wie er fährt. Seine Tage erinnern an ein Hamsterrad; beim Zuschauen kann einem schwindlig werden. Ständig sind Probleme zu lösen. Greg hat noch eine zwölfjährige Tochter Kelsey, die unaufhaltsam heranwächst und ihren Vater dazu zwingt, sein Bestes zu geben.

Die Sonntage sind am schlimmsten. Vorigen Sonntag, als er mit den Kindern in einer Drogerie war, stand er plötzlich seiner ehemaligen Frau gegenüber. Kelsey, Ryan und ihre Mutter verwickelten sich in ein Knäul von Umarmungen. Greg wünschte, mit dabei sein zu können, doch es entstand wieder die übliche Unbehaglichkeit. Nachdem sie ein paar Höflichkeiten ausgetauscht hatten, war es Zeit zum Gehen. Ryan schrie und weinte, als sie weitergingen. Noch mehr Geschrei gab es, als Kelsey abgeliefert wurde. Und wieder Geschrei, als Greg den Jungen schließlich in seinem Pflegeheim abgab. Der Tag endete mit einem Strafzettel, weil Greg zu schnell gefahren war. Mit abwesendem Blick starrte er den Polizisten an. Ihm war es gleichgültig.

Wir fahren eine lange Strecke, ohne zu sprechen. Schließlich seufzt er: „Ryan hat vom Hinfallen so viele Narben im Gesicht ...", er beugt sich hinüber und berührt sanft das Gesicht seines Sohnes, der eingeschlafen ist. So sieht er aus wie ein kleiner Engel. „Mein Herz schmilzt, wenn er unbeholfen auf mich zugestolpert kommt, wenn ich ihn abhole. Doch manchmal kocht die Wut in mir. Ich verstehe nicht, warum Gott das tut ... warum er es erlaubt. All das ...", seine Stimme wird leiser. „Ich kann es einfach nicht verstehen."

Ich verstehe es auch nicht, möchte ich sagen. Die lange Fahrt auf der dunklen Autobahn ermöglicht die freimütige Unterhaltung, bei der die Welt auf gut und böse, schwarz und weiß, auf „warum" und „warum nicht?" reduziert wird. Ich verstehe nicht, warum Greg und seine ehemalige Frau nicht wieder zusammenkommen können. Greg liebt seine Kinder, und als ich die Frau vor einigen Monaten traf, war sie ebenso liebevoll und fürsorglich wie er. Ich würde sie mir am liebsten greifen und sagen: „Die Sache ist doch nicht so schlimm – Liebe und Güte sollten hier siegen." Doch es ist eine Welt voller unüberwindlicher Hindernisse – in der Vergangenheit gefangen. Es ist ähnlich wie mit der Scheidung zwischen Gott und seiner Schöpfung, die nie hätte stattfinden sollen.

Als wir an unserem Hotel vorfahren, sehe ich flüchtig Gregs Gesicht, das von einem Autoscheinwerfer erleuchtet wird. Ich schüttle den Kopf. Es ist Sonntagabend. Nachdem Greg mich und meine Freunde abgesetzt hat, fährt er mit Ryan zu dessen Pflegeheim. Falls Ryan weiterschläft, während er ihn hineinträgt, ist es eine gute Nacht. Wenn nicht, wird es schlimmer als schlimm.

Die meisten Menschen leben so. Damit meine ich nicht, daß sie geschieden oder alleinstehende Eltern von behinderten Kindern sind, sondern, daß die Schwierigkeiten der meisten nicht aufhören. Greg und seine Ex-Frau werden wahrscheinlich nicht wieder zusammenfinden. Es ist kaum anzunehmen, daß Ryan durch ein Wunder geheilt wird. Wenn es darum geht, täglich einen Fuß vor den anderen zu setzen, braucht das Leiden nicht so groß zu sein wie eine Scheidung oder eine ernsthafte Behinderung. Es kann die Müdigkeit sein, die sich einstellt, wenn man für schwierige Teenager verantwortlich ist. Es könnte ein Nachmittag sein, den man in der Küche verbracht hat, ohne daß jemand beim Essen sagt: „Hast du aber gut gekocht, Mutti!"

Meistens kommen wir damit zurecht. Wir sind wie Jongleure, die Teller auf Stöcken rotieren lassen. Wenn wir von schwierigen Teenagern oder schweigenden Abendmahlzeiten entmutigt sind, wird rasch ein vertrauliches Gespräch mit einem guten Freund oder einer guten Freundin eingeschoben, bevor wir den nächsten Teller in Bewegung setzen. Wir führen ein Tagebuch und vertrauen ihm unseren Ärger an. Wir liegen in der Badewanne, schwitzen im Sportdress, verwöhnen uns mit einem neuen Kleid oder fahren für ein Wochenende in die Berge. Gebets- und Bibelgruppen helfen. Gott lädt uns nicht mehr Teller auf, als wir rotieren lassen können, und versetzt uns in die Lage, sie rotieren zu lassen. Doch manchmal fällt es uns schwer, das zu glauben. Wir befürchten, daß etwas ins Rutschen kommt.

So erging es auch Greg Ericks und seiner Frau. Es gab zu viele Verletzungen, die nicht behandelt wurden, zu viel Schweigen. Als Ryan auf der Bildfläche erschien, schürte er ungewollt das Feuer. Eine schwere Behinderung wirkt wie Öl auf das Feuer einer bereits kritischen Situation. Die Flamme schlug höher, der Druck verstärkte sich, und die unerträgliche Situation begann, den Glauben aus Greg und seiner Frau herauszupressen.

Wenn sich der Schmerz durch die Tür zwängt und in unserem Leben häuslich einrichtet – Tag für Tag, Jahr für Jahr –, können wir daran ersticken. Wir können zerbrechen oder vor Zorn explodieren.

Gesunder Zorn

Verschmähte Ehemänner sind nicht die einzigen, die so etwas erleben. Schon vor Greg Ericks waren viele Gläubige nahe daran, ihren Glauben zu verlieren. Hören Sie, wie es ein Psalmdichter formuliert:

„Du hast mich ins tiefste Grab gebracht,
tief hinab in finstere Nacht.
Schwer lastet dein Grimm auf mir,
all deine Wogen stürzen über mir zusammen.
Die Freunde hast du mir entfremdet,
mich ihrem Abscheu ausgesetzt;
ich bin gefangen und kann nicht heraus.
Mein Auge wird trübe vor Elend . . .
Warum, o Herr, verwirfst du mich,
warum verbirgst du dein Gesicht vor mir?
Gebeugt bin ich und todkrank von früher Jugend an,
deine Schrecken lasten auf mir, und ich bin zerquält.
Über mich fuhr die Glut deines Zorns dahin,
deine Schrecken vernichten mich.
Sie umfluten mich allzeit wie Wasser

und dringen auf mich ein von allen Seiten.
Du hast mir die Freunde und Gefährten entfremdet;
mein Vertrauter ist nur noch die Finsternis.“
(Psalm 88,7–10; 15–19)

Der Psalmist endet mitten in einem Ausbruch von Bitterkeit. Kein Hinweis auf ein hoffnungsvolles Ende. Kein blitzschneller Übergang vom Stöhnen zum freudigen Lobgesang. In allen achtzehn Versen ist auch nicht ein Funken Freude zu finden. Gott scheint abfällig und grausam hilflose Menschen auszutreten, als wären sie glimmende Zigarettenstummel. Die Worte sind häßlich. Doch das Leben ist nun einmal so.

Gott ist groß genug, um solchen Zorn auszuhalten. Ihn bringt das nicht aus der Ruhe. Erstens weiß er, daß alles mögliche passiert. Er gibt es selbst zu: „In der Welt seid ihr in Bedrängnis.“ Zweitens macht er nicht einen Bogen darum, peinlich berührt, weil ihm keine Begründung für unseren Jammer einfällt. Er verhält sich nicht wie ein Mörder, der seine blutbeschmierten Handschuhe wegwirft, um nicht gefaßt zu werden. Bedenken Sie, Gottes Zorn nagelte Gott an ein Kreuz. Er war es, der ein Buch über das Leiden schrieb und Menschen wie den Autor des achtundachtzigsten Psalms einlud, seine Co-Autoren zu sein. Damit erlaubte er zornigen Menschen, ihren Klagen Luft zu machen.

Er läd Greg Ericks ein, dasselbe zu tun.

„Gott, ich verstehe es einfach nicht. Ich verstehe *dich* nicht! Na gut, ich übernehme die Verantwortung für meine Eheprobleme, doch die Sache mit Ryan, seine Anfälle – warum *tust* du das, Gott? *Bedeutet* dir mein kleiner Junge denn nichts?“

Starke Worte. Gewöhnlich fürchten wir uns, so mit Gott zu reden. Zu oft unterdrücken wir unsere wahren Empfindungen. Wir entscheiden uns für die höfliche Variante, verschließen unsere unaussprechlichen Gefühle gegen Gott und verstecken uns hinter religiösen Täuschungsmanövern, indem wir das Ganze schnell Gott hinschieben. Damit haben wir das Problem auf die hintere Herdplatte geschoben, wo es langsam weiterkocht und *tatsächlich* zu einem Problem wird. Solange Probleme unterdrückt werden, bemerken wir nicht, daß sie zu brennen beginnen, und glauben deshalb – naiv wie wir sind –, daß die Sache sich irgendwie regeln wird. Doch das ist nicht der Fall. Hoffnung keimt auf, um wieder zu erlöschen. „Unerfüllte Hoffnung macht das Herz krank." Unsere Herzen werden kalt.

Der Zorn hält das Problem ständig am Kochen. Er bringt uns in Schwung, treibt uns zum Handeln und erlaubt uns nicht, in unserem Versagen zu schwelgen. Heißblütiger Zorn spornt uns an, sofort eine entschlossene Wahl zu treffen, und zwingt uns dazu, unsere Not zu erkennen.

Zorn – selbst wenn er so heftig wie Gregs Zorn ist – ist gar nicht so schlecht. In Epheser 4,26 heißt es: „Laßt euch durch den Zorn nicht zur Sünde hinreißen", woraus folgt, daß Zorn nicht immer mit Sünde gleichzusetzen ist. Nicht aller Zorn ist falsch.

Krebs, Bankrott, Scheidung und die Geburt behinderter Kinder treiben Menschen zum Äußersten. Leid erwärmt uns entweder für geistliche Fragen oder es läßt uns erkalten. In der Offenbarung heißt es: „Ich kenne deine Werke. Du bist weder kalt noch heiß. Wärest du doch kalt oder heiß! Weil du aber lau bist, weder heiß noch kalt, will ich dich aus meinem Mund ausspeien" (Offb 3,15–16). Haß steht der Liebe manchmal näher als Gleichgültigkeit, und Lauheit ist der einzige Weg, der niemals zu Gott führt. Bei Gefühlen gibt es keine Mittelmäßigkeit. Es ist besser, daß Greg wütend ist – viel besser, als wenn er halbherzige Empfindungen hätte.

Starke Gefühle ermöglichen uns, wirklich offene Fragen zu stellen: Hat das Leben einen Sinn? Ist Gott gut? Genauer gesagt offenbaren unsere tiefen Gefühle die geistliche Richtung, in der wir uns bewegen. Bewegen wir uns auf Gott zu oder von ihm fort? Zorn macht völlig zutreffend *jemand* anstatt *etwas* zum Ausgangspunkt unseres Leidens und das bedeutet, daß wir uns in die richtige Richtung bewegen.[1]

Was ich an Greg liebe – und ich glaube, auch Gott liebt das an ihm –, ist, daß er Gott seine Klagen vorbringt. Er geht direkt zu

---

[1] Die Gedanken auf den folgenden Seiten stammen von Dr. Dan Allender & Dr. Tremper Longman III, *The Cry of the Soul: How Our Emotions Reveal Our deepest Questions About God*, Colorado Springs 1994, S. 150.

Gott, macht seiner Enttäuschung Luft, bringt seinen Schmerz zum Ausdruck und stellt die Güte des Allmächtigen in Frage. Außerdem hat Greg seine Familie nicht aufgegeben. Er hat seine Frau nicht aus seinem Leben gestrichen, Ryan nicht im Stich gelassen oder Kelsey den Rücken gekehrt. Ebensowenig sät er Zwietracht oder hetzt seine Freunde zur Rebellion gegen Gott auf. Er spricht nicht über Gott hinter Gottes Rücken. Er ist zornig genug, um sich vor ihn hinzustellen.

Deshalb ist Gregs Zorn ein gesunder Zorn. Als ich ihm während unserer Fahrt zuhörte, konnte ich zwischen den Zeilen einen ehrlichen Hunger heraushören, den Wunsch, „den Anschluß nicht zu verlieren". Schließlich sind die Menschen, auf die man wirklich wütend wird, diejenigen, denen man am meisten vertraut. „Gott, ich bin unheimlich wütend und kann nicht im geringsten verstehen, was du tust!" Das hört sich an wie die dunkle Seite des Vertrauens, doch Vertrauen ist es trotzdem.

Wie Gott den Zorn gebraucht

Der Zorn hat auch eine dunkle Seite. Er hat ein ungeheures Zerstörungspotential. Er wird zu einer finsteren Energie, die nach sofortiger Freisetzung und Entladung drängt. Er verachtet es, verletzbar und hilflos zu sein. Er genießt es, die Kontrolle zu haben. Er haßt es, von Gott abhängig zu sein, und hat eine seltsame Freude daran, Mißtrauen zu verbreiten. Ironischerweise kehrt sich diese Art Zorn – ungerechter Zorn – meist gegen uns selbst. Er ist ein Lügner, der uns Genugtuung verspricht, während er uns in Wahrheit aushöhlt und leer zurückläßt.

Wer kann solche Leere ertragen? Ich werde an diese Leere erinnert, wenn ich das bekannte Bild „Der Schrei" des norwegischen Malers Edvard Munch sehe. Es ist ein beängstigendes Porträt der Verzweiflung, das Bild einer makabren Gestalt, verbogen, gequält, mit geweiteten Augen und weit offenem Mund. Die Gestalt schreit, und das Entsetzen wird noch dadurch verstärkt, daß man ihren Schrei nicht hören kann. Es ist ein Schrei reinster, ungehemmter Verzweiflung.

Ungerechter Zorn – Zorn, der uns von Gott wegführt – nimmt die letzte Spur von Hoffnung aus unseren Herzen. Nichts betrifft uns mehr, wir fühlen nichts mehr. Wir begehen den stillen Selbstmord der Seele, und mürrische Verzweiflung zieht ein wie ein schrecklicher, klammer Nebel, der unser Herz für die Hoffnung abtötet, daß wir jemals gerettet, erlöst oder wieder glücklich sein können.

Gott läßt so etwas nicht zu. Er duldet keine Verzweiflung. Ich bin sicher, er ist kein Bewunderer des Bildes „der Schrei“ und wird nicht erlauben, daß wir eine düstere Existenz führen. Er wird es unseren kümmerlichen Barrieren ungerechten Zorns nicht erlauben, ihn aufzuhalten. Und so greift er ein, drängt sich auf, sucht uns heim. Er reißt den Vorhang der Mutlosigkeit beiseite und öffnet weit die verschlossenen Türen. Er betätigt den Lichtschalter in unseren dunklen Herzen. Er durchdringt unsere Gleichgültigkeit und dringt mutig in unser Selbstmitleid ein; er fordert uns auf, es hinter uns zu lassen.

Gelegentlich tut er das, indem er uns mehr Kummer aufbürdet. Ich werde nie vergessen, wie Gott meine Verzweiflung durchbrach. Irgendwann im ersten Jahr nach meinem Unfall, als ich gelähmt in meinem Krankenhausbett lag, irgendwann, nachdem mir die düstere Prognose jedes Tüpfelchen Hoffnung und selbst den Zorn – sowohl den gerechten wie den ungerechten – genommen hatte, setzte bei mir die Verzweiflung ein.

Ich weigerte mich, aufzustehen, um mich behandeln zu lassen. Wenn Besucher kamen, drehte ich den Kopf zur Wand.

Hazel, eine schwarze Pflegerin vom Mississippi, bemerkte, wie es mit mir bergab ging. Sie wußte, daß ich sie liebgewonnen hatte. Sie kam oft in mein Zimmer und verbrachte ihre Zigarettenpausen an meinem Bett. „Willst du darüber sprechen, Mädchen“, fragte sie und zündete ihre Zigarette an. Keine Antwort. Sie lächelte und blies langsam eine Rauchwolke in eine andere Richtung. Ich grunzte. „Wenn dir zum Heulen ist, sags nur. Ich habe ein Taschentuch“, sagte sie und klopfte auf ihre Kitteltasche.

„Hm.“ Ich war völlig gefühllos. Ich wollte nicht sprechen. Ich wollte nicht essen. Einmal, als Hazel mich beim Abendbrot fütterte, lief mir das halbzerkaute Essen aus dem Mund. „Was machst du denn?!“ schimpfte sie. Mein Körper reagierte mit einem fürchterlichen Krampf. Hazel warf die Gabel auf den Teller, daß die Erbsen nur so durch die Gegend flogen. Unsanft wischte sie mir den Mund mit der Serviette ab, zerknüllte sie und warf sie aufs Tablett. „Reiß dich mal zusammen, Mädchen. Dir geht es gar nicht so schlecht, wenn du dich hier im Krankenhaus mal ein wenig umsiehst.“

Mein Gesicht brannte vor Verlegenheit. Ich kämpfte mit den Tränen. „Ißt du nun oder nicht?“

Hazel hatte einen abgrundtiefen Zorn in mir wachgerufen. Ich kniff die Augen zusammen. „Ja!“ fauchte ich wütend. Das Essen war geschmacklos und nicht gar. Ich kaute mechanisch und zwang mich zum Schlucken. Kein Wort wurde mehr zwischen uns gesprochen. Nachdem sie gegangen war, mußte ich noch härter gegen die Tränen ankämpfen. Ich konnte mir nicht erlauben zu weinen, denn es war niemand da, der mir die Nase putzen oder mein nasses Kopfkissen wechseln würde. Nur mit Mühe gelang es mir, ein Wispern herauszubringen: „Ich kann nicht . . . ich kann so nicht leben. Bitte hilf mir.“

Plötzlich wurde mir bewußt, daß *ich etwas fühlte*. Wie ein Tier, das aus dem Winterschlaf erwacht, fühlte ich eine Regung. Keine Gefühllosigkeit mehr. Statt dessen spürte ich Hoffnung. In der Dunkelheit hörte ich mich laut sagen: „Herr, wenn ich nicht sterben kann, lehre mich bitte zu leben.“ Es war kurz und sachlich, doch es ließ die Tür so weit offen, daß Gott antworten konnte. Ich konnte mir kaum vorstellen, daß er es tun würde. „Nahe ist der Herr den zerbrochenen Herzen, er hilft denen auf, die zerknirscht sind“ (Ps 34,19).

Ich verspürte ein verstärktes Interesse an der Bibel. Wenn ich mit dem Gesicht nach unten auf meinem Spezialrahmen lag, war ich in der Lage, die Seiten mit einem Stock im Mund umzublättern. Ich wußte nicht, was ich lesen sollte, doch die Psalmen faszinierten mich. Ich war nicht so sehr an der Verzweiflung des achtundachtzigsten Psalms interessiert, sondern mehr an den anderen hundertneunundvierzig, die mehr Hoffnung verhießen.

„Wird der Herr mich denn auf ewig verstoßen
und mir niemals mehr gnädig sein?
Hat seine Huld für immer ein Ende,
ist seine Verheißung aufgehoben für alle Zeiten?
Hat Gott seine Gnade vergessen,
im Zorn sein Erbarmen verschlossen?"
(Psalm 77,8–10)

Sechs Fragen, wie aus der Pistole geschossen und voller explosiver Kraft. Die Verzweiflung des Psalmisten verherrlicht Gott, sobald sie sich auf Gott richtet. „Die Ironie besteht darin, daß es Gott ehrt, wenn wir ihn hinterfragen: Es führt unsere Herzen von gottloser Verzweiflung zu einem leidenschaftlichen Verlangen, ihn zu begreifen."[2]

Die Fragen des Psalmisten dienen als Realitätstest, sie legen die Phantasie von einer perfekten Welt bloß. Fragen, die zum Kern vordringen, zerstören alle Illusionen, daß die Welt je ihre Versprechungen halten kann. Sie rütteln uns wach, erinnern uns daran, daß wir es uns in einer Welt, die dem Zerfall geweiht ist, nicht zu gemütlich machen. Solche Fragen enthüllen falsche Hoffnungen. Und Hoffnungen, die falsch sind, sollten zerschlagen werden.

Schließlich wurden diese Fragen nicht nur von einem weinenden Psalmisten niedergeschrieben. Diese Äußerungen sind das Wort Gottes. Wenn wir uns einen Psalm aussuchen, um unseren herzzerreißenden Fragen Worte zu verleihen, wird unser Leiden erschüttert. „Denn lebendig ist das Wort Gottes" (Hebr 4,12). Wir sprechen Gottes Sprache, wenden uns mit seinen eigenen Worten an ihn. Wenn wir unser Leid durch einen biblischen Psalm ausdrücken, suchen wir nach ihm. Und wenn wir suchen, werden wir finden (Mt 7,7–8).

Schmerzhafte Fragen ehren Gott. Verzweiflung, die sich an Gott wendet, ist eine Form der Begegnung mit ihm; wir öffnen uns dem Einzigen, der tatsächlich etwas für unsere Not tun kann. Und ob wir wie Greg mit dem Allmächtigen frontal

[2] Ebd., S. 150.

zusammenstoßen oder ihn nur leicht streifen, wir bleiben nicht unverändert, wenn wir Gott begegnen.

Der klamme Nebel meiner Verzweiflung verflüchtigte sich nicht über Nacht, doch ich wußte ohne jeden Zweifel, daß ich an einem Wendepunkt angelangt war. Ich bewegte mich in Gottes Richtung. Meine Fragen führten mich zu einem Widerspruch: Trotz der Abwesenheit Gottes fühlte ich seine Gegenwart. Ich fand ihn, nachdem ich meine Vorstellung davon aufgegeben hatte, wie er sein sollte. Meine Verzweiflung wurde letztendlich zu meinem Verbündeten, denn durch sie erreichte er mich.

Verzweiflung, die sich Gott zuwendet

Das heißt weder, daß wir Antworten auf unsere Fragen erhalten, noch heißt es, daß Krebs geheilt wird, Kriege aufhören und betrunkene Autofahrer zu Hause bleiben. Höchstwahrscheinlich werden unsere schwerwiegendsten Fragen niemals beantwortet, und das verstärkt unser Leiden noch. Unsere Schwierigkeiten hören nicht auf, und wir haben nicht die geringste Ahnung, warum wir leiden.

Doch wir müssen uns daran erinnern, daß uns die „Gründe, warum" wir leiden, letztlich doch nicht befriedigen. Leidende sind wie ein verletztes Kind, das zu seinem Vater sagt: „Es tut weh." Das Kind öffnet sich dem Einzigen, der tatsächlich etwas für seine Not tun kann. Es weiß, daß seine Schmerzen gelindert werden, wenn der Vater es im Arm hält. Es weiß, daß seine Schmerzen das Herz des Vaters zutiefst berühren.

Mein Freund Jim kennt sich damit aus. Oft muß er sich von seinen drei kleinen Jungen trennen, wenn er geschäftlich irgendwohin fliegt. Kürzlich, als seine Familie ihn zum Flughafen fuhr, hörte ihm sein Siebenjähriger aufmerksam zu, „wie er Mutti helfen kann", wenn Vati nicht zu Hause ist. Auch der Fünfjährige versprach, seiner Mutti zu helfen. Als sie am Flughafen ankamen, sah der Zweijährige, der bis dahin fröhlich vor sich hingeplappert hatte, ein Flugzeug auf der Startbahn und fing plötzlich an, herzzerreißend zu weinen.

„Es hat mir fast das Herz gebrochen“, berichtete Jim. „Ich war drauf und dran, meine Reise abzusagen. Ich konnte den kleinen Burschen nur immerzu an mich drücken.“

Seine Augen waren feucht, als er davon berichtete. Ich dachte, *wenn das Weinen des kleinen Jungen so sehr an Jims Herz zerrt, wieviel mehr müssen unsere Tränen den himmlischen Vater rühren.* Nichts berührt Gottes Herz mehr, als der gequälte Schrei eines seiner Kinder.

Im achtzehnten Psalm sagt David: „In meiner Not rief ich zum Herrn und schrie zu meinem Gott.“ Davids Bitte erreicht Gottes Thron. Gott ist berührt ...

„Aus seinem Heiligtum hörte er mein Rufen,
mein Hilfeschrei drang an sein Ohr.
Da wankte und schwankte die Erde,
die Grundfesten der Berge erbebten ...
Er neigte den Himmel und fuhr herab ...
Er fuhr auf dem Kerub und flog daher;
er schwebte auf den Flügeln des Windes ...
Er griff aus der Höhe herab und faßte mich ...“

Unsere Fragen und unsere Tränen haben die Macht, Gott zu bewegen. Als Antwort darauf neigt er den Himmel und läßt die Erde erbeben. Er greift aus der Höhe herab und hält uns fest. Jesus ist Gottes Umarmung, durch ihn reicht er zu uns hinunter und hält uns fest. In Jesus begegnen wir ihm.

Gott verspricht unseren gequälten Herzen, daß wir Jesus finden werden, wenn wir ihn suchen. Und das ist gut so. Was schwerwiegende Fragen und Verzweiflung anbetrifft, so hat Jesus mehr davon erlebt als jeder andere Mensch. Er verweilte nicht in Getsemane, um sich der Verzweiflung zu überlassen. Er wendete sich seinem Vater zu und ging dem Kreuz entgegen. Dort richtete er seinen Schrei an Gott. Er benutzte nicht seine eigenen Worte, um sein Elend zu umschreiben, sondern – Sie vermuten es wahrscheinlich – er tat es mit den Worten eines Psalms. Er stöhnte: „Mein Gott, mein Gott, warum hast du mich verlassen?“ (Ps 22,2). Jesus betete diese Worte in einer Situation, die schlimmer ist als alles, was wir uns je vorstellen können. Niemand war mehr von Gott verlassen als Christus am Kreuz (von Gott verlassen zu sein – darum ging es, als Jesus für unsere Sünden starb).

Doch das ist nicht das Ende. Kann Gott, der Vater, sich gegenüber den Bitten seines Sohnes taub stellen? (Wenn Jim es nicht kann, können Sie sicher sein, daß Gott es erst recht nicht kann.) Die Antwort erschallte drei Tage später aus einem leeren Grab: Nein, niemals wird das möglich sein! Und da der Vater Jesus von den Toten erweckt hat, besteht Hoffnung für uns alle. Jesus fühlte Gottes Schlag, damit wir Gottes Liebkosung fühlen können – o, wir mögen uns inmitten unserer Leiden verlassen *fühlen*, doch wir sind es nicht. Christus schrie im Namen der gesamten Menschheit „Mein Gott, warum hast du mich verlassen", damit er zu uns zärtlich sagen kann: „Ich werde dich niemals verlassen" (siehe Hebr 13,5).

Verzweiflung, die den direkten Weg zu Gott sucht, macht uns offen für Veränderung, für wirkliche Hoffnung und die Möglichkeit, Gott so zu sehen, wie er ist, und nicht so, wie wir ihn uns wünschen. Sobald wir ihm einen Zentimeter Raum geben, wird Gott sich einen Kilometer nehmen. Er wird sich Millionen von Kilometern nehmen. Er wird auf den Schwingen des Windes vom Himmel herabgleiten, um uns zu zeigen, wer er ist, und uns mit seiner Liebe zu umarmen.

Was fangen wir mit unseren Gefühlen an?

Tiefe, leidenschaftliche Gefühle zwingen uns, uns mit Fragen zu befassen, die wir lieber ignorieren würden. Für viele von uns ist es deshalb leichter, überhaupt nicht zu fühlen oder unsere Gefühle mit allem möglichen zuzudecken – von Ablenkungen bis zu Drogen. Doch wenn wir aufhören zu fühlen, werden wir unfruchtbar und entfernen uns von Gott und anderen. Natürlich wollen wir die Hoffnungslosigkeit nicht. Doch die Alternative – der Zorn – scheint so zerstörerisch zu sein.

Was fangen wir mit unserem Zorn an? Nennen wir ihn

falsch? Wenden wir uns von ihm ab? Unterdrücken wir ihn? Nein. Wir tun viel mehr.

„Gefühle sind die Sprache der Seele. Sie sind der Schrei, der dem Herzen Stimme verleiht. Um unsere tiefsten Leidenschaften und Überzeugungen zu verstehen, müssen wir auf den Schrei der Seele hören."[3]

Die Psalmen zeigen dem Herzen nicht nur, wie man spricht, sondern auch wie man zuhört. Wenn Emotionen die Sprache der Seele sind, liefern uns die Psalmen die Grammatik dafür. Sie lehren uns zu hadern, laden uns ein, zu fragen und unserem Ärger auf eine Weise Luft zu machen, die uns aus unserer Verzweiflung holt. Die Psalmen umschreiben unseren Schmerz besser als jedes andere Buch.

„Wie lange noch, Herr, vergißt du mich ganz?
Wie lange noch verbirgst du dein Gesicht vor mir?
Wie lange noch muß ich Schmerzen ertragen
in meiner Seele,
in meinem Herzen Kummer Tag für Tag?
Wie lange noch darf mein Feind
über mich triumphieren?"
(Psalm 13,2–3)

Die Psalmen sagen uns, was wir mit unserem Zorn tun sollen. „Sei still vor dem Herrn und harre auf ihn! ... Steh ab vom Zorn und laß den Grimm; erhitze dich nicht, es führt nur zum Bösen ... [die, die keinen Zorn haben] werden das Land bekommen, sie werden Glück in Fülle genießen" (Psalm 37,7–8;11). Ein zerstörerisches Gefühl lediglich durch ein aufbauendes zu ersetzen, ist nur eine oberflächliche Lösung, so als wenn man schmierige Wände übermalt oder ein Pflaster auf eine klaffende Wunde klebt. Die Wandlung muß viel tiefer sein. Deshalb verlangt Gott von uns, daß wir warten. „Zürnet ihr, so sündiget nicht. Redet mit eurem Herzen auf eurem Lager und harret" (Ps 4,5 nach Luther).

[3] Ebd., S. 25.

Ein guter Rat! Warten ist keine Verneinung und auch keine Ablenkung. Es bedeutet vielmehr, daß man vom Bösen Abstand nimmt, sich vom Zorn abwendet, sozusagen bis zehn zählt, um Dampf abzulassen. Es bedeutet nicht, daß man „nichts tut", sondern daß man eine geistliche Übung vornimmt. Die Entscheidung, auf Gott zu warten, führt uns über die unmittelbaren Probleme, die schmerzlichen Umstände hinaus und geleitet Sie behutsam in die Gegenwart Gottes.

> „Ich aber bin gewiß, zu schauen die Güte des Herrn
> im Land der Lebenden.
> Hoffe auf den Herrn, und sei stark!
> Hab festen Mut, und hoffe auf den Herrn!"
> (Psalm 27,13–14)

Das ist ein Versprechen! Wir können uns darauf verlassen, daß wir noch zu Lebzeiten im tiefsten Leid die Güte des Herrn *sehen werden*. Das ist überwältigend!

Nachdem ich aus dem Krankenhaus entlassen wurde, entdeckte ich den Wert dieses Wartens auf Gott. In Psalm 46, Vers 11 fand ich den Rat: „Seid stille und erkennet, daß ich Gott bin" (nach Luther). Zu Bewegungslosigkeit und Stille verurteilt, rief ich mir die zerstörerische Energie meines Zorns ins Gedächtnis. Ich dachte über die Zeiten nach, in denen ich am liebsten auf Gott eingeschlagen hätte, wenn ich an ihn herangekommen wäre. Während ich wartete, kam mir der Gedanke, daß ich bereits nach ihm geschlagen hatte. Daß ich ihm tatsächlich den Todesstoß versetzte, als er am Kreuz hing.

Voller Demut erkannte ich, daß es ein angemesseneres Ziel für meinen Zorn gibt – Satan. Satan ist derjenige, der das Übel angerichtet hat. Krankheiten und Tod, Mißbildungen und Naturkatastrophen. Er war es, der aufgrund seines Stolzes jeden Schrecken des Fluchs über sich und uns gebracht hat.

„Das Nachdenken über den Charakter Gottes beruhigt den Zorn nicht; es vertieft ihn. Unser Problem besteht nicht darin, daß wir zu zornig sind, sondern daß wir nicht zornig genug sind. Unser Zorn ist immer jämmerlich klein, wenn er sich gegen eine

Person oder einen Gegenstand richtet. Eigentlich ist er dazu bestimmt, sich gegen alles Böse und alle Sünde zu richten – angefangen mit unserem eigenen Versagen in der Liebe."[4]

Diese Art von Zorn führte dazu, daß zahlreiche Selbsthilfegruppen gegründet wurden, z. B. für Opfer von sexuellem Mißbrauch, Opfer von Gewaltverbrechen u. a. Das sind nur einige Beispiele dafür, wie Menschen ihren Zorn dazu benutzten, Bewegungen ins Leben zu rufen, die die Dunkelheit zurückdrängen und das Bewußtsein der Gesellschaft aufwecken.

Ich werde nie vergessen, wie ich vor einigen Jahren Auschwitz und Birkenau besuchte, die grauenhaften Todeslager der Nazis im Zweiten Weltkrieg, wo Millionen Juden, Polen und andere umgebracht worden sind. Ich saß auf dem Bahnhof, wo Männer, Frauen und Kinder in Viehwagen gepfercht ankamen und auf den vereisten, schmutzigen Bahnsteig ausgeladen wurden, wo sie von Wächtern und knurrenden Hunden umgeben waren. Die Kinder wurden mit dem Gewehrkolben in eine Richtung getrieben, ihre Mütter in eine andere. Die Männer wurden in alte und junge eingeteilt. Doch praktisch endeten sie alle am gleichen Ort – in den Verbrennungsöfen, die nun verfallen und überwuchert am Ende der Bahngleise liegen.

Mein Mann hob ein Stück verrosteten Stacheldraht auf. Wir starrten darauf und überlegten, von welchem Außmaß des Bösen diese Gaskammern in Betrieb gehalten wurden. Als wir unsere Köpfe zum Beten senkten, konnte ich nur mit Abscheu an den Teufel und seine Horden denken, und die Worte des Psalmisten kamen mir in den Sinn:

„Soll ich die nicht hassen, Herr,
die dich hassen, die nicht verabscheuen,
die sich gegen dich erheben?
Ich hasse sie mit glühendem Haß;
auch mir sind sie zu Feinden geworden."
(Psalm 139,21–22)

[4] Allender/Longman, *The Cry of the Soul* (Der Schrei der Seele), S. 74.

Gott sei Dank, daß er unsere Verzweiflung durchbricht und uns aus unserer Gleichgültigkeit aufrüttelt. Was aber geschieht mit denen, die arrogant bleiben und nicht gewillt sind, ihren Zorn auf das richtige Ziel zu richten? Werden sie den Zorn und das Gericht Gottes zu spüren bekommen?

„Gott versprach, die Hochmütigen einen überschäumenden Kelch seines Zornes trinken zu lassen – ein Ausdruck seines erbitternden Hasses auf die Sünde. Doch es war Jesus, der diesen bitteren Kelch des Zorns leerte. Für uns ist es unvorstellbar: Der vollkommene Mensch, vom Vater verehrt und geliebt, wurde gleichzeitig vom Vater verachtet . . . und uns wurde zugesagt, daß wir niemals die überwältigende Last seines Zorns ertragen müssen. Sie wurde bereits auf den vollkommenen Menschen ausgeschüttet – auf den geliebten Sohn.“[5]

Das ist genug, um selbst den hochmütigsten Menschen zu veranlassen, sich in die richtige Richtung zu wenden. Gott sei Dank für bestimmte Arten des Zorns.

Dabei fällt mir ein: Ich traf Greg Ericks vor ein paar Tagen. Er scheint irgendwie zur Ruhe gekommen zu sein. Er erzählte mir, daß seine Ex-Frau und er eine neue Diät für Ryan ausprobieren. Hoffentlich hilft sie dem Jungen. Doch einfach ist das nicht. Ryans Mutter und Greg teilen sich die Aufgabe, ihn abwechselnd zum Krankenhaus zu fahren, spezielle Lebensmittel einzukaufen und besondere Mahlzeiten für ihn zu bereiten. Ich bete und hoffe für die Familie Ericks.

Doch selbst wenn der mitunter unverständliche Wille Gottes keine Gnadenfrist für Ryan und seine Anfälle vorsieht, selbst wenn die besondere Diät nicht hilft, wird Greg weitermachen. Auch wenn er und Ryans Mutter nicht wieder zusammenfinden, wird das Leben weitergehen. Gregs starke Empfindungen werden Mittel und Wege finden, anderen Familien zu helfen, denen es ähnlich geht. Er wird sich weiterhin darum bemühen, daß anderen Eltern mit Kindern wie Ryan geholfen wird. Er wird Vereinigungen zur Unterstützung dieser Mütter und Väter ins Leben rufen, Entlastungsdienste oder sogar Ferientreffen für sie

[5] Ebd., S. 72.

organisieren. Er wird sich dafür einsetzen, daß sich die Türen der Kirchen für behinderte Kinder öffnen. Er wird an Türen rütteln, auf Knien beten, Geldspenden sammeln, Ehepaare beraten und in Bewegung bleiben.

Und wenn er abends – besonders sonntags –, nachdem er Ryan erst spät nach Hause gebracht hat, in seine Wohnung kommt, wird er den Kühlschrank plündern, sich im Fernsehen irgendwelchen Unsinn ansehen und ins Bett gehen. Vielleicht wird er einen Moment lang auf der Bettkante sitzen und auf die Stille in seiner Wohnung lauschen. Er wird die Lampe auf dem Nachttisch anschalten und vor dem Einschlafen nach seiner Bibel greifen. Wenn ich raten sollte, was er liest, würde ich sagen, daß es einer der Psalmen ist.

Die Psalmen: Ein Netz von Gefühlen

Gefühle gehören zu den unzuverlässigsten, doch einflußreichsten Kräften in unserem Leben. An einem Tag sind wir voller Hoffnung, am nächsten voller Haß. Heute verweifelt, morgen euphorisch. Emotionen sind die ruhelosen Gezeiten, die uns in ständiger Ebbe und Flut erheben und wieder hinunterstoßen. Die Psalmen können uns in diesem Auf und Ab Stabilität geben, etwa wie die Ballasttanks eines Schiffs auf stürmischer See. Daher kommt es, daß in den Psalmen so oft der Rat wiederholt wird: „Fragt nach dem Herrn und seiner Macht; sucht sein Antlitz allezeit! Denkt an die Wunder, die er getan hat, an seine Zeichen und die Beschlüsse aus seinem Mund“ (Ps 105,4–5). Wenn wir uns an die Macht Gottes erinnern, gewinnen wir dadurch an Stabilität.

Mit anderen Worten: Zweifle in der Dunkelheit nicht an dem, woran du bei Licht geglaubt hast. Wenn Not sich häuslich einrichtet, überschwemmt uns dunkle, bedrohende Skepsis mit Zweifeln und Furcht. Der einzig sichere Damm gegen eine Flut von Gefühlen ist die Erinnerung. Wir müssen uns glückliche Zeiten ins Gedächtnis rufen, Erfahrungen, die die Gewißheit der Güte Gottes in uns verankerten, in denen wir ganz sicher wußten, daß unser Vertrauen einen festen Grund hatte. Zeiten, in denen wir von seinen Segnungen zehrten, in denen wir uns seines Wohlwollens erfreuten, dankbar für seine Gaben waren und Gottes Arm fühlten, der uns trug. Psalm 105 ist eine Aufforderung, sich daran zu erinnern:

„Da ließ er [die Gesalbten] von niemand bedrücken ...
Da ließ er [sein Volk] von niemand bedrücken ...
Da mehrte Gott sein Volk gewaltig ...
Er führte sein Volk heraus mit Silber und Gold ...
Eine Wolke breitete er aus, um sie zu decken,
und Feuer, um die Nacht zu erleuchten ...
[Er] sättigte sie mit Brot vom Himmel.
Er öffnete den Felsen und Wasser entquoll ihm ...
Denn er dachte an sein heiliges Wort
und an Abraham, seinen Knecht ... Halleluja!"
(Ps 105,14;24;37;39;40–42;45)

Der Psalmbeter weist auch in die Zukunft, er ermuntert uns, durchzuhalten, weil der Himmel fast in Reichweite ist. Leidenschaftliche Gefühle – besonders die, die vom Leiden genährt werden – erinnern uns daran, daß wir niemals wirklichen Frieden empfinden werden, ehe der Himmel sich nicht am Horizont zeigt. Fanny Crosby wußte das. Als Blinde, die im neunzehnten Jahrhundert lebte, hatte sie viel zu leiden und fand Trost im Buch der Psalmen. In ihrer Einsamkeit und Schutzlosigkeit waren ihr besonders die folgenden Verse ein Trost:

„Nur eines erbitte ich vom Herrn, danach verlangt mich:
Im Haus des Herrn zu wohnen alle Tage meines Lebens,
die Freundlichkeit des Herrn zu schauen
und nachzusinnen in seinem Tempel.
Denn er birgt mich in seinem Haus am Tage des Unheils;
er beschirmt mich im Schutz seines Zeltes,
er hebt mich auf einen Felsen empor."
(Psalm 27,4–5)

Fanny Crosby war sich bewußt, daß sie durch ihr Leiden starken Gefühlen ausgesetzt war, die sie vom Glauben abbringen konnten, wenn sie nicht bezähmt wurden. Als sie sich mit den Psalmen beschäftigte, entdeckte sie, daß sie eine enorme Quelle der Inspiration sind. Sie wurden die Basis für viele ihrer 6.000 Kirchenlieder.

Zwischen Vergangenheit und Zukunft schenken uns die Psalmen Trost in unseren gegenwärtigen Schwierigkeiten. Während wir auf dem Pfad des Leidens gehen und „in finsterer Schlucht wandern", zitieren wir innerlich diese Verse, um unsere Nerven zu beruhigen und in unserem Herzen Frieden zu finden. Selbst wenn es nur geringfügige Leiden sind – wie etwa beim Zahnarzt, wo wir auf dem Behandlungsstuhl sitzen und warten, daß die Betäubung wirkt –, erinnern wir uns an diesen beliebten Psalm:

> „Der Herr ist mein Hirte, nichts wird mir fehlen.
> Er läßt mich lagern auf grünen Auen
> und führt mich zum Ruheplatz am Wasser.
> Er stillt mein Verlangen;
> er leitet mich auf rechten Pfaden, treu seinem Namen.
> Muß ich auch wandern in finsterer Schlucht,
> ich fürchte kein Unheil; denn du bist bei mir,
> dein Stock und dein Stab geben mir Zuversicht."
> (Psalm 23,1–4)

Die Psalmen helfen uns sogar beim Bekennen unserer Schuld. Das Leiden kann uns gelegentlich dazu bringen, die Absperrung mit dem Schild „Vorsicht, Gefahr!" zu durchbrechen und uns auf dünnes Eis zu begeben, indem wir Gott unseren Groll entgegenschleudern und ihn zornig herausfordern. Doch dann wird uns klar, daß wir ohne Christus rettunglos verloren wären. Wir halten ein, schweigen und bitten Gott um Vergebung. Der Psalm leiht uns die Worte, mit denen wir unsere Schuld bekennen:

> „Gott, sei mir gnädig nach deiner Huld,
> tilge meine Frevel nach deinem reichen Erbarmen!
> Wasch meine Schuld von mir ab,

und mach mich rein von meiner Sünde!
Denn ich erkenne meine bösen Taten,
meine Sünde steht mir immer vor Augen.
Gegen dich allein habe ich gesündigt,
ich habe getan, was dir mißfällt.
So behältst du recht mit deinem Urteil . . .
Lauterer Sinn im Verborgenen gefällt dir.“
(Psalm 51,3–6;8)

Ein Fenster zu unserer Seele

Im Jahre 1951 brachte eine betrunkene Frau ein Kind zur Welt.[5] Der Ehemann der Frau war nicht der Vater des Kindes. War es einer von den Männern, die im Offiziersklub verkehrten, oder jemand, der zum Militärstützpunkt gehörte? Das Kind wußte es nicht. Sein Alltag bestand aus den Wutausbrüchen der Mutter, den leeren Flaschen und dem Mann, der mit ihnen lebte, zu dem es Papa sagte.

Oft fand die kleine Glenda bei Onkel Bob und Tante Edith Unterschlupf. Bei ihnen fühlte sie sich wirklich zu Hause; dort konnte sie mit Nachbarkindern spielen. Dort fand sie Zeit, ungestört in den Spiegel zu schauen, die Lücke zwischen ihren Zähnen zu betrachten, wo zwei Vorderzähne fehlten, nachdem sie unbarmherzig geschlagen worden war.

Als Glenda fünf Jahre alt war, besuchte sie Onkel Bob zum letztenmal. Harte Worte fielen zwischen ihrem Onkel und ihrem Stiefvater. Sie mußte von da an in dem kleinen Haus bleiben, das für die Arbeiter in der Nähe der Werft gebaut worden war. Es war sehr eng und wurde nur von einem Ölofen im Wohnzimmer geheizt. Ihre Mutter, die sich ständig von ihren Sauftouren erholen mußte, ordnete an, daß Glendas Schwester, die damals fünfzehn war, zu ihr in das vordere Schlafzimmer zieht. Die kleine Glenda sollte im hinteren Schlafzimmer mit ihrem Papa schlafen.

---

[5] Glenda Revell, *Glenda's Story,* Lincoln 1994. Die Geschichte, die wir auf diesen Seiten auszugsweise nacherzählen, ist auf erschütternde Weise wahr.

Nachts lauschte die Kleine auf das Trommeln des Regens. Es machte sie traurig. Durch die Wand gedämpft hörte sie das Schnarchen ihrer betrunkenen Mutter. Doch sie erstarrte jedesmal, wenn sie ihren Vater, der neben ihr lag, seufzen hörte. Es war das Seufzen eines Mannes, dessen sexuelle Bedürfnisse seit Jahren nicht befriedigt worden waren, der neben einem kleinen Mädchen schlief, das nicht sein Kind war, und mit seinem Ärger über die schwere Arbeit und über den Alkoholkonsum seiner Frau nicht fertig wurde.

Glenda wurde in diesem kleinen Raum wieder und wieder mißbraucht. Das Bewußtsein, daß sie sich nirgendwo hinwenden, daß sie es niemand erzählen konnte, erfüllte sie mit Entsetzen. Sie wollte fliehen, doch der Mann hielt sie fest; sie wollte schreien, doch er befahl ihr, ruhig zu sein. Die Tränen liefen ihr die Wangen herunter, wenn ihr Vater neben ihr schlief. Das kleine Mädchen starrte zur Decke und betete. Wenn sie gut genug wäre, würde Gott doch sicherlich ihr Gebet erhören. Sie bemühte sich sehr, gut zu sein. Doch ihr Leben war schlecht.

Die Situation verbesserte sich erst, als Glenda zwölf Jahre alt wurde. Ihr Vater zog in das vordere Schlafzimmer, die Mutter schlief auf dem Sofa im Wohnzimmer und Glenda konnte endlich allein schlafen. Vielleicht war es die Pubertät oder die Furcht, ein ungewolltes Baby im Haus zu haben, die diese Veränderung herbeiführte. Glenda war sich noch nicht darüber im klaren, doch Gott war an der Arbeit.

Es war kaum zu spüren. Obwohl die Jahre verblaßten, schienen die Wunden noch immer frisch zu sein. Die Klassenkameraden in der Schule blieben kühl und distanziert. Ein Wunder war das nicht. Nie lud Glenda jemand zu sich nach Hause ein. Die meist betrunkene Mutter, das Fluchen und der Schmutz waren ihr peinlich. Mindestens ein Jahr lang versteckte sie sich in Toilettenräumen oder auf dem Hinterhof, wo sie sich im Sitzen hin und her wiegte. Oft hielt sie dabei ein Päckchen Rasierklingen in der Hand. Es passierte nichts, doch sobald sie an die Möglichkeit dachte, empfand sie ein krankhaftes Vergnügen.

„Ich glaube“, sagte Glenda, „mir kam niemals in den Sinn, daß ich ein anderes Heim, andere Eltern oder ein anderes Leben verdiente. Natürlich sehnte ich mich danach, besonders nach einer Mutter, die mich liebt. Doch ich glaubte nicht, daß ich ein Recht darauf hätte. Ich erkannte frühzeitig, daß es für ein kleines Mädchen, das nichts erwartet, weniger Enttäuschungen gibt."

Die Jahre vergingen. In der Krankenpflegerschule fand sie zum ersten Mal ein wenig Ruhe, Trost und eine Unterkunft. Doch auch hier klopfte die Einsamkeit ständig an ihre Tür. Eines Nachts, als sie durch die Halle des Krankenhauses ging, fiel ihr Blick auf eine Broschüre, die auf einem der Tische lag. Auf dem Umschlag stand: „Die vier geistlichen Gesetze". Es war die Nacht, in der sie vorgehabt hatte, sich ins Bett zu legen, den Beutel mit den aufgesparten Tabletten zu öffnen und für immer Schluß zu machen. Sie schloß die Tür hinter sich ab; doch anstatt den Beutel zu greifen, öffnete sie das Heftchen. Noch bevor die Nacht zu Ende war, fiel Glenda neben ihrem Bett auf die Knie, um zu beten. Im Leichenhemd kniete sie nieder und im Gewand der Gerechtigkeit – der Gerechtigkeit Christi – erhob sie sich.

Der Sonnabend dämmerte herauf, es war ein strahlender kalter Tag. Glenda nahm den Bus in die Stadt, um sich eine Bibel zu kaufen. Gottes Worte tanzten auf den Seiten, jeder Vers wurde lebendig und bedeutungsvoll. Sie hatte ein Verhältnis – ein richtiges lebendiges Verhältnis zu Gott. Es atmete. Es pulsierte. Es explodierte vor Freude. Doch etwas verdunkelte es. Im Laufe der Zeit erschien Glenda ihre Vergangenheit immer schwärzer, je näher sie Gott kam. Das änderte sich auch nicht, als sie heiratete und Kinder bekam.

Neue Gefühle des Grolls stiegen in ihr auf. Wie konnten meine Eltern so schreckliche Dinge mit mir tun? dachte sie. Ich war nur ein kleines Mädchen. Warum ließen sie mich nicht ein kleines Mädchen sein? Ich wurde geschlagen, entblößt, mißhandelt, verflucht, angeschrien, gestoßen und gehaßt, wo ich doch weiter nichts als Liebe wollte. Ich hätte alles für ihre Liebe getan. Und jetzt hasse ich sie und kann es nicht ändern. Ihr Zorn deckte eine Fäulnis auf, die sich im Inneren ihres Herzens verbarg. Im Psalm heißt es:

„Wer dein Gesetz liebt, der hat Glück und Frieden, kein Hindernis kann ihm zum Straucheln bringen" (Psalm 119,165 nach Gute Nachricht).

Unglaublich! Wird Gott mir tatsächlich Frieden schenken und mich vor dem Straucheln bewahren? fragte sich Glenda. Wird er mich von meinem mörderischen Haß befreien? Der Vers antwortete: Kein Hindernis kann dich zum Straucheln bringen. Die zwei Zeilen waren zu kurz, um als Lanze oder Speer bezeichnet zu werden. Man konnte nicht einmal sagen, daß sie ein Pfeil waren, der das Herz durchbohrt. Der kurze Vers war wie eine Nadel, doch Gottes Treffsicherheit war ausgezeichnet. Er stach damit ein Loch in den Ballon, den Glenda in all diesen Jahren mit ihrem Zorn gefüllt hatte.

„O Gott", betete Glenda. „Wenn du nicht willst, daß ich strauchele, entferne bitte das, worüber ich straucheln kann. Ich verbrenne vor Haß und kann so nicht weiterleben. Reiße den Zorn aus mir heraus. Ich sehne mich danach, völlig dir zu gehören. Ich möchte denen vergeben, die mir Unrecht getan haben, genauso, wie du mir all mein Unrecht vergeben hast. Bitte hilf mir, Vater, um Jesu Willen."

So mancher wäre der Meinung, daß sich Glendas Zorn eher gegen Gott als gegen ihre Eltern richten sollte. Entblößt, mißhandelt, verflucht. Ein Kind hat nicht die Kraft, einen Mann beiseite zu stoßen, der von seiner Begierde übermannt wird. Doch Gott hat sie. Ein kleines Mädchen kann nicht schneller laufen als eine betrunkene Mutter, die einen Gürtel schwingt. Ein Kind kann keinen Schild hochhalten, der groß und dick genug wäre, um die Worte abzuwehren, die seine Seele tief verletzen. Wo war Gott? Warum nicht auf ihn zornig sein?

Welche Antwort könnte einen in einer derart schrecklichen Situation aussöhnen? Gott sagt selbst: „Es wäre besser für [den Menschen], man würde ihn mit einem Mühlstein um den Hals ins Meer werfen, als daß er einen von diesen Kleinen zum Bösen verführt" (Lk 17,2). Na gut: Böse Männer werden sich eines Tages dem Ärger eines gerechten Richters stellen müssen, was nutzt das aber jetzt?

Wir möchten die Antworten jetzt haben. Doch würde es uns zufriedenstellen, wenn wir wissen, warum es geschah? Wir könnten fragen: „Wo war Gott? War es seine Schuld?" und erfahren, daß es, obwohl er der unumschränkte Herrscher ist, nicht seine Schuld war. Oder wir könnten fragen: „War es ein Angriff des Feindes?" und herausfinden, daß es möglich wäre. Oder wir könnten noch tiefer bohren und fragen: „Ist es geschehen, weil wir in einer gefallenen, gottlosen Welt leben? Ist es kein direkter persönlicher Angriff des Teufels oder Gottes?" und erfahren, daß es mit ziemlicher Sicherheit so ist. Noch einmal zurück zum Anfang: Sind solche Antworten befriedigend? Wahrscheinlich nicht.

Glenda fand mit Gottes Hilfe die einzige zufriedenstellende Antwort – eine Antwort, die bis ins Herz reichte, bis dahin, wo es schmerzte. Ihr Zorn zeigte ihr ihre Not. Ihr Zorn half ihr, die richtige Richtung einzuschlagen.

Sie wurde sich bewußt, daß ihr glühender Haß genauso abscheulich, genauso ekelerregend war wie die Sünden, die man gegen sie begangen hatte. Sie war nicht besser als ihre Eltern. Genauso wie sich ihr Vater an ihr vergangen hatte, hatte sie in Gedanken das Messer mit heißer Wut in seine Brust gestoßen. Glenda hätte leicht diejenige sein können, die Gott wild fluchend und voller Haß folterte und an sein Kreuz nagelte. Eigentlich tat sie es, indem sie ihre Sünde zugab. Die Erinnerung von Speichel auf ihrem Kindergesicht verblaßte im Vergleich zum Speichel auf dem Gesicht ihres Erlösers. Glenda entdeckte – was nur wenigen gelingt – die Tiefe der Liebe Gottes, die sich darin ausdrückt „daß Christus für uns gestorben ist, als wir noch Sünder waren" (Röm 5,8).

„Damit wir leiden können, ohne bei unseren eigenen Kümmernissen zu verweilen, müssen wir über ein größeres Leiden nachdenken und uns zu Christus am Kreuz wenden", sagte Thomas Merton einmal. „Damit wir ohne Haß leiden können, müssen wir unsere Bitternis aus dem Herzen vertreiben, indem wir Jesus lieben. Um ohne Hoffnung auf Entschädigung leiden zu können, sollten wir unseren ganzen Frieden in der Überzeugung finden, daß wir mit Jesus vereint sind. Das zu erreichen ist nicht eine Angelegenheit asketischer Technik, sondern einfachen Glaubens."[7]

---

[7] Thomas Merton, *No Man is an Island,* New York 1955, S. 94.

Gott, der am Kreuz leidet. Auf die Frage „Warum?“ gibt es ohne Jesus keine Antwort. Vielleicht erschwert es die Angelegenheit doch nicht, daß Gott am Problem des Leidens teilhat. Wie oder in welchem Maß er das Problem schuf, ist nicht die Frage. Er ist die Antwort, und wir brauchen ihn.

2.
Zufriedenheit erlangen

Ein zufriedener Mensch ist jemand, der selbst dann noch die Landschaft genießt, wenn er eine Umleitung fahren muß. Ein solcher Ausspruch verdient eine Geschichte.

Ihr Herz klopft aufgeregt, während Sie Pläne für einen Umzug machen. Sie wollen in die Nähe von Rom ziehen. Sie studieren die Sprache, orientieren sich über die dortigen Speisen, die Gebräuche und die Kunst und kaufen Bücher über die Basilika und die Sixtinische Kapelle. Sie blättern die Maklerprospekte durch und sehen sich bereits beim Frühstück auf einem Balkon sitzen, von dem man auf eine sonnige Meeresbucht sieht. Ihre Hoffnungen reichen in den Himmel. Das wird das Abenteuer ihres Lebens werden.

Auf dem Weg nach Rom ändert sich plötzlich alles. Ihr Flugzeug landet in Holland. Verwirrt stehen Sie in Amsterdam vor dem Flughafen, halten krampfhaft den italienischen Reiseführer fest und fragen: „Wo bin ich? Was geht hier vor?" Die Gegend ist flach; das Wetter kühl und feucht. Sie würgen holländischen Rosenkohl hinunter und lernen, wie man „tot ziens" anstatt „arrivederci" sagt. Obwohl Ihre Enttäuschung groß ist, tun Sie besser daran, sich an Holzschuhe zu gewöhnen. Holland ist jetzt ihr Zuhause. Vergessen Sie ihre zerstörten Hoffnungen, und machen Sie das Beste aus dem, was Ihnen geboten wird. Hin und wieder flackert die Sehnsucht nach Italien auf, doch Sie lernen, das Leben in Holland hinzunehmen. Es ist nicht unerträglich, nur anders.

So ist es mit dem Leben. Sie fliegen eine Strecke und plötzlich ändert sich etwas Entscheidendes. Ein Herzanfall setzt Ihren Bruder außer Gefecht oder Ihr Sohn hat sich mit AIDS infiziert. Es ist möglich, daß Gott den Himmel öffnet und ein Wunder vollbringt, doch wahrscheinlicher ist, daß Sie sich damit abfinden müssen. Sie werden die Schmerzen ertragen und durchhalten. Sie werden die Wochenenden damit verbringen, der Familie Ihres Bruders zu helfen. Sie werden Ihre Vorurteile zur Seite legen und das Bett Ihres Sohnes neu beziehen. Oder sie wechseln Ihrem Zwölfjährigen, der geistig behindert ist, die Windeln. Sie halten sich an den Eid, den Sie bei Ihrer Hochzeit geschworen haben, obwohl man Ihnen die kalte Schulter zeigt und das Bett neben Ihnen leer ist. Sie halten sich an Ihr Budget und fahren nicht in den Urlaub. Sie bezwingen das Drängen der Hormone und verabreden sich mit Ihrem Fernseher zu einem Abendessen allein. Sie finden sich mit den Dingen ab, wie sie sind.

Gelegentlich fragen Sie sich, wie es wohl wäre, wenn sie nicht ständig das dumpfe Ziehen der Schmerzen spüren würden, oder wie es davor einmal war. Doch meistens gelingt es Ihnen, die Schmerzen zu ertragen. Sie gewöhnen sich an eine andere Sprache, daran, die Dinge anders zu tun und nicht so, wie Sie es am liebsten täten, und lernen, in einer Welt zu überleben, die Sie sich niemals ausgesucht hätten.

Doch ich kann so nicht leben, nicht wirklich *leben*. Und ich glaube, Sie können es auch nicht. Vielleicht können es Haustiere, die darauf abgerichtet sind, an der Leine zu gehen, und Pferde, die an Zügel gewöhnt sind; doch Menschen können es nicht. Tiere fügen sich: Pferde dulden das schwere Geschirr und finden sich mit dem Pflug ab, den sie ziehen müssen. Doch wir sind keine Tiere. Gott weint, wenn er sieht, daß wir uns Scheuklappen anlegen wie Pferde, deren Wille gebrochen wurde. Er weint, denn er hat nicht beabsichtigt, daß wir unser Leben in Resignation verbringen. Zum einen, weil Stoiker sich ungewollt in den Mittelpunkt des Ganzen rücken, zum anderen, weil unsere Seelen zu wichtig sind. Selbst in der Stille der Verzweiflung pulsiert unter der Schale eines verhärteten Herzens die Leidenschaft wie eine verglimmende Kohle. Ein warmer Luftzug läßt eine ferne Erinnerung aufleben. Ein Lied erweckt eine vage Hoffnung. Eine Hand auf der Schulter läßt Verlangen wachsen. Wir sehnen uns danach, ganz Mensch zu sein. Wir haben Schmerzen, wir kosten Bitternis und Galle. Wir kosten Tränen. Tiere weinen nicht, und wenn sie es tun, fragen sie nicht: „Gehört nicht mehr zum Leben als nur zu überleben?“

Vielleicht können wir überleben, doch das darf nicht alles sein.

„Werde ich je wieder wirklich glücklich sein?"

Ja und nein. Uns kann Leid zugefügt werden, „und doch sind wir jederzeit fröhlich; wir sind arm und machen doch viele reich; wir haben nichts und haben doch alles" (2 Kor 6,10). Mit anderen Worten, es ist durchaus möglich, daß es Ihnen Spaß macht, in Holland zu leben – vielleicht sogar mehr als in Italien.

Wenn man nicht entkommen kann

Werde ich in diesem Haus je wieder glücklich sein? war alles, was ich denken konnte, als ich aus dem Krankenhaus kam und durch die Eingangstür unseres Hauses rollte. Die Türen waren zu schmal, die Waschbecken zu hoch. Drei kleine Stufen wurden zum Hindernis, das mir den Zugang zum Wohnzimmer verwehrte. Ich saß am Eßtisch, an dessen Kante ich mir die Knie stieß. Ein Teller mit Essen stand vor mir, doch meine Hände lagen nutzlos in meinem Schoß. Jemand anders fütterte mich in den ersten Monaten. Ich fühlte mich eingeschlossen und gefangen. Unser gemütliches Heim war zu einer ablehnenden, fremden Umgebung geworden.

Meine Situation zwang mich dazu, mir einen anderen Gefangenen anzusehen.

Der Apostel Paulus hatte sich in seinem Leben oft in Räumen befunden, aus denen es kein Entrinnen gab. Mehr als zwei Jahre lang wurde er von einem Kerker zum anderen gebracht, da keiner der römischen Machthaber die Verantwortung für ihn übernehmen wollte. Weder Felix noch Festus wollte sich an ihm die Finger verbrennen. Deshalb wurde er schließlich nach Rom gesandt.

Dort wurde er unter Hausarrest gestellt. Er dankte der Gemeinde von Philippi für ihre Besorgnis und versicherte ihnen in seinem Brief: „Ich habe gelernt, mich in jeder Lage zurechtzufinden: Ich weiß Entbehrungen zu ertragen, ich kann im Überfluß leben" (Phil 4,11–12).

Paulus sprach von einer Ruhe des Herzens, die übernatürlichen Ursprungs ist, die sich Gott in allen Umständen bereitwillig unterwirft. Wenn ich von „Ruhe des Herzens" spreche, klammere ich dabei die Wirklichkeit, wie Gefängnisgitter, Rollstühle, ungerechte Behandlung und Krankheiten nicht aus. Was ich ausklammere, sind innere Vorgänge, die lediglich zu hektischer Geschäftigkeit führen, wie mürrische Gedanken, Fluchtwege suchen, sich ärgern oder Sorgen machen. Zufriedenheit ist ein gefaßter Geist, der in der Lage ist, still zu sein und Leiden zu ertragen. Paulus verstand sich auf diese Art zu leben.

Er *lernte* es. Das bedeutete, sich Fähigkeiten anzueignen, etwas zu verstehen und entsprechend zu handeln. Was hatte er verstanden? „In jedes und alles bin ich eingeweiht: in Sattsein und Hungern, Überfluß und Entbehrung" (Phil 4,12).

Worin besteht das Geheimnis, das Paulus gelernt hat? Jeremiah Burroughs schrieb im siebzehnten Jahrhundert in seinem Buch *The Rare Jewel of Christian Contentment* (Der seltene Edelstein christlicher Zufriedenheit), daß im Neuen Testament das Wort, das mit Zufriedenheit übersetzt wurde, die Bedeutung von Genügsamkeit hat. Paulus benutzt im zweiten Brief an die Korinther ein Wort, das im Griechischen die gleiche Wurzel besitzt: „Meine Gnade genügt dir; denn sie erweist ihre Kraft in der Schwachheit" (2 Kor 12,9). Das Geheimnis, das Paulus lernte, bestand darin, sich an den gnädigen Gott um Hilfe zu wenden. „Laßt uns also voll Zuversicht hingehen zum Thron der Gnade, *damit wir Erbarmen und Gnade finden und so Hilfe erlangen zur rechten Zeit*" (Hebr 4,16).

Das war es, was Paulus meistern mußte. Dazu gehörte, schwere Entscheidungen zu treffen, sich nach Gott zu richten. Warum ist das mit viel Arbeit verbunden? Weil es für uns nicht natürlich ist, „zuversichtlich zum Thron der Gnade zu gehen". Weil es sich nicht automatisch ergibt, zur rechten Zeit Gnade und Hilfe zu finden. Denken Sie an die mit Bedacht gewählten Worte, die Paulus benutzte, als er an die Philipper schrieb: Ich jage nach . . . ich strebe . . . ich bleibe fest.

In kleinerem Maße habe ich es selbst gelernt, derartige Entscheidungen zu treffen. Ich wurde es müde, gefüttert zu werden.

Doch als ich versuchte, mit meinen gelähmten Armen selbst zu essen, wollte ich aufgeben. Ein besonders gebogener Löffel wurde mit einer Lederschlaufe an meiner Armschiene befestigt. Mit meinen schwachen Schultermuskeln mußte ich Essen auf den Löffel bugsieren, ihn anheben, gerade halten und zum Mund führen. Es war erniedrigend, einen Latz umzuhaben, meine Kleidung zu bekleckern und das Essen öfter im Schoß als im Mund zu haben.

Ich hätte aufgeben können, es wäre so leicht gewesen, und bestimmt hätte mir keiner einen Vorwurf daraus gemacht. Ich mußte eine Entscheidung treffen. Soll ich mich dadurch entmutigen lassen, daß es peinlich ist, sich das Essen ins Gesicht zu schmieren? Soll ich mich von Fehlschlägen unterkriegen lassen? Ich entschied, daß die Möglichkeit, selbst zu essen, schwerer wog als die flüchtige Genugtuung des Selbstmitleids. Das zwang mich zu beten: *O, Gott, hilf mir mit diesem Löffel!* Ich mußte lernen, mich an Gott um Hilfe zu wenden. Heute kann ich ganz gut mit dem Löffel an meiner Schiene essen.

Der Gebrauch meiner Arme und Hände wurde mir nicht wiedergegeben. Doch ich lernte, zufrieden zu sein. Christus ist kein Zauberstab, der über unsere Sorgen und Kümmernisse geschwungen werden kann und sie verschwinden läßt. „In ihm sind alle Schätze der Weisheit und Erkenntnis verborgen“ (Kol 2,3). Weisheit und Erkenntnisse – dazu gehört das Wissen, wie man zufrieden lebt – sind in ihm verborgen wie ein Schatz, nach dem man suchen muß. Nach etwas Verborgenem zu suchen, verlangt harte Arbeit: „Sucht ihr mich, so findet ihr mich. Wenn ihr von ganzem Herzen nach mir fragt, lasse ich mich von euch finden“ (Jer 29,13–14).

Gott überläßt uns nicht uns selbst. „Ich habe gelernt, mich in jeder Lage zurechtzufinden . . . Alles vermag ich *durch ihn, der mir Kraft gibt*“ (Phil 4,11,13). Gottes Stärke wirkt in dem Moment in uns, in dem wir im Glauben an eine schwere Aufgabe herangehen. Alles vermag ich durch Christus, der mir Kraft gibt.

Sie treffen Ihre Wahl, und Gott schenkt Ihnen die Kraft. Er gibt Ihnen die Kraft, still zu sein, wenn Sie sich mit Recht beklagen könnten, weil Ihr Mann schon lange an keiner Elternversammlung teilgenommen hat. Gott verleiht Ihnen die Stärke, die Interessen eines Arbeitskollegen vor die Ihren zu stellen, auch wenn es sich dabei um jemand handelt, der Sie als Sprungbrett für seine Karriere benutzt. Er erfüllt Sie mit der Kraft, sich morgens beim Aufstehen für eine fröhliche Stimmung zu entscheiden, auch wenn es ein gewöhnlicher Tag mit der üblichen Routine ist, an dem Sie Ihr behindertes Kind versorgen müssen.

Sie haben trotzdem einen Mann, der seinen Verantwortungen nicht nachkommt, einen egoistischen Mitarbeiter und ein behindertes Kind – doch Sie haben Frieden im Herzen.

Durch Verlust gewinnen

Erinnern Sie sich an meine Definition des Leidens: Daß man hat, was man sich nicht wünscht, und sich wünscht, was man nicht hat? Ziehen Sie Ihre Wünsche ab und Sie erhalten Zufriedenheit.

Das ist ein Weg, wie man seine Wünsche mit der Realität in Einklang bringt. Der Apostel Paulus war ein Experte in dieser Art von Mathematik. So freute er sich, als seine Freunde in Philippi ihm Geschenke sandten. „Ich habe mich . . . besonders gefreut“ sagt er, doch fügt schnell hinzu: „Ich sage das nicht, weil ich etwa Mangel leide“ (Phil 4,10–11).

Keinen Mangel leiden? Im Gefängnis? „Ich habe jetzt mehr als genug“, versichert er seinen Freunden (Phil 4,18). Warum freute sich Paulus dann so sehr? „Es geht mir nicht um die Gabe, es geht mir um den Gewinn, der *euch mit Zinsen gutgeschrieben wird“* (Vers 17). Paulus zog seine Wünsche ab, und indem er das tat, vergrößerte er seine Freude – seine Freude darüber, die Bedürfnisse anderer befriedigen zu können.

Paulus machte sich nichts vor, sondern stellte sich mit seinen Wünschen einfach darauf ein, daß Christus alles war, was er brauchte. Für Paulus war Christus mehr als genug, „in Sattsein und Hungern, Überfluß und Entbehrung“ (Phil 4,12).

Die Welt kennt diese Art von Mathematik nicht. Sie wird sich bemühen, die Lebensbedingungen den Wünschen anzupassen –

ihre Gesundheit zu verbessern, ihr Geld zu vermehren, Schönheit und Macht zu vergrößern. Es ist weiser, den anderen Weg zu gehen. Christen mögen nicht in der Lage sein, ihre Lebensbedingungen zu bestimmen, doch sie können ihre Herzen bestimmen. „Der Bruder, der in niedrigem Stand lebt, rühme sich seiner hohen Würde, der Reiche aber seiner Niedrigkeit; denn er wird dahinschwinden wie die Blume im Gras“ (Jak 1,9). Burroughs schrieb: „Hier liegt der Kern und die Wurzel aller Zufriedenheit: Wenn Ausgeglichenheit und Gleichmaß zwischen unseren Herzen und unseren Lebensbedingungen besteht.“[1]

Cecile Van Antwerp lebt schon etliche Jahre länger im Rollstuhl als ich und wohnt außerdem in einem Pflegeheim. Als ich sie besuchte, war ich darüber verblüfft, wie klein ihre Wohnecke war, die gerade genug Platz für ein Bett und eine Kommode unter dem Fenster bot. Trotzdem hatte sie daraus mit Blumen, Fotos an den Wänden, einer schönen Decke und einem Bild über dem Fußende ihres Bettes ein Heim gemacht. Sie hatte ihre Herzenswünsche reduziert und aus einem engen Platz ein kleines gemütliches Nest gemacht. Sie ist zufrieden.

Wie können wir diese Art Mathematik umsetzen? Wie bringen wir diese Art von „Subtraktion“ zustande? Indem wir Geist und Herz mit Dingen füttern, die Zufriedenheit schaffen, anstatt Wünsche wachzurufen. Ich spreche nicht davon, Regeln aufzustellen. Regeln verleiten dazu, Wünsche zu wecken. (Man kann es nicht ändern, daß Begehrlichkeiten wach werden, sobald es heißt: „Faß das nicht an!“ oder „Tue das nicht!“) Ich spreche von gesundem Menschenverstand.

Man kann es auch Veränderung des Verhaltens nennen. Sie wollen nicht, daß man Ihnen wehtut? Dann halten Sie sich von Dingen fern, die wehtun können. Sie werden mich niemals dabei ertappen, in der Wäscheabteilung eines Kaufhauses zu verweilen, wo große, elegante Puppen wunderschöne seidene Negligés zur Schau stellen. Es spielt keine Rolle, daß die Puppen aus Gips sind; sie stehen aufrecht und ich nicht. Es sieht besser aus, wenn

[1] Jeremiah Borroughs, *The Rare Juwel of Christian Contentment*, Carlisle 1992, S. 101.

ich Sachen trage, die wie ein Sack an mir herunterhängen! Da ich gelähmt bin, ist es nicht praktisch, spitzenbesetzte Hüfthalter oder Netzstrümpfe zu tragen. Sehe ich diese hinreißende Wäsche, denke ich unruhig: „Kinder, wenn ich das bloß tragen könnte!" Deshalb bleibe ich in der Wäscheabteilung gerade lange genug, um die notwendigen Kleinigkeiten zu kaufen, und verschwinde wieder.

Mit der euphorischen Musik der 60er Jahre ist es das Gleiche. Diese seltsamen, verrückten Töne bildeten den Hintergrund zu meiner selbstmörderischen Verzweiflung, als ich meinen Kopf auf dem Kissen hin und her schleuderte, in der Hoffnung, mir das Genick noch einmal zu brechen. Jetzt wechsele ich den Sender, sobald ich kreischende Gitarren und den harten, zornigen Rhythmus höre. Ich verdränge nichts und weigere mich nicht, der Wahrheit ins Gesicht zu sehen; ich habe lediglich einen gesunden Respekt vor der Macht der Musik. Ich bin heute so gelähmt wie damals und weiß, daß ich in Schwierigkeiten gerate, wenn ich mich dieser Musik aussetze, die in mir dunkle Gedanken aufkommen läßt.

Das Essen ist auch so eine Sache. Da ich nicht wie andere Menschen Gymnastik oder Sport treiben kann, muß ich sehr auf meine Kalorien achten. Abends, wenn ich mein Büro verlasse, rieche ich gewöhnlich den appetitanregenden Duft von gegrillten Steaks mit Zwiebeln, der von einem nahegelegenen Restaurant herüberzieht. Das bringt mich fast um. Ich esse gebratene Zwiebelringe für mein Leben gern. Doch wenn ich hungrig bin, meide ich das Restaurant, genauso, wie ich die Konditorabteilung links liegen lasse, wenn ich im Supermarkt einkaufe.

Zufriedenheit gewinnen bedeutet nicht, den Kummer loszuwerden oder sich von Beschwerden freizumachen. Zufriedenheit heißt, Wünsche zu opfern, um eine beständige Seele zu gewinnen. Man gibt eins für das andere auf. Das ist hart. Hart aber auch befreiend. „Uns wird Leid zugefügt, und doch sind wir jederzeit fröhlich . . . wir haben nichts und haben doch alles." Im ersten Brief an Timotheus heißt es: „Die Frömmigkeit bringt in der Tat reichen Gewinn, wenn man nur genügsam ist" (1 Tim 6,6), und der Gewinn ergibt sich immer durch Verlust.

Kein Wunder, daß Zufriedenheit enorme Kraft verlangt! Jeremiah Burroughs schreibt:

„[Ein Christ] ist der zufriedenste Mensch der Welt und zugleich der unzufriedenste Mensch in der Welt; zusammengenommen stellen diese beiden notwendigerweise ein Mysterium dar ... Er ist zufrieden, wenn er nichts weiter als eine Brotkruste und Wasser hat ... doch wenn Gott ihm Königreiche oder Kaiserreiche, selbst die ganze Welt zu regieren gäbe ... sollte er damit nicht zufrieden sein. Eine Seele, die imstande ist, Gott aufzunehmen, kann außer mit Gott mit nichts anderem gefüllt werden."[2]

Noch eine Gleichung

„Ich beklagte mich, daß ich keine Schuhe habe, bis ich einen Mann traf, der keine Füße hatte."

Das ist banal, doch wahr. Suchen Sie Begegnungen mit Menschen, deren Lebensbedingungen bescheidener sind. Das stärkt Ihre Zufriedenheit und belebt die Zufriedenheit bei diesen Menschen. Ein doppelter Segen.

Als ich mit meiner Freundin Mary Jean, die bei mir zu Besuch war, im Café des Einkaufszentrums saß, hätte ich schwören können, daß ich zufrieden bin. Meine Freundin ist mir sehr ähnlich, auch sie gönnt sich selten Urlaub, reist weite Strecken und arbeitet viel in der christlichen Seelsorge. Als Mary Jean ankündigte, daß sie bei mir ein paar Tage Urlaub machen würde, nahm ich an, daß es uns beiden guttäte, ganz normale Dinge zu unternehmen. Was hätte sich dazu besser geeignet, als ein paar Stunden im Einkaufszentrum zu verbringen. Wir bestellten unseren Café und saßen neben dem Eingang zum Kaufhaus. Unser Getränk kam, wir schäkerten mit den Kleinkindern in ihren Sportwagen, die neben uns geparkt waren, und bewunderten die Frühlingskleider der Passantinnen. Wir klatschten ein wenig über die fetten Großmütter und den neuesten Haarschnitt der

[2] Ebd., S. 42–43.

First Lady und wandten uns dann dem unvermeidlichen Thema christlicher Seelsorge zu.

Ich erzählte Mary Jean von meiner Freundin Bonnie Young, die in einem Pflegeheim lebt. „Bonnies Krankheit ist soweit fortgeschritten, daß sie den ganzen Tag im Bett liegen muß", sagte ich. „Es wäre gut, wenn wir etwas Zeit fänden, für sie zu beten. Ich habe gehört, daß sie sehr deprimiert ist."

Wir saßen einen Moment, ohne zu sprechen. Plötzlich riefen wir wie aus einem Munde: „Was tun wir dann hier?!"

Wir griffen nach unseren Sachen und eilten zu einer Telefonzelle. Ja, Bonnie durfte Besucher empfangen. Nein, wir würden nicht stören, sie hätte nicht viele Freunde, die vorbeikämen. Im Auto sangen wir Lieder, bis wir in die schattige Einfahrt des Pflegeheims einbogen. Eilig rollten wir den langen Flur entlang, die Menschen grüßend, die in ihren Rollstühlen an der Wand aufgereiht standen. Bonnies Zimmer war das letzte auf der rechten Seite.

Ihre Augen leuchteten auf, als sie uns sah. Sie konnte sich nicht ausdrücken. Es fiel ihr schwer, zu atmen und zu sprechen. Wir sangen für Bonnie und saßen eine Weile schweigend, während wir auf die Vögel lauschten, die vor ihrem Fenster zwitscherten. Kurz bevor wir gingen, fragte ich, ob sie uns langsam das Vaterunser nachsprechen wollte. Ausdruckslos nickte sie. Während irgendwo eine Bettpfanne klapperte und jemand sich im Schwesternzimmer unterhielt, sprachen wir gemeinsam zu unserem himmlischen Vater.

Mary Jean genoß ihren Besuch bei mir, den Abstecher zum Strand und ein Abendessen in einem feinen Restaurant inbegriffen. Doch den Höhepunkt bildete die wunderbare Gelegenheit, eine Freundin zu besuchen, die es schwerer hatte als wir. Im Kaufhaus wird noch oft Ausverkauf sein, doch nicht immer wird sich eine Möglichkeit ergeben, unsere Zufriedenheit zu stärken, indem wir eine Freundin in Not besuchen. „In Demut schätze einer den andern höher ein als sich selbst. Jeder achte nicht nur auf das eigene Wohl, sondern auch auf das der anderen" (Phil 2,3–4).

Es geht nicht darum, die Not eines anderen mit der eigenen Situation zu vergleichen, um sich dadurch zur Dankbarkeit zu zwingen. Es geht nicht darum, „die armen Unglücklichen zu bemitleiden". Es geht um neue Perspektiven. Ähnlich wie in dem Brief, den ich von einer Mutter erhielt, die am JAF-Treffen teilgenommen hatte.

„Liebe Joni!
Ich schreibe Dir, um Dir von meinem vierjährigen Sohn Zachariah zu erzählen, der jetzt ein Gewächs an seiner Herzklappe hat. Da er ein Atemgerät benutzt, hat der Herzspezialist Angst vor einer Operation.

Für mich als Mutter ist es sehr schmerzlich, dabei zuzusehen, wie mein Sohn leidet, denn er versteht nicht, warum das so ist. Das ist nicht gut, doch es könnte noch schlimmer sein. In Gottes großer Weisheit und in der Liebe, die er für uns hat, ist es sein Wille, dem ich mich bescheiden beuge, weil ich weiß, daß seine Treue bis in den Himmel reicht. Zach ist noch ein Kind und muß jetzt zum sechsundzwanzigsten Mal ins Krankenhaus, damit er zum fünfzehnten Mal operiert wird. In diesen Zeiten voller Schmerzen, Operationen, Fragen, Entscheidungen und Tränen weiß ich ganz bestimmt, daß Gott uns auch hier hindurchhelfen wird. Nicht nur gerade so, nicht nur am seidenen Faden hängend, sondern herrlich und voller Frieden.

Ich denke mit Ehrfurcht an alles, was er in meinem Leben getan hat. Er befreite mich aus einer tiefen dunklen Grube von Inzest, Prostitution, Depression, Selbstverachtung und Haß und stellte meine Füße auf festen Boden. Er gab mir ein neues Lied ins Herz und, wie es im vierzigsten Psalm heißt: „Viele werden es sehen, sich in Ehrfurcht neigen und auf den Herrn vertrauen." Ich bin nichts Großartiges, doch ich diene einem großartigen Gott. Wenn ich daran denke, woher er mich geholt hat, weiß ich, daß ich es nicht wert bin. Und trotzdem, selbst wenn ich untreu bin, bleibt er doch treu.

Alles Liebe, Jeri"

Genügsamkeit und Freude

Die Mutter von Zachariah ist voller Freude. Erstaunlich!

Der Apostel Paulus bestätigt es: „Viel lieber also will ich mich meiner Schwachheit rühmen, damit die Kraft Christi auf mich herabkommt" (2 Kor 12,9). Die Philosophie der Welt besagt: „Was nicht kuriert werden kann, muß erduldet werden." In der Philosophie der Christen heißt es: „Selbst wenn etwas nicht kuriert werden kann, kann man sich daran freuen."

Elisabeth Elliot sagt: „Die Lösung besteht nicht darin, dem Unglücklichsein zu entrinnen, sondern eine neue Definition dafür zu finden. Definieren Sie Glück als Pflicht, Ehre, Opfer, Treue, Engagement und Dienen." Ehre verleiht einer schlechten Ehe Wert. Opfer ist die wahre Bezeichnung für Liebe, die man undankbaren Kindern erweist. Treu das Ansehen eines Mitarbeiters zu verteidigen, ist weitaus mehr wert, als befördert zu werden. Engagement und Dienst am Nächsten bringen dem leidenden Menschen, der seine Aufmerksamkeit von sich auf andere richtet, unvorstellbare Freuden.

Genügsamkeit und Freude gehen Hand in Hand. Denken Sie noch einmal an den Apostel Paulus. Als er seinen Brief an die Philipper schrieb, stand er unter Bewachung und wartete darauf, daß sein Fall vor dem kaiserlichen Tribunal verhandelt wird. Immer wieder gab es Verzögerungen. Doch was auch geschah, Paulus war nicht nur bereit, er war . . . voller Freude! In seinem Brief schreibt er:

„Ihr sollt wissen, Brüder, daß alles, was mir zugestoßen ist, die Verbreitung des Evangeliums gefördert hat . . . Auf jede Weise, ob in unlauterer oder lauterer Absicht, wird Christus verkündigt, und darüber freue ich mich. Aber ich werde mich auch in Zukunft freuen. Denn ich weiß: Das wird zu meiner Rettung führen . . . daß vielmehr Christus in aller Öffentlichkeit – wie immer, so auch jetzt – durch meinen Leib verherrlicht wird, ob ich lebe oder sterbe . . . Wenn auch mein Leben dargebracht wird zusammen mit dem Opfer und Gottesdienst eures Glaubens, freue ich mich dennoch, und ich freue mich mit euch allen. Ebenso sollt auch ihr euch freuen; freut euch mit mir!" (Phil 1,12;18–19;2,17–18).

Von Anfang bis Ende ein Brief der Freude. Die Zeit im Gefängnis war für Paulus reich an Freuden und Zufriedenheit, weil er aus anderen Gefängnisaufenthalten gelernt hatte. Jahre zuvor war er mit Silas in einem Gefängnis gewesen. Um Mitternacht hatten sie in tiefster Dunkelheit lauthals Loblieder gesungen. Die anderen Gefangenen konnten ihren Gesang durch die dicken Wände und schweren Türen hören (Apg 16,25).

Für Paulus ging die Gleichung der Zufriedenheit auf, indem er seine irdischen Wünsche zurückstellte, damit etwas weitaus Wertvolleres ihre Stelle einnehmen konnte: die Sache Christi in der Welt voranzubringen. Das machte ihm enorme Freude. Freude, die auf seiner Überzeugung beruhte, daß leidende Christen wirksamer im Reich Gottes verwendet werden können. Und als er wieder ins Gefängnis geworfen wurde – es sollte das letzte Mal sein –, war seine Freude groß.

Wie seltsam das klingt und doch, wie sehr es Gott ähnlich sieht. So hatte Christus gelebt, als er auf Erden war. Der Menschensohn „verachtet und von den Menschen gemieden, ein Mann voller Schmerzen, mit Krankheit vertraut" (Jes 53,3), war trotz allem auch der Herr der Freude. „Laßt uns . . . dabei auf Jesus blicken, den Urheber und Vollender des Glaubens; er hat angesichts der vor ihm liegenden Freude das Kreuz auf sich genommen, ohne auf die Schande zu achten, und sich zur Rechten von Gottes Thron gesetzt. Denkt an den, der von den Sündern solchen Widerstand gegen sich erduldet hat; dann werdet ihr nicht ermatten und den Mut nicht verlieren" (Hebr 12,1–3).

Christus vor Augen haben

Wenn Sie nur versuchen, Ihre Unzufriedenheit abzuwehren, werden Sie jämmerlich Schiffbruch erleiden. Solange Sie nicht die klaren Verheißungen vom alles überstrahlenden Glück in Gott dazu addieren, können Sie Wünsche subtrahieren soviel Sie wollen und werden trotzdem ruhelos sein.

Wenn es um Zufriedenheit geht, *muß* Gott unser Ziel sein. Ob es eigenwillige Gedanken sind, ob wir unsere Lebensbedingungen schlechtmachen oder ob es sich darum handelt, daß wir uns mit anderen vergleichen, deren Leben leichter ist, bei diesem Prozeß geht es um mehr als darum, Böses zu vermeiden, es geht darum, Gott zu suchen. Im Hebräerbrief heißt es: Aufgrund des Glaubens wollte sich Mose lieber „zusammen mit dem Volk Gottes mißhandeln lassen, als flüchtigen Genuß von der Sünde zu haben; er hielt die Schmach des Messias für einen größeren Reichtum als die Schätze Ägyptens; denn er dachte an den künftigen Lohn" (Hebr 11,24–26).

Ich bemühe mich noch immer, das zu lernen. Wenn mein Körper etwas nicht haben kann, macht meine Phantasie Überstunden, um es herbeizuschaffen. Doch Phantasien frustrieren nur. Ich muß darum kämpfen, mit Gott zufrieden zu sein. Deshalb fülle ich mich mit den Versprechen, die Christus uns gibt. Dr. John Piper hat zu diesem Thema etwas Wunderbares in seinem Buch *The Pleasures of God* (Das Vergnügen Gottes) gesagt:

„Wir müssen den kleinen Funken des [irdischen] Vergnügens von der Feuersbrunst heiliger Befriedigung verschlingen lassen. Wenn wir mit unseren Augen ein Bündnis schließen, so wie Ijob es tat (Ijob 31,1), ist es nicht nur unser Ziel, etwas Erotischem auszuweichen, sondern etwas Ausgezeichnetes zu gewinnen . . . Wir lassen uns nicht mit einer Wurstscheibe abspeisen, wenn wir die Steaks auf dem Grill bereits riechen können."[3]

Wir dürfen bei der Suche nach Zufriedenheit nicht so leicht aufgeben und sollten uns nicht durch vordergründige Annehmlichkeiten vom Weg abbringen lassen, wenn das Versprechen existiert, daß wir allumfassende Freude im Herrn haben können. „Vor deinem Angesicht herrscht Freude in Fülle, zu deiner Rechten Wonne für alle Zeit" (Ps 16,11). Zufriedenheit herrscht in Ihrem Herzen, wenn Sie von Christus durchdrungen sind, wenn Sie – wie Paulus – glauben, daß er letzlich alles ist, was wir brauchen. „Was habe ich im Himmel außer dir? Neben dir erfreut mich nichts auf der Erde" (Ps 73,25).

Das hat Jesus gemeint, als er sagte: „Ich bin das Brot des Lebens; wer zu mir kommt, wird nie mehr hungern . . ." (Joh 6,35).

---

3 Dr. John Piper, *The Pleasures of God*, Portland.

Zufrieden sein heißt, satt zu sein. Niemals mehr zu hungern. Wir brauchen nie wieder zu hungern, denn „. . . der Mensch [lebt] nicht . . . vom Brot allein, sondern von allem, was aus dem Mund des Herrn geht“ (Deut 8,3 nach Luther). Das Wort Gottes hat die Aufgabe, den Appetit des Glaubens auf Christus zu befriedigen.

Noch einen Posten für die Verlustliste

Jesus hat eine großartige Predigt über die Verheißungen gehalten, die Gott uns schenken will. Er weckt unseren Appetit auf Gott, indem er aufzählt, wer auf dieser Welt glückselig zu nennen ist (Mt 5,3–12).

Als Kind waren mir die Seligpreisungen unverständlich. Ich wollte mich wie andere für Gott begeistern, gesegnet und glücklich sein, doch mir schien es, als wenn Jesus daraus ein Minus und kein Plus machte. Er wandte dabei jedoch die gleiche „Gewinnen-durch-Verlieren-Mathematik“ an.

Wenn ich das Königreich haben wollte, mußte ich Verfolgung kennenlernen – Minus. Wenn ich mich nach Trost sehnte, mußte ich trauern – noch ein Minus. Du willst das Land erben? Sei geduldig – wieder ein Minus.

Die Seligpreisung, die von der Genügsamkeit handelt, finden wir im dritten Vers: „Selig, die arm sind vor Gott; denn ihnen gehört das Himmelreich.“

Möchten Sie tiefste, echte Zufriedenheit kennenlernen? Werden sie geistlich so arm, daß Sie mit dem Psalmisten sagen können: „Erforsche mich, Gott, und erkenne mein Herz, prüfe mich, und erkenne mein Denken. Sieh her, ob ich auf dem Weg bin, der dich kränkt, und leite mich auf dem altbewährten Weg!“ (Ps 139,23–24). Betrachten Sie sich selbst als geistlich verarmt, und sie werden Zufriedenheit in Gott finden.

„Die gottgewollte Traurigkeit verursacht nämlich Sinnesänderung zum Heil, die nicht bereut zu werden braucht“ (2 Kor 7,10). Warum keine Reue? Wer vor einem guten Gott seinen niedrigen Stand erkennt, hat niedrige Erwartungen, ähnlich wie der verlorene Sohn, der zu seinem Vater sagte: „Ich bin nicht mehr wert, dein Sohn zu sein; mach mich zu einem deiner Tagelöhner" (Lk 15,19;21). Ich würde es etwa so ausdrücken: „Lieber sitze ich im Rollstuhl und kenne Gott, als ohne ihn laufen zu können." Keine Reue. Selbst der Apostel Paulus, der – obwohl am meisten mißhandelt – wohl der zufriedenste Christ war, der je gelebt hat, hielt sich für den geringsten unter den Aposteln, den letzten unter den Heiligen und den größten Sünder.

Wenn man erkennt, daß man unter den Geringsten der Kleinste, unter den Verlorenen der Letzte ist, wird Gott alles. In seine höchste Glückseligkeit einbezogen zu sein, bedeutet zu sehen, wie seine Liebe alles durchdringt und alles umgibt. Und zwar absolut alles.

Sie bemerken, wie Ihr Herz von der kleinsten Freude näher zu Gott gezogen wird. Jeremiah Burroughs schreibt: „Wenn sich Ihr Mann auf See befindet und Sie erhalten von ihm ein Liebeszeichen, hat das mehr als vierzigmal soviel Wert wie alles, was Sie bereits im Haus haben. Alle guten Dinge, deren die Gläubigen sich erfreuen, erfreuen sie . . . als ein Liebeszeichen Gottes . . . und das muß natürlich sehr schön für sie sein."[4]

Für den genügsamen Menschen kann ein Liebeszeichen Gottes darin bestehen, daß er am Kamin eine Stunde Bach hört oder an einem herrlichen Tag unter einem Baum sitzt; daß er am Straßenrand haltmacht, um die Farbenpracht eines Sonnenuntergangs zu genießen. Sie können damit beschäftigt sein, eine Zwiebel zu schneiden, und halten plötzlich inne, um die Schönheit der konzentrischen Ringe zu bewundern, die so vollkommen und so zart sind. Sie sehen ein Kätzchen mit einer Socke spielen und lächeln über Gottes Sinn für Humor. Unsere Pflichten werden angenehm, wenn wir sie als Dienst für ihn betrachten. Ruth Graham, die Frau von Billy Graham, erzählte, daß ein Schild in ihrer Küche hängt, auf dem steht: „Dreimal täglich wird hier Gott gedient." Wenn alles zu einem Zeichen der Liebe Gottes wird, fühlt man sich, als wenn man alles besäße, selbst wenn man nichts hat!

---

[4] Burroughs, *The Rare Juwel*, S. 57.

Mir gefällt, was im ersten Korintherbrief darüber steht: „Welt, Leben, Tod, Gegenwart und Zukunft: alles gehört euch; ihr aber gehört Christus, und Christus gehört Gott" (3,22–23). So ist mir am Mittwochabend zumute, wenn wir in unserer kleinen Kirche, die nur aus zwei zusammenhängenden Baracken besteht, ein Gebetstreffen abhalten. Wir sind nicht vornehm und nicht groß. Doch wenn wir acht Menschen vor dem Beten singen – und wir sind wirklich keine großartigen Sänger –, treibt mir die Freude Tränen in die Augen. Es ist ein Vorgeschmack des Himmels.

Alle Zufriedenheit ist ein Vorgeschmack der Ewigkeit, denn „[Gott] wird in ihrer Mitte wohnen, und sie werden sein Volk sein; und er, Gott, wird bei ihnen sein. Er wird alle Tränen von ihren Augen abwischen: Der Tod wird nicht mehr sein, keine Trauer, keine Klage, keine Mühsal. Denn was früher war, ist vergangen" (Offb 21,3–4). Die Zufriedenheit im Himmel geht weit über Befriedigung hinaus. Es ist eine Befriedigung, die überfließt. Ruhe in Bewegung, oder wie G.K. Chesterton es nennt: Tanzender Friede.

Haben Sie Freude an Ihren Freunden? Im Himmel werden Sie noch viel mehr haben. Segeln Sie gerne? Eines Tages werden Sie durch das Universum gleiten. Sehen Sie sich gern Filme an? Die Zeit wird kommen, wenn Sie sich an den wirklichen „Videofilmen" der Geschichte erfreuen können. Machen Ihnen intellektuelle Diskussionen Spaß? Schon bald werden Sie mit den Engeln, den Heiligen aller Zeiten und mit Gott diskutieren können.

Zufriedenheit ist eine Anzahlung, eine Garantie für das, was noch kommt, ein Vorschuß auf zukünftiges Glück. Gott legt uns ein Stück Himmel ins Herz, damit wir uns nie mit weniger zufrieden geben (siehe 2 Kor 5,5).

Und wenn ich nicht leide?

„Joni, du redest, als würde ich etwas verpassen."

Joyce ist eine leitende Angestellte in einem internationalen Verlag und bewegt sich in einer Welt, wo Geld keine Rolle spielt. Sie ist alleinstehend und sehr zufrieden damit: unbegrenzte

Reisemöglichkeiten, Flexibilität in ihrer Zeiteinteilung. Eine geschmackvoll eingerichtete Eigentumswohnung. Einige Gemeinden bemühen sich um ihre Unterstützung. Die Freunde, mit denen sie ihre Zeit verbringt, mögen sie und haben einen ausgewählten Geschmack in der Wahl ihrer Bücher, Theaterstücke und Kunsterlebnisse.

„Ich leide nicht", sagte sie eines Tages, als wir zusammen Tee tranken. „Mein Leben ist bemerkenswert schmerzlos. Meine Familie befindet sich in keiner Krise und das Schlimmste, was mir widerfährt, ist eine gelegentliche Grippe." Sie stellte ihre Tasse hin und fügte nachdenklich hinzu: „Heißt das, ich kann Gott nicht so nahekommen wie jemand, der eine Menge durchmacht?"

Das ist eine schwierige Frage. Die Bibel sagt uns, daß das Leid zum christlichen Leben dazugehört. Christen *werden* Verfolgungen begegnen. Es heißt: „In der Welt seid ihr in Bedrängnis . . ." (Joh 16,33). Jesus wurde von seinen Mitmenschen gehaßt, weil er ihre dunklen Taten ans Licht brachte. Doch einige Menschen – so wie Joyce – scheinen Frieden mit ihren Familien, Freunden und Arbeitgebern gefunden zu haben. Wir sollen uns selbst verneinen und unser Kreuz täglich auf uns nehmen. Es kommt einem seltsam vor, daß jemand das Gewicht eines Kreuzes tragen kann, ohne seinen Schmerz zu spüren.

Nichtsdestoweniger gibt es Menschen, die scheinbar ein leichteres Los im Leben haben. Die Frage, die Joyce stellte, ist also berechtigt. Sind nur die Gott *wirklich* nahe, die das Missionsfeld verwundet überleben?

Es erinnert mich an den älteren Bruder des „Verlorenen Sohnes" im 15. Kapitel des Lukasevangeliums. Das Leben dieses Mannes scheint nie von Leiden betroffen worden zu sein. Nachdem sich sein jüngerer Bruder aus dem Staub gemacht hatte, bearbeitete der ältere Bruder treu den Acker und bezahlte die Rechnungen. Er ließ sich nichts zuschulden kommen und litt niemals unter den Folgen des Ungehorsams. Dann, als sich sein jüngerer Bruder eines Tages wieder blicken ließ, veranstaltete sein Vater ein Freudenfest. Den älteren Bruder ärgerte nicht so sehr das gemästete Kalb, das der Vater schlachten ließ, sondern die ungeheure Bevorzugung, die der Vater seinem Bruder zuteil werden ließ. Gerade als er sich beschwerte, er sei zu kurz gekommen, hörte er die leisen Worte: „Mein Kind, du bist immer bei mir, und alles, was mein ist, ist auch dein" (Lk 15,31). Der jüngere Sohn hatte nur einen Teil des Erbes. Der ältere Sohn besaß alles. Er hatte es nur vergessen.

„In gewisser Hinsicht hast du es schwerer", sagte ich.

Joyce ist eine kluge Frau. Einen Augenblick später nickte sie. Sie hatte schon lange begriffen, daß sie ohne Leiden aufmerksamer leben muß. Ohne leidvolle Erfahrungen konnte sie schnell so werden wie der ältere Bruder, der bei seinem ungetrübten Leben vergaß, wieviel ihm eigentlich gehörte. Doch Gott hat Joyce „mit allem Segen seines Geistes gesegnet, durch unsere Gemeinschaft mit Christus im Himmel" (Eph 1,3). Gott hat nichts Größeres als Christus zu vergeben – an die, die leiden, und die, die es nicht tun.

Joyce muß noch in anderer Hinsicht weise sein. Ohne Leiden könnte sie wie ein ungezäumtes Pferd sein, dem die Zügel fehlen, durch die es geleitet und geführt wird. Gebiß, Halfter und Zügel lehren das Pferd, den Befehlen des Reiters zu gehorchen. Das Leid ist für uns Menschen so etwas wie Halfter und Zügel. Die Bibel sagt: „Übe dich in der Frömmigkeit! Denn körperliche Übung nutzt nur wenig, die Frömmigkeit aber ist nützlich zu allem: Ihr ist das gegenwärtige und das zukünftige Leben verheißen" (1 Tim 4,7–8).

Gott hat es aus irgendeinem Grunde nicht für nötig befunden, Joyce Zügel anzulegen. Deshalb liegt es an Joyce, sich die Beispiele von Menschen wie Karla Larson, meiner halbblinden Freundin ohne Beine, anzusehen. Joyce kann von ihr lernen. „Im Leiden und in der Geduld nehmt euch die Propheten zum Vorbild ... Wer geduldig alles ertragen hat, den preisen wir glücklich" (Jak 5,10–11).

Zufriedensein heißt, sich auf die Dinge zu konzentrieren, die uns geschenkt sind!

Das Geheimnis

Manchmal werfe ich einen Blick auf den Wandkalender, denke an die Jahre, die noch vor uns liegen, und frage mich: Wie wird es mir in fünf Jahren ergehen? In zehn Jahren? Was wäre, wenn mein Mann krank würde und mich nicht mehr betreuen kann? Oder, was noch schlimmer wäre, wenn ich ihn nicht betreuen kann?

Der Feind der Zufriedenheit ist die Sorge. In der Bergpredigt ermahnt uns Jesus immer wieder: „Sorgt euch nicht!“ Jesus wußte, warum er diesen Rat so oft wiederholte. Er kennt die verheerende Wirkung der Sorge, die den Glauben wie eine Säure zerfrißt und Freude und Hoffnung stehlen kann.

Ich bin sicher, daß Jesus deshalb in derselben Predigt sagte: „Sorgt euch also nicht um morgen; denn der morgige Tag wird für sich selbst sorgen. Jeder Tag hat genug eigene Plage“ (Mt 6,34). Das Geheimnis, zufrieden zu sein, besteht darin, daß man sich auf die Geschehnisse des jeweiligen Tages konzentriert. Nicht auf die kommenden fünf oder zehn Jahre, sondern auf einen Tag.

Wie mit dem Manna, das jeden Morgen frisch vom Himmel fiel, stillt Gott die Bedürfnisse seiner Kinder an jedem neuen Tag. „Die Huld des Herrn ist nicht erschöpft, sein Erbarmen ist nicht zu Ende. Neu ist es an jedem Morgen; groß ist deine Treue“ (Klgl 3,22–23). Christus ist mehr als ausreichend, um die Bedürfnisse eines langen Lebens zu befriedigen. Doch das Leben kann nur Tag für Tag und Augenblick für Augenblick gelebt werden. „Wenn wir aus dem Geist leben, dann wollen wir dem Geist auch folgen“ (Gal 5,25).

Wenn man leidet, lebt man Schritt für Schritt – und zwar in sehr kleinen Schritten.

Shawna Leavell lebt ihr Leben in kleinen Zeitabschnitten. Sie ist die junge Frau, die ins Gefängnis kam, weil sie in betrunkenem Zustand einen Unfall verursachte, bei dem ein Mann getötet wurde. Ich staune darüber, wie die Zufriedenheit für sie aussieht.

„Liebe Joni!
Ich bin in eine andere Zelle verlegt worden, die ich mit zwei ‚Lebenslänglichen' teile. Sie sind wegen Mordes verurteilt. Ich war sehr niedergeschlagen. Als ich beim Bibelstudium mit einigen Gefangenen zusammenkam, sprachen wir darüber, wie man sich in schweren Situationen verhält. Ich habe so sehr geweint, daß der Fußboden naß wurde. Ich erwartete, daß Gott mir ein Wunder liefert, so, als hätte ich eine Pizza bestellt.

Er sagte mir, daß ich ihm *all* meine Sorgen zu Füßen legen soll, damit er sich auf seine Weise und zu seiner Zeit um die Probleme kümmern kann. Das habe ich getan. Es war unbeschreiblich! Ich beklage mich nicht mehr über die Dunkelheit im Raum oder darüber, daß dauernd das Radio oder der Fernseher läuft. Als wir unsere Pritschen neu bezogen, bekam ich Ohrenstöpsel! Mein Jammern hört langsam auf.

Ich bin wie der Dieb, der neben Jesus am Kreuz hing. Der sagte, daß er seiner Sünden wegen dort hängt. Ich bin mir darüber klar, daß ich bereits die Verantwortung für den Tod eines unschuldigen Menschen trug – für Jesus –, daß aber nun aufgrund meines harten Herzens das Blut von zwei unschuldigen Menschen an meinen Händen klebt. Das ist der Hauptgrund, daß ich danach strebe, ein gehorsamer Knecht Christi zu sein. Es ist zu schade, daß ich die Bedeutung dieses Opfers nicht schon vorher erkannte.

Alles Liebe, Shawna"

Shawna hat eine lange, schwere Zeit hinter Gittern vor sich. Sie lernt das Geheimnis, daß Christus allein Tag für Tag ausreicht. In gewisser Hinsicht „sitzen auch wir unsere Zeit ab", wenn das Leiden uns zwingt, in abgemessenen Schritten durch unsere Tage zu gehen.

Zufriedenheit im Leben stellt sich dann ein, wenn man weiß, daß man dort ist, wo man hingehört. Unzufriedene Menschen streben danach, woanders oder jemand anders zu sein.

Befriedigung rührt daher, daß man viele große und kleine Dinge im Leben *hinnimmt*. „Indem wir tagtäglich unser Leben für Jesus einsetzen, erfahren wir am eigenen Leib etwas von seinem Sterben. Wir erfahren dadurch aber auch etwas vom Leben des auferstandenen Jesus“ (2 Kor 4,10 nach Hoffung für alle).

Wenn Ihr Leben nicht so ist, wie Sie es sich wünschen, dann nehmen Sie es so, wie es ist ... leben Sie mit der Hilfe Gottes nur den jeweiligen Tag, und Sie werden gesegnet sein.

3. Wenn Leiden bösartig wird

In elf Kapiteln haben wir uns mit der Hölle befaßt, die viele Menschen auf Erden durchmachen. Es könnte jedoch noch ein größeres Problem geben. Was wäre, wenn die Bibel recht hat und es auch *nach* dem Tode eine Hölle gibt? Das hört sich so furchtbar an, daß man nicht darüber nachdenken möchte, nicht wahr? Dem christlichen Glauben zufolge liegt ein Schlüssel zu vielen ungelösten Rätseln menschlichen Leidens in der Hölle. Ohne sie läßt sich das „Warum" hinter so vielen Schmerzen nicht ergründen. Ohne sie gibt es letztendlich keine Gerechtigkeit, keinen Ausgleich. Damit Gott Gott sein kann und der Himmel Himmel, *muß* es eine Hölle geben.

Ich sehe schon, daß viele jetzt die Stirn runzeln oder die Lippen verziehen. Vielleicht gehören Sie auch zu denen, die diese Aussagen ärgerlich finden.

Der Verkehr ist fast zum Erliegen gekommen. Ein Möbelwagen hat sich vor Sie gedrängt und Ihnen die Sicht genommen. Im Rückspiegel sehen Sie, daß die Autoschlange hinter ihnen fast bis zum Mond reicht. Sie stellen das Radio an und hoffen, daß die Verkehrsnachrichten irgendwelche Geheimtips bringen, wie man schneller ans Ziel gelangt. Autsch! Ihre Hand greift blitzschnell nach dem Lautstärkeregler. Ihnen schmerzen die Ohren vom Kreischen einer elektrischen Gitarre, der man den Gnadenstoß versetzen sollte. Sie drehen das Radio leise und finden Ihren gewohnten Sender. Der Verkehrsfunk gibt eine trübselige Nachricht durch. Sie sehen auf die Uhr, seufzen und drehen am Radio herum, um sich die Zeit zu vertreiben. Rapmusik, Werbung, noch mehr Werbung ... Wieder drehen Sie weiter, Musik zum Einschlafen. Ein wütender Anrufer sagt in einer Talkshow seine Meinung – vermutlich einer von der Opposition, denken Sie. Ein

Countrysänger wird reich, indem er davon singt, wie großartig es ist, arm zu sein. Doch dann wird es plötzlich interessant.

Pfarrer Dr. Soundso ist mitten in seiner Predigt und hat sich schon warm geredet. Sie können hören, wie er die Seiten seiner Bibel umblättert. Seine Art zu reden geht Ihnen auf den Wecker, und Sie fragen sich, wo er wohl seinen Doktor gemacht hat. „Immerhin“, gestehen Sie schmunzelnd, „der Bursche ist interessant.“

Die Predigt handelt von Höllenfeuer und Verdammnis. Er läßt das Prasseln des Feuers so echt klingen, als brieten Sie zu Hause Bratkartoffeln in der Pfanne. Die Geräusche der Autohupen, die hin und wieder von draußen erklingen, werden zum Stöhnen verlorener Seelen.

„Können Sie, meine Lieben, sich die Schrecken vorstellen, die den Unerlösten im Jenseits erwarten?“

„Ja, Bruder!“, rufen Sie mitgerissen.

Als er schwer ins Mikrofon atmet, sehen Sie förmlich wie sein Bäuchlein die Knöpfe seines grün-gelben Sportjacketts zu sprengen droht. Wenn er Jeeeesus sagt und dabei den höchsten Ton trifft, könnten Sie wetten, daß er sich hinter dem Rednerpult auf die Zehen stellt. Ja, trotz all seines traurigen Jammerns scheint es dem guten Doktor Spaß zu machen, die Hölle zu beschreiben. Gerade als die Predigt zu Ende ist und ein Chor zu singen beginnt, gerät der Verkehr wieder in Bewegung. „Schon gut, lieber Pfarrer“, sagen Sie ergeben, „senden sie mir die kostenlose Broschüre.“ *Wieder so ein Fanatiker, der von der Hölle faselt.* Sie stellen einen anderen Sender ein und geben Gas.

Es ist ein Dienstagmittag im Jahr 1946. Der Schauplatz ist eine gemütliche Kneipe in St. Giles, England, die „Eagle and Child“ heißt, im Volksmund jedoch liebevoll „Der Vogel und das Baby“ genannt wird und ganz in der Nähe der Universität Oxford liegt. Das Prasseln des Feuers im Kamin und der Klang der Gläser vermischen sich im Raum mit dem Stimmengewirr freundlicher Unterhaltung. In einer Ecke weiter hinten haben sich Angehörige der Universität um den wöchentlichen Stammtisch versammelt. Große Denker befinden sich darunter. Während sie gemütlich um den Tisch herumsitzen und gedankenvoll an ihren Pfeifen ziehen, trinken sie immer wieder mal einen Schluck des bitteren Biers. Sie diskutieren über Literatur, zitieren Gedichte – vieles davon haben sie selbst geschrieben – und machen sich „mit Hammer und Zange“ darüber her, wie einer es später nennen wird. Sie debattieren über Ideen, kritisieren gegenseitig ihre Manuskripte, messen sich geistreich, schwelgen in gutartigen Wortgefechten.

Alle sind angesehene Akademiker. Einer von ihnen, J.R.R. Tolkien, wird sich eines Tages als Autor des Buches *Der Hobbit* und der Trilogie *Der Herr der Ringe* weltweiter Beliebtheit erfreuen. Doch der Mann, der ihm gegenübersitzt, wird zu einer Legende werden. Dieser Universitätsprofessor hatte bereits dadurch Aufmerksamkeit erregt, daß er vom Atheisten zum Christen wurde und seinen Glauben während der vergangenen Kriegsjahre mit Hilfe von Radiosendungen im ganzen Land überzeugend verteidigte. Aufgrund seiner wissenschaftlichen Veröffentlichungen über Literatur und seiner zum Nachdenken anregenden Bücher über das Christentum nimmt sein Ruhm ständig zu. Im nächsten Jahr um diese Zeit wird sein Gesicht die Titelseite der Zeitschrift *Time* zieren. Schließlich wird er in Cambridge einen Lehrstuhl als Professor für mittelalterliches Englisch und Englisch der Renaissance erhalten und sich den weltweiten Respekt seiner Kollegen erwerben – und zwar selbst solcher, die seine religiösen Ansichten nicht teilen. Innerhalb von dreißig Jahren nach seinem Tod werden die gedruckten Exemplare der von ihm verfaßten und in viele Sprachen übersetzten Bücher weit über vierzig Millionen betragen und ihn zum meistgelesenen christlichen Autor aller Zeiten machen.

Er heißt C.S. Lewis.

Auch Lewis ist von der Existenz der Hölle überzeugt. Er schrieb folgendes über die Vorstellung einer ewigen Verdammnis: „Es gibt keine Lehre, die ich lieber aus dem Christentum tilgen möchte als diese – wenn es nur in meiner Macht läge. Aber sie wird sehr eindeutig durch die Heilige Schrift gestützt und vor allem durch die Worte unseres Herrn selbst; sie ist von der Christenheit niemals aufgegeben worden; und auch die Vernunft stimmt ihr zu."[1]

Tatsache ist, er hat ein ganzes Buch geschrieben, in welchem er die Realität dieses schrecklichen Ortes untersucht. Und hier spürt man kein Vergnügen, wenn über die Hölle geredet wird.

Es sind also nicht nur „Fanatiker", die daran glauben, daß es nach dem Tod einen Ort der Qualen gibt – Oxford-Professoren tun es auch. Und nicht nur kultivierte Menschen schütteln, wenn von der Hölle die Rede ist, ihre Köpfe; auch der einfache Fahrer eines Möbelwagens stellt das Radio auf einen anderen Sender ein. In erster Linie ist es kein intellektuelles, sondern ein geistliches Thema. Viele Menschen lehnen die biblische Vorstellung von der Hölle ab, weil sie sie zu schrecklich finden, um darüber nachzudenken. Würde ein barmherziger Gott einen solchen Ort einrichten? Wenn ja, dann ist es ja eine endlose Verlängerung unserer schlimmsten Augenblicke auf Erden. Ein elend geschriebenes Schlußkapitel, hinter dem das Wort ENDE fehlt. Eine solche Vorstellung läßt unser Blut gerinnen.

Daher ist es verständlich, daß – aus Mangel an öffentlichem Vertrauen – die Höllenaktien in letzter Zeit stark gefallen sind. Natürlich haben Atheisten niemals geglaubt, daß „da unten ein Ort" existiert. Für sie kommt der Glaube an ein Leben nach dem Tode dem Glauben an das Sandmännchen gleich. Doch Tausende, wenn nicht Millionen, lehnen die Hölle als einen Mythos ab, während sie *an den Himmel glauben* und die Hoffnung haben, einmal dorthin zu kommen. Diese Art von einseitigem Optimismus stammt direkt aus dem Wunderland. Er spottet jeder Beschreibung. Kein Vogel Strauß hat jemals mehr Sand in den Augen als diese Menschen. An welchem Strohhalm halten sie sich fest?

Einige klammern sich voller Hoffnung an das Kübler-Ross-Phänomen, Berichte von Menschen, die klinisch tot waren und von beglückenden Erlebnissen auf der anderen Seite berichten. Es gibt jedoch auch dokumentierte Berichte von Menschen, deren Tanz am Rande der Ewigkeit sie derartig erschreckte, daß

---

[1] C.S. Lewis, *Über den Schmerz,* Gießen [4]1998, S. 119.

ihnen die Worte fehlten.[2] Werden diese Berichte ernstgenommen? Andere beziehen ihren Trost aus der Bibel, ihren Beschreibungen von einem barmherzigen Gott und der Freude, die auf seine Kinder in der zukünftigen Welt wartet. Wenn *wir* Leiden hassen, muß Gott sie doch mit Sicherheit noch viel mehr hassen. Unmöglich kann er eine so schreckliche Einrichtung geschaffen haben wie die, die in Dantes *Inferno* beschrieben wird. Doch derselbe Jesus, der dem Himmel fünf Sterne gab, beschrieb auch eine jenseitige Folterkammer. Die Bibel sagt deutlich, daß wir nicht Satan am meisten fürchten müssen, sondern daß es *Gott* ist, vor dem der eigensinnige Übeltäter erschauern muß. „Ja, schon längst ist eine Feuerstelle bereitet . . . tief ist sie und weit; ein Holzstoß ist da, Feuer und Brennholz in Menge, *der Atem des Herrn* brennt darin wie ein Schwefelstrom" (Jes 30,33).[3]

Haben wir wirklich begriffen, daß Gott auch der Herr der Hölle ist? Wir neigen zu der Vorstellung, daß die Unterwelt Satans Domäne ist, daß er der knallharte Bursche ist, der dort die Straßen unsicher macht und den Ton angibt. Doch in der Hölle hat Satan nichts mehr zu sagen. Der einst so gefürchtete Unterdrücker wurde von dem gewaltigen Gott, mit dem wir uns nicht anlegen wollen, zermalmt und zerschlagen in seine Kammer geschickt. Sein Jammern und Heulen wird weithin zu hören sein. „Und der Teufel, ihr Verführer, wurde in den See von brennendem Schwefel geworfen. Tag und Nacht werden sie gequält bis in alle Ewigkeit" (Offb 20,10). Es ist Gott und nicht der Teufel, der dort jedermann in Furcht erschauern lassen wird. „Sie sagten zu den Bergen und Felsen: Fallt auf uns und verbergt uns vor dem Blick dessen, der auf dem Thron sitzt" (Offb 6,16).

---

[2] Der Herzspezialist Dr. Maurice Rawlings wurde Christ aufgrund der Berichte von Menschen, die er zum Teil selbst ins Leben zurückgerufen hatte, nachdem sie in seiner Praxis bei der Durchführung von Streßtests einem Herzanfall erlegen waren. Er hat seine Erlebnisse in dem Buch *To Hell and Back* (Zur Hölle und zurück) beschrieben.

[3] Im Original heißt es statt „Feuerstelle" „Tofet". „Ja, schon längst ist *Tofet* bereitet." Tofet war der Altar außerhalb von Jerusalem im Hinnomtal, auf dem Moloch, dem Heidengott, Kinderopfer dargebracht wurden. Auch der Müll der Stadt wurde dort verbrannt, und die Feuer brannten ununterbrochen Tag und Nacht. Folglich wurden Tofet und das Hinnomtal (griechisch *Gehenna*) Symbole für die ewige Verdammnis.

Haben Sie je erlebt, wie bei einem geduldigen Menschen, der sich nie beklagt hat, einmal der Geduldsfaden reißt? Es ist ernüchternder, als wenn ein übel gelaunter Unteroffizier seine Rekruten zum sechsten Mal an einem Morgen heruntermacht. In der Hölle wird Gott nicht das sanftmütige, milde Jesuskind sein, sondern der gewaltige Krieger, der kommt, um eine Schlacht zu schlagen. Seine Geduld wird dann erschöpft sein.

Was könnte furchtbarer sein, als wenn Ihr Ankläger, Richter, Geschworener und Vollstrecker ein Vater ist, dessen Sohn Sie ermordet haben? Jemand, den Sie Ihr ganzes Leben lang ignoriert und beleidigt haben? Jemand, dessen Gnade Sie Ihr Leben lang undankbar entgegengenommen haben, wie ein verwöhntes Kind, das unter dem Weihnachtsbaum ein Geschenkpaket nach dem anderen aufreißt, ohne einen Gedanken daran zu verschwenden, wer es ihm gegeben hat? Jemand, um dessen Interessen und Ansehen Sie sich nur gekümmert haben, wenn es Ihnen von Nutzen war? Jemand, dem Sie Versprechen gaben, wenn Sie sich in Not befanden, die jedoch vergessen waren, sobald es Ihnen wieder besser ging? Jemand, der Sie vom ersten Tag an genau kennt, jeden Ihrer bösen Gedanken, jedes Ihrer selbstsüchtigen Motive, jedes rücksichtlose Wort, jede zweifelhafte Tat? Jemand, den Sie nicht dazu bewegen können, Gnade walten zu lassen, weil die Zeit der Gnade verstrichen ist? Jemand, der Jubel im Paradies auslösen wird, weil er Ihnen Ihre Sünden ewig heimzahlt? In der Bibel heißt es: „Freu dich über ihren Untergang, du Himmel – und auch ihr Heiligen, Apostel und Propheten, freut euch! Denn Gott hat euch . . . gerächt“ (Offb 18,20).

Verstehen Sie das bitte nicht so, als wenn Gott sich bei dem Gedanken die Hände reibt, daß noch mehr Anwärter am Höllentor erscheinen. Gott hat die Hölle nicht für Menschen geschaffen. Jesus sagt, daß sie „für den Teufel und seine Engel“ bestimmt ist (Mt 25,41). Für Menschen ist es *unnatürlich*, dort zu sein; so unnatürlich, wie dem Schöpfer, der uns liebt, den Rücken zu kehren – so ungehörig, wie den Arm des Vaters abzuschütteln, der uns zärtlich umschlingt, während wir Edens Schlange streicheln, die sich um unser Herz windet. Gott hat keine Freude daran, irgend jemand ins ewige Elend zu schicken; sein Sohn war wie ein Rettungsschwimmer, der die Badenden dringend vor den trügerischen Untiefen warnte. Immer wieder warnt Gott davor, daß er jeden, der ihn herausfordert oder nicht beachtet, in ein unvorstellbares Grauen schleudern wird.

„Bitte sag, daß es nicht wahr ist", rufen wir wie der Fußballfan, der nicht glauben will, daß seine Mannschaft verloren hat. Doch es ist wahr. Jesus hat es uns selbst gesagt, weil wir es sonst nicht glauben würden. Seine Appelle waren so eindringlich, weil die Qualen der Hölle so unerträglich sind.

Die Hölle ist *geistlich und seelisch* unerträglich. Jesus verglich sie damit, „draußen" zu sein – die Wärme und die Festlichkeiten sind drinnen, während vor uns die Tür verschlossen wurde. Er beschreibt sie als die „äußerste Finsternis" (Mt 8,12).

Dunkelheit macht Menschen einsam. Die Nacht jagt ihnen Furcht ein. Da gibt es keinen schimmernden Tanz von Kerzenlichtern, kein Versprechen eines Sonnenaufgangs. Keinen willkommenen Glanz von Weihnachtslichtern, die durchs Fenster scheinen. Keine lieblichen oder angenehmen Gesichter und schließlich keine Erinnerung mehr daran, wie ein Lächeln aussieht. Es gibt nur die verwirrte Existenz von Höhlenforschern, deren Batterien leer sind und die die Orientierung verloren haben. In völliger Dunkelheit können Menschen nichts anderes tun, als zu denken. Aufwühlend belehrte uns Jesus über die Gedanken, die wir in der Hölle haben werden – Reue über verpasste Gelegenheiten, Erinnerungen an Freunde und Verwandte, die wir auf Erden kannten, Sorgen um die, die wir liebten und deren Schicksal von unserem schlechten Beispiel beeinflußt wurde. Unserem Schrecken und den gewaltigen Qualen unseres Gewissens wird keine Ablenkung geboten, sie werden durch keine Unterhaltung gemildert, durch keine angenehme Gesellschaft betäubt. Gesellschaft wird es in der Hölle geben, doch sie wird nicht angenehm sein.

Auch *körperlich* ist die Hölle unerträglich. Jesus sagte einmal: „Wundert euch nicht darüber! Die Stunde kommt, in der alle, die in den Gräbern sind, seine Stimme hören und herauskommen werden: Die das Gute getan haben, werden zum Leben auferstehen, die das Böse getan haben, zum Gericht" (Joh 5,28–29). Für Gott ist es kein Problem, all die Menschen auferstehen zu lassen, die schon lange begraben sind oder deren Asche über die sieben Meere verstreut wurde – Gott ist allmächtig! Doch warum sollen sich die Körper seiner Feinde erheben, wenn nicht, damit sie durch ihre fünf Sinne bestraft werden? „Fürchtet euch nicht vor denen, die den Leib töten, die Seele aber nicht töten können, sondern fürchtet euch vor dem, der Seele *und Leib* ins Verderben der Hölle stürzen kann" (Mt 10,28).

Jesus sprach sehr bestimmt darüber. Er verglich die Hölle damit, in Stücke geschnitten zu werden. Es ist besser, mit einem Mühlstein um den Hals ins tiefe Meer geworfen zu werden, als dorthin zu kommen, warnte er. Lieber verstümmelt zu sein, Hand und Fuß abgeschnitten, das Auge herausgerissen, als in dem unentrinnbaren Gefängnis aufzuwachen (Mt 24, 50–51;18,6,8–9). Noch ernster sind seine wiederholten Warnungen vor dem Feuer. Keine Körperverletzung läßt sich mit schweren Verbrennungen vergleichen. Deshalb hat dieser sanfte Lehrer vor „dem Feuer von Gehenna" gewarnt. Gehenna war eine Schlucht südwestlich von Jerusalem, die als der Ort des zukünftigen Gerichtes angesehen wurde. In den Tagen Jesu war es der übliche Ausdruck für Hölle, und Jesus stimmte damit überein.

„Sind diese Beschreibungen denn nicht nur bildlich gemeint?" fragen wir.

Immer, wenn die biblischen Autoren das Leben nach dem Tode beschreiben, merkt man, daß sie um die richtigen Worte ringen. Die Realität ist *größer* als die Bilder. Der Himmel ist besser als goldene Straßen und perlenbesetzte Tore. Wenn die Hölle nicht wortwörtlich aus Feuer besteht, dann nicht weil Jesus übertrieb, sondern weil die Hölle noch schlimmer ist.

Was die Hölle so sehr viel schlimmer macht als alle irdischen Schmerzen ist die Zeitdauer. Viele Leiden in diesem Leben verschwinden schließlich. Eine schwangere Frau hält eine Geburt nur durch, weil sie sich sagt, daß diese schrecklichen Wehen bald zu Ende gehen. Der gebrochene Knochen wird heilen, die Kopfschmerzen vergehen. Zeitweilige Erleichterung durch Aspirin oder eine Spritze Morphium ist in Reichweite, der Schmerz wird wenigstens gemildert. Es mag Jahre dauern, doch allmählich wird der Kummer verschwinden. Menschen, die ständig unter körperlichen oder seelischen Schmerzen leiden, sind deshalb die verzweifeltsten Menschen auf Erden. Keine Pause, keine Ruhe. Manche springen von Brücken, nur um im Tod endlich Ruhe zu finden.

Doch der Mensch in der Hölle wird niemals Erleichterung kennenlernen. *Menschen, die Tausende von Jahren dort waren, sind dem Ende ihrer Strafe um keinen Schritt näher als am Anfang.* Die Hölle ist nach den ernüchternden Worten Jesu „ewiges Feuer“. Im gleichen Atemzug nannte er Himmel und Hölle ewig (Mt 25,41,46). Wenn Gott über den Himmel nicht gelogen hat, dauert die Hölle ewig.

Nun gut, so wird also die Hölle sein. Doch inwiefern erklärt die Existenz eines derart schrecklichen Ortes irgendwelche Rätsel unseres irdischen Leidens?

Wenn keine Hölle existiert, gibt es keine Gerechtigkeit in der Welt. Denken Sie an die Machtergreifung der Nationalsozialisten in Deutschland, die im Zweiten Weltkrieg ihren Höhepunkt fand. Gibt es jemand, der auch nur annähernd die Leiden aufzählen könnte, die durch diesen schrecklichen Krieg verursacht wurden? Denken Sie daran, wie Polen zwischen Deutschland und der Sowjetunion aufgeteilt wurde. Denken Sie an die Kinder, die vaterlos aufwuchsen, die Frauen, die zu Witwen wurden, an den Schmerz von Zehntausenden von Soldaten, die sich auf den Schlachtfeldern krümmten, wenn ihnen die Glieder abgeschossen wurden. Denken Sie an die Angst einfacher Zivilisten, als ihre Städte überrannt wurden, an die Frauen, die vergewaltigt wurden, an die sechs Millionen Juden, die man vergaste, erschoß und verbrannte.

Denken Sie an das Böse, das im Herzen und im Geist von Hitler wucherte. Er wurde niemals der Gerechtigkeit übergeben. Er hat – durch die herannahenden Besatzungsarmeen dazu gezwungen – Selbstmord begangen. Doch warum soll der mörderische Führer damit davonkommen, daß er im tröstenden Beisein seiner Geliebten Wein mit ein wenig Strychnin vermischt trinkt? Was ist mit seinen führenden Anhängern? Für jeden Kriegsverbrecher, der durch das Nürnberger Tribunal schuldig gesprochen und gehängt wurde, gibt es Tausende von weniger wichtigen Personen, die ebenfalls undenkbare Grausamkeiten begangen haben und niemals gefaßt wurden, die nach Südamerika oder anderswohin verschwanden und ein normales, verhältnismäßig unbeschwertes Leben führten.

Kann das fair sein? Diesen Menschen wurde auch nicht annähernd das heimgezahlt, was sie an Schmerzen verursacht hatten. Wenn es keine Hölle gibt, dann schlafen sie in diesem Augenblick friedlich, nachdem sie Millionen von Menschen schlaflose, von Alpträumen geplagte Nächte bereitet haben. Nur durch die Existenz der Hölle erhalten die Schrecken des Zweiten Weltkrieges so etwas wie Sinn. Die Hölle sorgt dafür, daß alles voll zurückgezahlt wird. Niemand kann seine Strafe herunterhandeln. Kein Team von Star-Anwälten kann einen Freispruch erwirken. Der Gerechtigkeit *wird* Genüge getan.

Die Hölle ist eine Erklärung dafür, warum „gute" Menschen leiden

1981 veröffentlichte der Rabbiner Harold Kushner seinen Bestseller *When Bad Things Happen to Good People* („Wenn guten Menschen Böses widerfährt"). Fast jeder, der das Buch in die Hand nimmt, kann sich mit diesem Titel identifizieren. „Ich bin ein guter Mensch. Ich bin ein guter Nachbar. Ich zahle meine Steuern. Die Leiden, die ich durchmache, verdiene ich nicht." Man kann das Buch nicht lesen, ohne den Autor sympathisch zu finden. Obwohl er ein gelehrter Mann ist, ist sein Ton bescheiden und mitfühlend. Vielleicht liegt das daran, daß er selbst gelitten hat. Als ihr Sohn Aaron drei Jahre alt war, erfuhren die Kushners, daß er eine seltene Krankheit hat, die ein „schnelles Altern" bewirkt. Man sagte ihnen, er würde höchstens einen Meter groß werden, als Kind wie ein alter Mann aussehen und vermutlich nicht älter als dreizehn oder vierzehn Jahre alt werden. Aaron starb, als er vierzehn war. Rabbiner Kushner beschrieb dieses Erlebnis in seinem Buch.

Ein Christ liest dieses Buch mit gemischten Gefühlen. Es ist gut und anschaulich und dem menschlichen Schicksal gegenüber mitfühlend geschrieben – im Hinblick auf die Bibel ist es jedoch nicht zutreffend.

Die These des Buches ist: Da gute Menschen ungerecht leiden, muß es Gott entweder an Güte oder an Macht fehlen. Der Autor entscheidet sich dafür, an Gottes Güte zu glauben, den Glauben an seine Allmacht aber fallenzulassen. Gott ist gut. Er haßt Leiden und wünscht, daß alle Menschen gesund und glücklich leben. Doch er kann nicht dafür sorgen. Er kann die Menschen in ihren Nöten nur stärken und viele hilfreiche Dinge aus Mitleid tun.

Herr Kushner zieht erstaunlicherweise niemals die Möglichkeit in Betracht, daß wir leiden, weil wir Sünder sind. Das bedeutet: Er *widerlegt* die These nicht, daß Menschen sündig sind und es verdienen zu leiden, sondern *setzt voraus*, daß sie nicht stimmt.[4] Zeitweise hat es den Anschein, als machte er sich über diese These geradezu lustig. Er schreibt sein Buch „für alle Menschen, deren Hingabe und Liebe zu Gott sie dazu verleitet hat, sich für ihre Leiden selbst die Schuld zu geben und sich einzureden, daß sie sie verdienen." Er hat gesehen, wie „die falschen Menschen krank wurden, die falschen Menschen sich verletzten, die falschen Menschen jung starben". Er behauptet, daß wir in Gottes Augen „gute und ehrliche Menschen sind, die Besseres verdienen."[5]

Die Lehre von der Hölle zerstört diese Fata Morgana. Sie

---

[4] Damit es nicht zu Mißverständnissen kommt, wird in Johannes 9,1–3 und im Buch Ijob klargemacht, daß unsere Leiden mit unseren Sünden in keinem Verhältnis stehen. Mit anderen Worten: Wenn bei mir heute festgestellt wird, daß ich Krebs habe, heißt das nicht, daß ich in letzter Zeit mehr gesündigt habe als mein Nachbar, der gesund ist. Denn wir sind alle Sünder, sowohl durch unsere Geburt, als auch aufgrund unserer Entscheidungen und verdienen deshalb die Verurteilung zum Leiden, die Gott im Garten Eden über die Menschheit ausgesprochen hat. Gottes Gründe, wie er Leid verteilt, sind jedoch oft ein Geheimnis.

[5] Harold S. Kushner, *When Bad Things Happen to Good People,* New York 1983, S. 4, 7, 44.

weckt den Schlafenden und sagt: „Siehst du nicht, welchen Unsinn du dir vormachst? Erkennst du deine Selbstgerechtigkeit nicht? *Du* magst denken, daß du das Klassenziel erreichst. Doch Gott ist zornig genug, dich ewig zu bestrafen. Er ist heiliger, als du es dir vorstellen kannst, und du hast ihn mehr erzürnt, als du begreifen kannst. Selbst deine schlimmsten Nöte sind lediglich ein Vorgeschmack darauf, was dich erwartet. Wache auf! Prüfe dich selbst! Suche Gott!" Kurz gesagt, wenn man davon ausgeht, daß die Bibel lehrt, daß wir alle – selbst die Besten unter uns – die Hölle verdienen, löst sich die Frage, warum wir leiden, auf. Weil wir die Hölle verdienen, ist es fair, daß wir die Hölle auf Erden erleiden.

Jemand widerspricht: „Ich kenne einige sehr gute Menschen, die fürchterlich leiden. Zum Beispiel die Frau, die am anderen Ende unserer Straße wohnt und eine sehr schwere Arthritis hat. Sie würde sich nicht als religiös bezeichnen und geht nicht zur Kirche, doch sie ist der christlichste Mensch, den ich kenne." Gott behauptet etwas anderes. Er sagt: „Es gibt keinen, der gerecht ist, auch nicht einen; es gibt keinen Verständigen, keinen, der Gott sucht. Alle sind abtrünnig geworden, alle miteinander taugen nichts. Keiner tut Gutes, auch nicht ein einziger" (Röm 3,10–12).

Vielleicht verdeutlicht es folgender Gedanke: Eine Tat wird zur Sünde, wenn eine Handlung falsch ist oder wenn ein Motiv falsch ist. Oft sind unsere Handlungen gut, doch unsere Motive sind alles andere als rechtschaffen. Nehmen Sie zum Beispiel einen Mann, der als Koch und Arzt auf einem Piratenschiff fährt. Er hat nie in seinem Leben eine Waffe in die Hand genommen. Er bleibt auf dem Schiff und kocht für die Männer, die von ihrem Tagewerk des Raubens und Stehlens zurückkommen. Er ist dazu da, ihre Wunden zu versorgen. Was könnte unschuldiger sein? Doch wenn die britische Krone das Schiff aufbringt, wird der Doktor-Koch genauso am Galgen landen wie die anderen Halsabschneider. Warum? Weil er gute Dinge für eine schlechte Sache getan hatte.

So sieht Gott auf unser Leben. Wir mögen Musterbürger sein, die schwer arbeiten, ihre Kinder zum Fußballtraining fahren, den Rasen pflegen und ihren Nachbarn freundlich zuwinken. Doch Gott fordert, ihn mit ganzem Herzen, ganzer Seele und mit aller Kraft zu lieben. Das heißt, daß wir alles tun müssen, ihm zu gefallen. Für den Nicht-Christen dient jede Tat seinem eigenen Interesse: *seinen* Kindern zu helfen, *sich* das Gefühl zu geben, gute Arbeit geleistet und eine Aufgabe geschickt gelöst zu haben, *seine* Nachbarschaft in einen angenehmen Ort zu verwandeln. Jay Adams hat gesagt, wir sind alle Sünder, doch jeder hat seinen individuellen Stil des Sündigens entwickelt. Für einige sind es Drogenabhängigkeit, Schießereien und Prostitution. Für andere ist es ein angesehener Lebensstil, bei dem man alles tut, was richtig ist, während man Gott mißachtet. Gott haßt beides, er findet es gleichermaßen widerlich. In seinen Augen hat beides die Hölle verdient.

Jonathan Edwards, ein Pastor, der im achtzehnten Jahrhundert lebte, erklärte, warum wir die Hölle verdienen, selbst wenn wir das Gegenteil denken. Seine Argumentation klingt folgendermaßen: Wie schwer oder abscheulich ein Verbrechen ist, hängt von der Verpflichtung ab, die dadurch verletzt wird. Gibt es eine unbegrenzte Verpflichtung, jemand zu gehorchen? Dann werde ich unendlich schuldig, wenn ich ungehorsam bin. Unsere Verpflichtung, jemand zu gehorchen, steht im Verhältnis zu dessen Wert, Autorität und Ehrenhaftigkeit. Gott besitzt all das in unendlichem Maße, deshalb sind Verbrechen gegen ihn Verletzungen einer unendlichen Verpflichtung. Solche Verbrechen sind unendlich abscheulich. Sie verdienen unendliche Bestrafung.

Stellen Sie sich das bitte folgendermaßen vor: Eine Linie hat in der Geometrie keine Breite, doch sie streckt sich in beiden Richtungen ins Unendliche. Wenn sie auch nur die geringste Breite hätte, würde sie eine unendliche Fläche bedecken, da sie sich in die Unendlichkeit erstreckt. Die Breite der Linie ist minimal, vielleicht nur einen Millimeter breit, doch ihre andere Dimension – ihre Länge – ist unendlich und bedeckt deshalb eine unendliche Fläche. Jede unserer individuellen Sünden mag uns klein genug erscheinen, doch sie ist wie die schmale Linie. Da sich die Sünde gegen einen unendlich heiligen und gnädigen Gott richtet, ist sie unendlich abscheulich und verdient deshalb unendliche Bestrafung. Da kein Mensch eine unendlich intensive Bestrafung erleben kann, muß unsere Bestrafung von unendlicher Dauer sein. Das heißt, sie muß ewig dauern.

Also weshalb passieren guten Menschen schlechte Dinge? Die grundlegendere Frage müßte vielmehr heißen: Warum haben gute Menschen die Hölle zu erwarten? Die ernüchternde Antwort der Bibel ist, daß wir nicht gut sind. Gott ist gerecht, wenn er seine aufsässigen Geschöpfe in die Hölle schickt – folglich ist er fair, wenn er die Hölle bereits in diesem Leben beginnen läßt.

Doch darin steckt auch eine Gnade. Wenn wir die Hölle bereits in diesem Leben kosten, werden wir dazu getrieben, darüber nachzudenken, was uns im nächsten erwartet. Auf diese Weise können unsere Kümmernisse zu unserer größten Gnade werden. Für einige von uns werden sie zu Straßensperren Gottes auf unserer ungestümen Hetzjagd zur Hölle. Die deprimierte junge Hausfrau sucht nach einer Antwort. Der krebskranke Patient schließt Frieden mit seinem Schöpfer. Der führende Angestellte rutscht auf der Leiter des Erfolges aus und fällt in Gottes Arme.

Die Hölle erklärt, warum Christen leiden

Jemand wendet ein: „Doch die Sünden der Christen wurden mit dem Tod Jesu bezahlt. Sie werden die Hölle niemals kennenlernen. Was haben sie mit der Hölle auf Erden zu tun?“

Viel! Das menschliche Leiden in dieser Welt ist lediglich ein Überschwappen der Hölle. Ja, man sollte meinen, daß Christen davon ausgeschlossen sind. Dieses Buch wurde jedoch geschrieben, um zu erklären, weshalb Gott dennoch erlaubt, daß sie einige Spritzer abbekommen. In diesem Leben ist es Gottes Plan für uns, daß uns die Wohltaten des Himmels nur allmählich gegeben werden. Er erinnert uns an die Hölle, vor der wir gerettet sind, indem er uns mit den Resten unserer Sündhaftigkeit kämpfen läßt.

Wenn wir ein leichtes Leben hätten, würden wir schnell vergessen, daß wir ewige Geschöpfe sind. Doch die Höllenspritzer lassen das nicht zu. Sie erinnern uns ständig daran, daß etwas Unermeßliches und Kosmisches auf dem Spiel steht – ein Himmel, der erreicht, eine Hölle, die vermieden wird. Menschliche Seelen sind das Schlachtfeld auf dem gewaltige geistliche Schlachten ausgetragen werden. Ungeheure Einsätze stehen auf dem Spiel. Der Sieger nimmt alles, und der Verlierer verliert alles. Jeder Tag unseres kurzen Lebens hat ewige Folgen – im guten oder im schlechten Sinn. Die Ewigkeit wird beeinflußt. Das Jetzt zählt für immer. Deshalb ist es durchaus passend, daß Gott uns ein Gefühl vom Einsatz vermittelt, ein Gefühl vom Ausmaß des Krieges. Das tut er, indem er uns durch die Freuden, die wir erleben, einen Vorgeschmack des Himmels gibt und durch unsere Leiden einen Vorgeschmack der Hölle.

Wenn wir klar denken, treibt uns jede Kostprobe der Hölle zu Freunden und Nachbarn, die nicht an Gott glauben. Vielleicht haben wir Krebs. Unser Körper wird von Schmerzen gemartert. Der Christ sollte sich sagen: „Wie schrecklich, daß unsere Sünden solche Leiden in eine Welt bringen, die Gott vollkommen gemacht hat! Doch wie wunderbar ist es, daß ich in den Himmel komme und von den schrecklichen Schmerzen, die ich verdient habe, erlöst werde. Doch mein Nachbar, den ich sehr gern habe, glaubt nicht an Jesus. Er ist auf dem Wege zu ewigen Schmerzen, die viel schlimmer sind als das, was ich jetzt erlebe. Herr, gib mir den Mut, den Takt und die Weisheit, ihm die Wahrheit des Evangeliums nahezubringen."

Während wir Schmerzen erleben, werden wir Christus ähnlicher. Sie verfeinern unseren Charakter und bringen uns ewige Belohnung. „Denn die kleine Last unserer gegenwärtigen Not schafft uns in maßlosem Übermaß ein ewiges Gewicht an Herrlichkeit" (2 Kor 4,17). Mit anderen Worten: Indem wir ein wenig von der Hölle zu kosten bekommen, wird unser Himmel noch himmlischer. Es wird wahrscheinlicher, daß unsere Freunde und Nachbarn uns dort Gesellschaft leisten werden, und unsere Dankbarkeit für unsere Erlösung fließt über. „Ich verdiene es, zur Hölle geschickt zu werden", geben wir zu, „doch ich komme trotzdem in den Himmel; niemand hat mehr Grund zur Freude als ich!“ Und zwanzig Minuten im Himmel werden uns für alles entschädigen.

4. Wenn das Leid überwunden ist

Vorige Woche fuhr ich mit einigen Freunden zur Reagan-Bücherei, die heiter und besinnlich auf einem Plateau nahe der Küste liegt. Ein Habicht schwebte lässig in der warmen, trockenen Luft, die vom Talgrund aufstieg, und wir lehnten uns über die Mauer und bewunderten die öde Landschaft unter uns.

„Bitte kommen Sie hier entlang", bat uns ein Führer, als wir die Bücherei betraten. Ich fuhr mit meinem Rollstuhl in den Ausstellungsraum, der einen Eindruck von dem Schauplatz vermittelt, den Ronald Reagan als kalifornischer Gouverneur betrat. Ich hielt am Eingang und ließ die Bilder auf mich wirken. Flower-Power- und Anti-Kriegs-Plakate, Bilder von Twiggy (einem superschlanken Model mit sehr kurzen Haaren), Perlen und Fußringe. Ein VW-Käfer mit gelber Leuchtfarbe stand in der Mitte des Raumes. Daneben sah man Vergrößerungen von Zeitungsausschnitten mit den Überschriften: MARTIN LUTHER KING ERMORDET und BOBBY KENNEDY ERSCHOSSEN, die mürrischen Gesichter der Beatles, Janis Joplin, die sauer dreinblickte, und die Gruppe *Mamas und Papas*, die ebenfalls nicht froh zu sein schien. Ich rollte langsam an einigen knienden Puppen in Uniform vorbei, die Gewehre in der Hand hielten und eine Szene aus Vietnam nachstellten – das waren junge Männer, die Grund hatten, traurig zu sein.

Ich hatte ihn auch. Was ich sah, war die Zeit, in der ich mir meine Verletzung zuzog.

Ich starrte auf den Umschlag einer alten Schallplatte von Simon und Garfunkel. Ich hatte sie im Krankenhaus wieder und wieder gespielt, mir die traurigen Worte der Lieder wie Rillen einer Schallplatte ins Gedächtnis geritzt, die leeren Augenblicke mit Geräuschen füllend, mit dem Versuch, den Schrecken auszulöschen, der in meinem nutzlosen Körper eingeschlossen war.

Selten denke ich – denke ich wirklich – an diese schweren Tage zurück. Doch die Ausstellung und der immer näherrückende Tag, an dem ich dreißig Jahre im Rollstuhl verbracht haben werde, zwangen mich dazu, mir die Bilder der Unfallklinik und der Krankenhausflure ins Gedächtnis zurückzurufen. Ich konnte mich daran erinnern, daß die Schwestern aus dem Fenster meines Zimmers auf die Panzer schauten, die durch die Straßen von Baltimore rollten, und an die ärgerlichen Gesichter schwarzer Helfer, nachdem der Ausnahmezustand über die Stadt verhängt wurde. Ich erinnerte mich an mein Krankenzimmer, an einige Unterhaltungen, die ich mit Freunden geführt hatte, und an meinen Schulfreund, wie er aus meinem Zimmer ging und mich zurückließ, um an einer Hochschule zu studieren. Doch das war alles. Ich konnte den echten Schrecken nicht wieder aufleben lassen. Ich konnte die herzzerreißende Qual über eine zerbrochene Liebe oder die Atemlosigkeit bei der Nachricht, mein Leben im Rollstuhl verbringen zu müssen, nicht mehr heraufbeschwören. Der Film, der in meinem Inneren ablief, hatte viele weiße Stellen – er war auch nicht annähernd das schmerzliche menschliche Drama, das er vor dreißig Jahren gewesen war.

Die Zeit hat ihre eigenen Regeln. Die Vergangenheit sieht in der Erinnerung immer anders aus als zur Zeit des Geschehens. Die Erinnerung ist wählerisch. Aus allem, was passiert, wählt sie ein paar Höhepunkte von bleibender Bedeutung. Wenn wir uns vergangene Schmerzen ins Gedächtnis rufen, tun wir es aus einer Perspektive, die eine völlig andere ist als die, während wir die Schmerzen hautnah erlebten. Damals sahen wir keinen Sinn darin. Stecken wir mitten im Leiden, dann sind wir nur verwirrt. Für mich war es eine sonderbare Mischung aus gebatikten T-Shirts, dem Geruch von Marihuana in den Fluren öffentlicher Gebäude und Gedanken an Selbstmord.

Wir suchten nach Wegen durch die Schmerzen, aber wir fanden sie nicht. Später ist es anders. In meinem Fall – dreißig Jahre später – verstehe ich endlich. Ich habe den Weg gefunden, weil ich die Dinge anders sehe.

Es hängt von unserer Perspektive ab, davon, von welchem Zeitpunkt aus wir unsere Betrachtungen beginnen. Wenn wir auf unseren Kummer zurückschauen, verblaßt der Schmerz wie eine verschwommene Erinnerung. Das Trauma ist stumpf wie eine alte Fotografie geworden. Nur die Resultate überleben, die Dinge von bleibender Bedeutung wie eine gute Ehe, die erfolgreiche Karriere oder, wie in meinem Fall, die Zustimmung zu einem Leben im Rollstuhl. Dies sind die Ereignisse, die herausragen und bleiben wie Trittsteine, die durch tobendes Wasser führen.

Dies sind die Dinge, die uns auf die andere Seite des Leidens tragen, zur Gegenwart, dem Platz, wo wir ein Gefühl des „Angekommenseins“ haben, dem Platz, an dem wir mehr „wir selbst“ sind als in früheren Jahren. Wenn wir es durch das „finstere Tal“ geschafft haben, sind wir andere Menschen. Besser, stärker und weiser. Das ist es, was sich auf der anderen Seite vollzieht. Er bereitet „vor mir einen Tisch im Angesicht meiner Feinde“, etwa so, als wenn ich gleichgültig an dem verblichenen Poster eines riesigen Marihuanablattes vorbeirollen kann. „Du salbest mein Haupt mit Öl und schenkest mir voll ein“, so daß mein Becher überfließt von der Zufriedenheit, über meine Leiden lächen zu können (Ps 23,4–5 nach Luther).

Die Bibel versucht ständig, uns dazu zu bringen, das Leben auf diese Weise zu betrachten. Sie will uns in der Gegenwart die Zukunft vor Augen führen, wie eine Stimme, die uns rät: „Auf diese Weise wird es sich einmal zeigen, so wird uns alles erscheinen, wenn es vorüber ist; es ist der bessere Weg, das verspreche ich.“ Es ist eine Sicht, die das Beständige vom Vergänglichen unterscheidet.

Die Bibel kann nichts anderes tun. Sie gibt sich nur mit Realitäten ab und unterstreicht immer wieder das Endresultat – das Herz, das Frieden gefunden hat, die Seele, die jubelt. Darum mahnt die Bibel: „Seid voll Freude, meine Brüder, wenn ihr in mancherlei Versuchung geratet“ (Jak 1,2). Sie erinnert uns:

„Daß ich gedemütigt wurde, war für mich gut; denn so lernte ich deine Gesetze“ (Ps 119,71).

„Denn die kleine Last unserer gegenwärtigen Not schafft uns in maßlosem Übermaß ein ewiges Gewicht an Herrlichkeit“ (2 Kor 4,17).

„Mehr noch, wir rühmen uns ebenso unserer Bedrängnis" (Röm 5,3).

„Denn ich, ich kenne meine Pläne, die ich für euch habe – Spruch des Herrn –, Pläne des Heils und nicht des Unheils; denn ich will euch eine Zukunft und eine Hoffnung geben" (Jer 29,11).

„Wohl dem Mann, den du, Herr, erziehst, den du mit deiner Weisung belehrst. Du bewahrst ihn vor bösen Tagen" (Ps 94,12–13).

Die menschliche Natur hat ihre Probleme mit solchen Perspektiven. Sie bemüht sich, unsere Konzentration auf die Schmerzen der Gegenwart zu lenken, und macht uns dadurch blind für die Realitäten der Zukunft. Die menschliche Natur würde lieber ihre Wunden lecken und höhnen: „Das sind Phantasiegebilde. Die Zukunft zählt nicht." Und doch zählt sie! Sie zählt sogar so sehr, daß „alles andere, egal wie wirklich es uns vorkommt, als unwesentlich und nicht der Rede wert behandelt wird." Tim Stafford fährt in seinem Buch *Knowing the Face of God* (Das Gesicht Gottes kennen) fort: „Deshalb scheint einem das Wort Gottes zeitweilig so unbekümmert und irritierend wirklichkeitsfremd, wenn es große philosophische Probleme und persönliche Agonie nur streift. Doch so stellt sich einem das Leben dar, wenn man es vom Ende aus betrachtet. Die Perspektive verändert alles. Was einmal ungeheuer wichtig schien, hat keinerlei Bedeutung mehr."[1]

Die Bibel rät uns überdeutlich: „Jubelt im Leiden" und „heißt Leiden wie Freunde willkommen", denn Gott wünscht, daß wir uns in die Realität begeben, die er sich für uns vorstellt – die einzige Realität, die im Grunde genommen zählt. Man benötigt einen mutigen Glauben, um das zu können, doch indem wir Gott vertrauen, begeben wir uns über die Gegenwart hinaus in die Zukunft. Tatsächlich begeben wir uns genau in die Zukunft, die Gott für uns vorbereitet hat. „Ihr neues Leben, das Ihr *wirk-*

[1] Tim Stafford, *Knowing the Face of God,* Colorado Springs 1996, S. 221. Einige der Gedanken in diesem Kapitel werden in Tim Staffords Buch ausführlicher diskutiert.

liches Leben ist – selbst wenn es für Beobachter unsichtbar ist – ist mit Christus in Gott. *Er* ist Ihr Leben. Wenn Christus (Ihr wirkliches Leben) wieder auf dieser Erde erscheint, werden auch Sie erscheinen – Sie wie Sie wirklich sind, Sie als herrliche Persönlichkeit" (siehe Kol 3,3–4).

„Wirkliches Leben, das unsichtbar ist", scheint genauso unbegreiflich zu sein, wie „im Leiden jubeln" zu können. Doch vergessen Sie bitte nicht: „Glaube aber ist: Feststehen in dem, was man erhofft, Überzeugtsein von Dingen, die man nicht sieht" (Hebr 11,1). So, wie ein Polaroid-Schnappschuß vor unseren Augen entwickelt wird, erscheint das „wir", wie Gott es gemeint hat, als Resultat unserer Leiden, wenn wir sie willkommen heißen. „Wir [leiden] mit ihm . . . um mit ihm auch verherrlicht zu werden . . . [mit] der Herrlichkeit, die *an uns* offenbar werden soll" (Röm 8,17–18).

Die Zukunft bemüht sich, zum Vorschein zu kommen – in uns offenbar zu werden: „Denn die ganze Schöpfung wartet sehnsüchtig auf das Offenbarwerden der Söhne Gottes" (Röm 8,19). Wir haben die Zukunft gesehen, und sie ist „Christus in uns und wir in Christus", *vorausgesetzt*, daß wir tatsächlich „mit ihm leiden".

Während wir das tun, ändert sich unsere Perspektive. Das ist Gottes Wunsch: Herzen, die in Leidenschaft für zukünftige Dinge brennen, die sich nach der Wirklichkeit des Reiches Gottes verzehren, das nicht von dieser Welt ist. Gott möchte, daß seine Menschen sich an seiner Hoffnung entflammen. Eine freudige Einstellung zu unseren Prüfungen beeinflußt unser Leben auf Erden. Obwohl wir noch immer leiden, werden wir zur „Stadt, die auf einem Berg liegt" und zum Licht auf einem Leuchter (Mt 5,14–15), das alle sehen können und von dem sie ermutigt werden. Menschen, deren Herzen für den Himmel entflammt sind, sind gute Bürger der Erde, sagt C.S. Lewis, sie tun der Erde unwahrscheinlich gut.

Das geschieht nicht, ohne daß wir leiden. Das Leid ist das Brennmaterial für diese dem Himmel zugewandte Hoffnung. Die Hoffnung von Menschen, deren Leben von Nöten unberührt bleibt, ist weniger energiegeladen. O ja, sie sind froh darüber, in den Himmel zu kommen. Für sie war die Hinwendung zu Jesus eine Garantie dafür, keine Hölle, sondern den Himmel zu erleben. Es war wie ein Tauschhandel: Legen Sie Ihre Sünden auf den Ladentisch und Sie erhalten eine feuerfeste Seele. Nachdem das erledigt ist, sind Sie der Ansicht, wieder zu Ihrem alltäglichen Leben zurückkehren zu können – heiraten, arbeiten, Urlaub machen, das Leben genießen.

Durch Leiden wird das Leben als Christ jedoch zu mehr als zur Unterschrift unter einen ewigen Gesundheitsvertrag. Das Leiden erfüllt den Vertrag mit Leben. Es richtet unsere Herzen auf die Zukunft wie eine Mutter, die das Gesicht ihres Kindes in eine bestimmte Richtung dreht und sagt: „Sieh dorthin!" In diesem Sinne schrieb der Apostel Paulus an seine Freunde, als die erste Welle der Verfolgung über die Kirche hereinbrach:

„Ihr seid mit Christus auferweckt; darum strebt nach dem, was im Himmel ist, wo Christus zur Rechten Gottes sitzt. Richtet euren Sinn auf das Himmlische und nicht auf das Irdische! Denn ihr seid gestorben, und euer Leben ist mit Christus verborgen in Gott. Wenn Christus, unser Leben, offenbar wird, dann werdet auch ihr mit ihm offenbar werden in Herrlichkeit" (Kol 3,1–4).

Sobald wir dem Himmel unsere Aufmerksamkeit widmen, sobald wir wissen, daß wir „mit ihm offenbar werden in Herrlichkeit", erfüllt uns eine leidenschaftliche Vorfreude, auf Gottes letztendliche Wirklichkeit, gegen die alles Irdische blaß erscheint. Die Schmerzen der Erde zerstören unsere Hoffnungen, sie erinnern uns daran, daß nicht diese Welt, sondern nur der Himmel uns zufriedenstellen kann. Immer, wenn wir es uns auf diesem Planeten zu gemütlich machen, öffnet Gott die Schleusentore und erlaubt einem eiskalten Leidensspritzer, um uns aus unserem geistlichen Schlummer aufzuwecken.

Worin besteht unsere Hoffnung?

Das Leiden läßt unsere Füße anschwellen, so daß uns unsere irdischen Schuhe nicht mehr passen. Meine verkümmerten Beine, meine geschwollenen Fußgelenke, verkrümmten Finger und kraftlosen Handgelenke können im Kindergottesdienst als Anschauungsmaterial für die Verse von Jesaja dienen: „Alles Fleisch ist Gras . . . das Gras verdorrt, die Blume verwelkt; aber das Wort unseres Gottes bleibt ewiglich" (Jes 40,6,8 nach Luther). Daher kann ich mich mit anderen, die leiden, auf Gott berufen. Er sagt: „Macht die erschlafften Hände wieder stark und die wankenden Knie wieder fest! Sagt den Verzagten: Habt Mut, fürchtet euch nicht! Seht hier ist euer Gott . . . er selbst wird kommen und euch erretten. Dann werden die Augen der Blinden geöffnet, auch die Ohren der Tauben sind wieder offen. Dann springt der Lahme wie ein Hirsch, die Zunge des Stummen jauchzt auf . . . Wonne und Freude stellen sich ein, Kummer und Seufzen entfliehen" (Jes 35,3–6,10).

Für mich sind derartige Verse keine Verheißungen, die voller Sehnsucht in eine unbestimmte, nebelhafte, weit entfernte Zeit weisen. Sie sind Teil der Hoffnung, in die ich bereits eintrete, Teil der Zeit, wenn Jesus „unseren armseligen Leib verwandeln wird in die Gestalt seines verherrlichten Leibes" (Phil 3,21). Mir gefällt die Stelle, die vom neuen Körper handelt. Doch meine Hoffnung beschränkt sich nicht auf einen herrlichen Leib.[2] Sie geht weit darüber hinaus.

Die mißhandelten und verwundeten Autoren des Neuen Testaments fühlten genauso. Da war etwas Großartiges in der Hoffnung auf den Himmel, das sie immer wieder neu motivierte. Ihre Schriften sind durchzogen mit Hinweisen auf die Wiederkunft Christi, auf die Zeit, wenn der Himmel den Horizont zum Bersten bringt. Unaufhörlich beteten sie: „Maranatha! Komm, *Herr Jesus!*" Es hieß von den ersten Christen: „Ihr [wartet] auf die Offenbarung *Jesu Christi,* unseres Herrn"

---

[2] Mehr über dieses Thema finden Sie in Jonis Buch *Heaven . . . Your Real Home,* Grand Rapids 1996.

(1 Kor 1,7). Sie verglichen sich selbst mit Soldaten, die auf Wachtürmen Wache hielten, mit Arbeitern, die die Ernte einbrachten, mit Athleten, die dem Ziel entgegenliefen und mit Jungfrauen, die bei Nacht Ausschau hielten, ihre Lampen vorbereitet, ihre Herzen entbrannt und die Augen auf den Horizont gerichtet, weil von dort der Bräutigam kommen sollte.

Die Welt war kein Freudenfest. Sie warteten auf das Freudenfest. Ihnen war klar, daß der König gerade erst begonnen hatte, sein Königreich zu errichten. Jesus selbst bat seinen Vater: „... dein Reich komme ... wie im Himmel." Er hatte damit begonnen, die Auswirkungen der Sünde und ihre Resultate – Schmerz, Tod und Krankheiten – ins Gegenteil zu verkehren, doch das war nur der Anfang. Als Christus zum Himmel aufstieg, umspielten noch keine Lämmer den Löwen, Schwerter wurden nicht zu Pflugscharen umgeschmiedet. Nur wenige erinnerten sich dankbar daran, daß Jesus ihre blinden Augen berührt und ihnen das Augenlicht geschenkt hatte, doch nicht alle blinden Augen sahen wieder, nicht alle tauben Ohren waren geöffnet, und die meisten Lahmen waren weit davon entfernt, wie Hirsche zu springen.

Die Autoren des Neuen Testaments waren sich darüber klar, daß der Schlußstein im Gebäude des Königreichs noch fehlte (siehe Eph 2,20). Die nachfolgenden Generationen wußten das. Die Heiligen, die im Laufe der Zeiten Verfolgungen, Seuchen, Vernichtung und Kummer erlebten, begriffen, daß sie lebende Steine für den Bau des Reiches Gottes waren (1 Petr 2,5). Sie verstanden: Auch wenn das Leiden mitunter beträchtlich war, lohnte es sich dennoch, am Leben zu bleiben, wenn der Welt dadurch mehr Zeit gegeben wird, die gute Nachricht zu hören.

Sie erfuhren die quälende Wirklichkeit ihres Leidens; doch sie erinnerten sich auch daran, welch enorm hohen Preis Jesus auf eine Seele setzt. Leiden ist schlimm, doch seine Seele zu verlieren, ist schlimmer (siehe Mt 16,26). „Der Herr zögert nicht mit der Erfüllung der Verheißung, wie einige meinen, die von Verzögerung reden; er ist nur geduldig mit euch, weil er nicht will, daß jemand zugrunde geht, sondern daß alle sich bekehren" (2 Petr 3,9). Frühere Generationen erkannten, daß Gott etwas zuließ, was er haßte (ihre Schmerzen und Verfolgungen), damit das, was ihm wertvoll war (mehr Seelen zu retten), erreicht werden konnte. Paulus schrieb an die Philipper: „Ihr sollt wissen, Brüder, daß alles, was mir zugestoßen ist (Gefangenschaft), *die Verbreitung des Evangeliums gefördert hat*" (1,12).

Unsere Generation steht auf ihren Schultern. Wir hassen die Hölle, und weil wir nicht wollen, daß die Menschen, die wir lieben, dorthin gehen müssen, halten wir trotz Schmerzen durch, damit keiner zugrunde geht. Unsere Generation hat die gleichen Hoffnungen wie sie. „Auch wir . . . seufzen in unseren Herzen und warten darauf, daß wir . . . als Söhne offenbar werden. Denn wir sind gerettet, doch in der Hoffnung. Hoffnung aber, die man schon erfüllt sieht, ist keine Hoffnung. Wie kann man auf etwas hoffen, das man sieht? Hoffen wir aber auf das, was wir nicht sehen, dann harren wir aus in Geduld" (Röm 8,23–25).

Was wir uns erhoffen, ist mehr als ein neuer, himmlischer Körper. Es ist mehr damit verbunden, als daß Kummer vergeht und Seufzer verklingen.

Der Kreis schließt sich

Dieses Buch handelt von der Hoffnung, die wir haben.

Erinnern Sie sich, daß wir einen Blick auf die Freude und das Entzücken zwischen Vater, Sohn und Heiligem Geist warfen? Die Freude, die sie umschließt, fließt über die Mauern des Himmels und erreicht auch uns. Denken Sie daran, daß das Leiden uns bis ins Innerste wie mit Sandstrahlen bearbeitet, daß es Sünde und Unreinheiten entfernt, damit ein enges Verhältnis mit Jesus möglich wird. Erinnern Sie sich an die Leiden und Opfer, die Jesus auf sich nahm, damit wir diese Intimität und seine Freude kennenlernen können? Es war die Mission Jesu, uns seine Freude zu bringen. „Dies habe ich euch gesagt, damit meine Freude in euch ist und damit eure Freude vollkommen wird" (Joh 15,11).

Das Unglück sucht sich Gesellschaft, doch die Freude sehnt sich nach unendlich vielen Teilhabern. Nicht nur der Menschen wegen planten Vater, Sohn und Heiliger Geist, die Menschen zu retten. Es geschieht für Gott. Der Vater sammelt eine Menschenmenge – Erben, die rein und schuldlos sind –, damit sie seinen Sohn in der Freude des Heiligen Geistes verehren. „Gott ist die Liebe" (1 Joh 4,16) und die Liebe wünscht sich, alle mit Glückseligkeit zu erfüllen, für die Gott gelitten hat.

Schon bald wird sich der Wunsch des Vaters, des Sohnes und des Heiligen Geistes erfüllen. Schon bald – vielleicht früher als wir denken – wird „der Tag des Herrn" kommen, und alle, „die sehnsüchtig auf sein Erscheinen warten", werden von den letzten Spuren der Sünde befreit. Gott wird endgültig Schluß machen mit Sünde, Satan und Leiden, und wir werden unter den Wasserfall der Freude und des Entzückens treten, der von dem dreieinigen Gott ausgeht.

Mehr noch: Wir werden Teil einer Woge überschäumender Freude – denn Gott ist alles und ist in allem. „Wir wissen, daß wir ihm ähnlich sein werden, wenn er offenbar wird; denn wir werden ihn sehen, wie er ist." Gott in uns und wir in ihm. Wir werden nicht länger „mit Christus verborgen" sein. „Jetzt schauen wir in einen Spiegel und sehen nur rätselhafte Umrisse, dann aber schauen wir von Angesicht zu Angesicht. Jetzt erkenne ich unvollkommen, dann aber werde ich durch und durch erkennen, so wie ich auch durch und durch erkannt worden bin" (1 Kor 13,12). Der Apostel Paulus, der sich hier noch danach sehnte, Christus zu „*erkennen*", indem er die Gemeinschaft seiner Leiden teilte, ist nun vollkommen verbunden, vollständig vereint mit Christus. Er erkennt Gott nun in der tiefen, persönlichen Vereinigung, dieses äußerste Glücksgefühl des Erlebens. Paulus kostete davon, als er die irdischen Schmerzen erlitt, doch jetzt genießt er die Früchte von „den Bäumen des Lebens" in der Seligkeit des Himmels (Offb 22,2).

Unsere Hoffnung ist nicht gegründet auf „etwas", sondern auf „jemand", eine Person. Unsere *einzige* Hoffnung ist „das Erscheinen der Herrlichkeit unseres großen Gottes und Retters Christus Jesus" (Tit 2,13). Nicht dem Himmel gilt unsere Erwartung – wir warten auf eine Person. Es ist Jesus, für den wir all diese Leiden ertragen. Unsere Hoffnung gilt der *Sehnsucht der Völker,* dem, der gebrochene Herzen heilt, dem Freund der Sünder. Es ist wahr, wir freuen uns auf das Freudenfest. Doch genauer gesagt warten wir auf den, der es zu einem Freudenfest macht.

Wieviel Freude?

Kann die Freude des Himmels, kann ewige Gemeinschaft mit Gott *so* beglückend sein? Es ist menschlich, so zu denken. Die Jagd nach dem Vergnügen ist eine irdische Fixierung. Doch das Vergnügen wurde nicht auf Erden erfunden; Gott erfand jedes Entzücken, jedes beglückende sinnliche Erlebnis. „Jede gute Gabe und jedes vollkommene Geschenk kommt von oben, vom Vater der Gestirne, bei dem es keine Veränderung und keine Verfinsterung gibt" (Jak 1,17). Es ist natürlich, daß wir jammern und uns fragen, ob unsere Sehnsüchte befriedigt werden oder nicht. (Die Erde ist daran schuld, die ständig unser Verlangen weckt und gleichzeitig die Möglichkeit der Erfüllung zunichte macht). Weil Sünde nie zur Zufriedenheit führt, wird sie immer schlimmer.

Wird es im Himmel anders sein? Hier ist die etwas ungewöhnliche Analogie von C.S. Lewis:

„Was die Enthaltsamkeit betrifft, so könnte unsere gegenwärtige Einstellung zu ihr verglichen werden mit der eines kleinen Jungen, der sogleich, nachdem ihm gesagt wird, daß der Geschlechtsakt die höchste körperliche Freude sei, die Frage stellt, ob man dabei auch Schokolade esse; und der dann nachdem diese Frage mit ‚Nein' beschieden wird, das Fehlen von Schokolade für das Hauptmerkmal der Sexualität hält. Vergeblich würde man ihm zu erklären versuchen, daß die Liebenden sich deswegen in ihrem körperlichen Entzücken nicht um Schokolade kümmern, weil sie an etwas Besseres zu denken haben. Der Junge kennt Schokolade: Das Bessere, das sie ausschließt, kennt er nicht.

Wir sind in der gleichen Lage. Wir kennen das Geschlechtsleben; das andere, das uns im Himmel keinen Raum dafür lassen wird, kennen wir nicht, außer durch Andeutungen. So kommt es, daß wir uns dort auf Fasten einrichten, wo uns die Fülle erwartet."[3]

Die Erde hat uns dafür programmiert, an den Himmel als einen Ort des Verzichts zu denken. Doch in der Seligkeit himmlischer Freude werden wir nicht an die körperliche Seligkeit denken, weil wir etwas viel Besseres haben, weil etwas weitaus Beglückenderes uns gefangen nimmt. Das Entzücken, das ich mit meinem Mann erlebe, ist lediglich ein Flüstern – ein Stückchen Schokolade, verglichen mit der unbändigen Freude, die mich im Himmel in einer euphorischen Flut davonschwemmen wird. „Es läßt sich kaum begreifen oder ausdrücken, welchen Grad an Freude die Heiligen im Himmel erleben werden" versichert Jonathan Edwards.[4] Es ist eine Sache des Glaubens – und ich glaube der Bibel, wenn sie sagt: „Was kein Auge gesehen und kein Ohr gehört hat, was keinem Menschen in den Sinn gekommen ist: das Große, das Gott denen bereitet hat, die ihn lieben" (1 Kor 2,9).

Jedes Vergnügen auf Erden ist nur ein Schatten seiner Erfüllung im Himmel. Den besten Freundschaften auf Erden bleiben nur wenige Jahre zur Reife. Die Zeit reicht niemals aus. Worte können nie ausdrücken, wovon unsere Herzen voll sind. Ich erlebe diese bittersüße Traurigkeit mit engen Freunden. Ich liebe sie so sehr, daß ich durch sie hindurch zur anderen Seite gelangen möchte, um sie völlig zu kennen und eins mit ihnen zu sein. Nicht, um sie zu besitzen, sondern um mit ihnen zu verschmelzen. Auf Erden kann ich das nicht. Ich befinde mich vor der Tür ihres Herzens, immer von dem Wunsch beseelt, hineinzugelangen, ihnen selbst dann, wenn ich mit ihnen zusammen bin, noch näher zu sein. Meine Sehnsucht wird von dem Wissen gelindert, daß ich im Himmel diesen Zutritt haben werde. Jesus hat das für uns erwirkt: „Heiliger Vater, bewahre sie . . . damit sie eins sind wie wir" (Joh 17,11).

---

3 C.S. Lewis, *Wunder: Möglich – wahrscheinlich – undenkbar?*, Basel und Gießen [3]1998, S. 185–186.

4 Dr. John H. Gerstner, *The Rational Biblical Theology of Jonathan Edwards*, Orlando 1993, S. 543.

Erinnern Sie sich daran, wie ich Leiden definierte? Daß man sich wünscht, was man nicht hat, und hat, was man sich nicht wünscht. Im Himmel werden wir endlich besitzen, was wir uns immer gewünscht haben; dort werden unsere tiefsten Sehnsüchte erfüllt. Und wir werden immer mit dem zufrieden sein, was wir haben, werden keine Langeweile und keinen Neid empfinden.

C.S. Lewis erzählte einmal die Geschichte einer Frau, die einem Sohn das Leben schenkte, nachdem sie in ein finsteres Verlies geworfen wurde. Dort zog sie ihren Sohn auf. Der Junge kannte nichts weiter wie die Wände des Verlieses, den mit Stroh bedeckten Boden und ein kleines Stückchen Himmel, daß hoch oben durch die Gitterstäbe schimmerte. Seine Mutter, eine Künstlerin, versuchte ihren Sohn zu lehren, wie die Welt draußen aussieht. Sie zeichnete Bilder von Feldern, Flüssen, Bergen und Städten. Der Junge gab sich alle Mühe, seiner Mutter zu glauben, als sie ihm erklärte, daß die Welt draußen bei weitem herrlicher und interessanter sei als auf ihren Zeichnungen. „Was denn, da draußen gibt es keine Bleistiftstriche?" fragte der Junge. Seine ganze Vorstellung von der äußeren Welt verschwand, weil Bleistiftstriche nicht ein Teil der wirklichen Welt waren. Der Junge glaubte, daß die wirkliche Welt irgendwie weniger sichtbar ist als die Bilder seiner Mutter. In Wirklichkeit fehlen der Welt draußen die Konturen, weil sie unvergleichlich deutlicher sichtbar ist.

C.S. Lewis endet: „So ist es mit uns. Unsere natürlichen Erlebnisse (das Greifbare, das Gefühlsmäßige, die Vorstellung) sind nur wie Bleistiftlinien auf der Ebene des Papiers. Im ewigen Leben werden sie verschwinden wie die Bleistiftstriche in der wirklichen Landschaft."[5]

Worte werden dem Himmel nicht gerecht. Ich kann mir die allergrößte Mühe geben, ich kann von Seligkeit und Ekstase reden – es reicht nicht aus. „Die kunstvollste Komposition von Worten würde ihn verdunkeln und verschleiern; würde sehr niedrige Schatten der Wirklichkeit hervorbringen; und alles, was wir über den Himmel in unserer besten Rhetorik sagen können,

[5] Lewis, *The Inspirational Writings of C.S. Lewis,* New York, S. 363.

ist wirklich und wahrhaftig weitaus weniger als die Wahrheit. Wenn der heilige Paulus, der den Himmel gesehen hat, es für unmöglich hielt, ihn zu beschreiben, um wieviel weniger sollten wir vorgeben, es zu können", schrieb Jonathan Edwards.[6]

Wieviel Zeit?

Der Himmel wird nicht nur *mehr* sein, als wir uns vorstellen können, dieses „mehr" wird ewig dauern. Es wird zeitlos sein. Es muß so sein: Freude strömt aus von Gott, Gott ist ewig, folglich ist Freude ewig. Sie wissen es instinktiv, wenn Sie von einem zeitlosen Moment ergriffen sind, einem Erlebnis, das so kostbar ist, so vollkommen, daß Sie wünschten, es würde ewig dauern.

An einem frühen Sommermorgen fuhren meine Schwester Jay und ich nach Sykesville, einem kleinen Bauerndorf in Maryland, um Großmutter Clark zu besuchen. Sie ist nicht meine richtige Großmutter. Jay hatte sich mit ihr angefreundet, als sie die kleine Steinkirche besuchte, die oben auf dem Hügel lag, und wir waren in ihr großes Bauernhaus zum Tee eingeladen. Ich rollte in die Küche, wo mich der Duft von frischgebackenem Kuchen empfing. Am offenen Fenster hatte Großmutter einen Tisch mit gestärktem weißen Leinen gedeckt. Ein Windzug bauschte die Spitzengardinen und trug den Duft von Hortensien in den Raum.

Jay und ich tranken Tee aus dünnen Tassen. Meine Augen hingen an Großmutter Clark. Sie lehnte sich zurück, strich glättend mit der Hand über das Tischtuch und sprach voller Sehnsucht vom Himmel.

Ein plötzlicher Windstoß ließ die Vorhänge flattern und zerzauste ihr graues Haar; sie hob ihre Hand, lächelte und blickte blinzelnd in den Wind. Schschsch! – schwindelerregend und unseren Geist belebend wirbelte es rund um den Tisch. Der Augenblick war beseligend fremd, doch so rasch wie er gekommen war, entließ er uns wieder, zeitlos werdend, Frieden und Freude hinter sich zurücklassend. Ich kann noch immer den Tee

[6] Gerstner, *The Rational Biblical Theology of Jonathan Edwards*, S. 544.

und den Kuchen schmecken, kann die Vorhänge flattern und die Sonnenflecken auf dem Tischtuch sehen.

Augenblicke wie dieser erinnern uns an andere Zeiten oder Orte. Wir sagen dasselbe von Kindheitserinnerungen: Wie wir nach dem Abendessen aus dem Haus rannten, um Glühwürmchen zu fangen, oder an einem Lagerfeuer hockten und den fliegenden Funken zusahen, die zu Sternen wurden. Wenn wir uns dahin zurückversetzen könnten, würden wir entdecken, daß wir selbst als Kinder die gleiche Sehnsucht empfanden – das „Erinnern" an eine andere Zeit oder einen anderen Ort.

Das ist das uralte Verlangen, von dem ich bereits geschrieben habe. C. S. Lewis sagt, es ist die Sehnsucht, unsere Begrenzung zu durchbrechen, und zur anderen Seite zu gelangen. Ob es das Teetrinken an einem Frühlingsnachmittag ist oder der Blick des Kindes ins Lagerfeuer, das sich sicher fühlt – diese Momente flüstern: „Eines Tages wirst du völlig von solchem Frieden umgeben sein . . . Zufriedenheit wird dich erfüllen . . . diese Freude wird ewig dauern . . ." Das ist es, was wir als Kinder fühlen. Es ist eine weitere Ahnung des Himmels, so als wählten wir den glücklichsten Augenblick unseres Lebens und ließen die Zeit stillstehen. C.S. Lewis schrieb:

„Dort, jenseits der Natur, werden wir dann vom Baum des Lebens essen . . . Die schwachen, weit entfernten Auswirkungen jener Energien, die Gottes Schöpfungsakt der Materie einpflanzte, als er die Welten erschuf, sind das, was wir heute physische Freuden nennen; und selbst solchermaßen gefiltert sind sie noch zu stark für uns. Wie würde es sein, könnten wir am Urquell jenes Stromes kosten, dessen entfernteste Ausläufer bereits so berauschend sind? Genau das aber liegt vor uns. Der ganze Mensch soll Freude aus dem Freudenquell trinken . . . Im Lichte unseres heutigen spezialisierten und verdorbenen Appetits können wir uns [dies] . . . noch nicht vorstellen."[7]

Angesichts meines verdorbenen Appetits kann ich mir kaum vorstellen, daß Ekstase ewig dauert. Ich möchte es begreifen,

[7] C.S. Lewis, *Das Gewicht der Herrlichkeit,* in: C.S. Lewis, *Der innere Ring und andere Essays,* Basel und Gießen ²1992, S. 106–107.

doch ich kann es nicht. Ich höre Andeutungen davon in Dvoráks *Symphonie der Neuen Welt.* Ich sehe einen Schimmer davon in dem Blick eines Menschen, der mich liebt. Ich rieche es in der Meeresluft, wenn der Himmel grau ist und in der Ferne ins Violette übergeht. Ich fühlte es einmal, als ich mich neunjährig an das Geländer am Grand Canyon klammerte, weil ich sicher war, daß ich über die weite Schlucht davonfliegen würde, wenn ich losließ.

Wenn dies lediglich Vorzeichen sind, wie wird der wirkliche Himmel sein?

Im Himmel werden das Glück und die Freude immer weiter zunehmen. Vollkommenes Glück bedeutet nicht tatenlos zu sein; im Gegenteil, es besteht sehr wohl aus Aktivitäten. „Der Mensch ist vernünftig und muß sich auf vernünftige Weise betätigen, um glücklich zu sein . . . Im Himmel ist genau das Gegenteil von dem der Fall, was auf Erden gilt: Im Himmel werden die Dinge im Verlauf der Zeit immer jugendlicher, das heißt, sie werden kraftvoller, aktiver, zarter und schöner“, versichert uns Jonathan Edwards.[8] Im Himmel werden wir immer klüger, weiser, jünger und glücklicher. Wir verlieben uns immer mehr. Wieder und wieder werden wir atemlos den Weg unserer Erlösung bestaunen und unsere Freude und unser Erstaunen werden ewig zunehmen.

Lohnt es sich zu leiden?

Werden all die Schmerzen durch den Nutzen aufgewogen? Mehr als wir uns denken können! „Denn die kleine Last unserer gegenwärtigen Not schafft uns in maßlosem Übermaß ein ewiges Gewicht an Herrlichkeit“ (2 Kor 4,17). Der Himmel kennt seine Freuden und Vergnügen, Ekstase und Hochstimmung. Verglichen mit dem Himmel, den wir gewinnen, sind unsere Schwierigkeiten „leicht“. „So wird sich alles geben, so wird es sein, du wirst sehn!“ sagt uns dieser Vers. Doch auch das ist eine

[8] Gerstner, *The Rational Biblical Theology of Jonathan Edwards,* S. 556–557.

Sache des Glaubens. In der einen Waagschale unsere Probleme, in der anderen des Himmels Herrlichkeit.

Wenn Ihnen die Waagschale mit den Problemen schwer vorkommt, richten Sie Ihren Glauben auf die Waagschale, die gefüllt ist mit der Herrlichkeit des Himmels. Wenn Sie das tun, werden Sie wie Rumpelstilzchen aus Stroh Gold spinnen. Ihr Kummer wirkt wie ein göttliches Spinnnrad, es „schafft ... in maßlosem Übermaß ein ewiges Gewicht an Herrlichkeit" (2 Kor 4,17). J.B. Phillips variiert das Thema, indem er sagt: „Diese kleinen Kümmernisse (die wirklich nur vorübergehend sind) gewinnen uns dauernde, herrliche und zuverlässige Belohnungen, die zu unseren Schmerzen in keinem Verhältnis stehen." Es ist nicht nur so, daß der Himmel *trotz* unserer Qualen wunderbar sein wird, er wird *wegen* unserer Qualen wunderbar sein. Leiden dient uns. Eine vertrauensvolle Reaktion auf unsere Leiden schafft uns ein Übermaß an Herrlichkeit – eine verschwenderische Belohnung. Gott hat die Absicht, Ihr Durchhaltevermögen zu belohnen. Weshalb würde er sonst über jede Ihrer Tränen genauestens Buch führen? „Sammle meine Tränen in einem Krug, zeichne sie auf in deinem Buch!" (Ps 56,9).

Stellen Sie sich vor: Jede Träne, die Sie je geweint haben, wird wieder gutgemacht. Gott wird Ihnen für Ihren Kummer unbeschreibliche Freude geben. Nicht etwa mit einer allgemeinen Handbewegung, sondern auf eine besondere persönliche Weise. Wir wissen, wie wertvoll unsere Tränen für ihn sind. Maria nahm ein kostbares Parfum und salbte Jesus damit, aber es waren ihre Tränen, mit denen sie seine Füße benetzte, die ihn am stärksten rührten (Lk 7,44). Der Wert unseres Weinens wird noch einmal in der Offenbarung unterstrichen, wo es heißt: „Er wird alle Tränen von ihren Augen abwischen" (21,4). Es wird nicht die Aufgabe der Engel, sondern Gottes eigene Aufgabe sein. „Wenn man am Abend auch weint, am Morgen herrscht wieder Jubel" (Ps 30,6).

Unsere Belohnung wird unsere Freude sein. Je treuer wir uns in unserem Schmerz an Gott halten, desto größer werden unsere Belohnungen und unsere Freuden sein. In der Bibel gibt es viele Gleichnisse, in denen Könige ihre Diener für ihren Einsatz belohnen, Gutsbesitzer ihre treuen Arbeiter mit Gaben überschütten. Welche Leiden Sie zur Zeit auch durchmachen, Ihre Reaktion darauf beeinflußt die Ewigkeit, derer Sie sich erfreuen werden. Der Himmel wird in dem Maße himmlisch sein, in dem Sie Christus auf Erden gefolgt sind. „Ich bin überzeugt, daß die Leiden der gegenwärtigen Zeit nichts bedeuten im Vergleich zu der Herrlichkeit, die an uns offenbar werden soll" (Röm 8,18).

Es wird vorausgesagt, daß sich am Ende der Zeiten etwas so Großartiges, Herrliches ereignen wird, etwas, das so ehrfurchtgebietend und wundervoll ist – das Erscheinen Jesu, des Herrn des Kosmos –, daß es für allen Schmerz und alle Unmenschlichkeit entschädigt und jeden Terror sühnen wird. Seine Herrlichkeit wird das Universum erfüllen, und die Hölle wird – verglichen mit der strahlenden Helligkeit von Gottes Kosmos und dem Glanz des Lamms – nur ein böser Traum sein. Die Freude des Himmels wiegt weitaus schwerer als die Angst vor der Hölle. Für den Himmel gibt es keine Entsprechung, genausowenig wie es für Gott eine Entsprechung gibt (der Teufel ist ein von Gott erschaffenes, gefallenes Geschöpf).

Ein Schlußwort

Sie werden sehen, wie Ihre Tochter von ihrer Lähmung erlöst wird. Sie werden die Freiheit eines reinen und schuldlosen Herzens kennen. Sie werden Ihren Mann sehen, wie er läuft, ohne zu hinken. Sie werden Angehörige und Freunde so kennenlernen, wie sie nach Gottes Willen ursprünglich sein sollten: ihre besten Eigenschaften werden deutlich sichtbar, ihre negativen verschwunden sein. Ihre Tochter wird keine blauen Flecke mehr haben und von den Fesseln einer gewalttätigen Ehe frei sein. Keine verwirrten Gedanken mehr, keine Geisteskrankheit, kein würdeloses Sterben.

Sie werden sehen, was die Engel und Dämonen über Gott lernten, als sie ihn dabei beobachteten, wie er in Ihrer Mutter wirkte, die im Altersheim dahinsiechte. Sie werden erstaunt darüber sein, wie sich Ihre Standhaftigkeit im Leiden im Leben von

Menschen ausgewirkt hat, von denen Sie nicht einmal wußten, daß sie Sie beobachteten und dadurch zu einschneidenden Entscheidungen über Gott und das Leiden gezwungen wurden.

Sie werden die Liebe erleben, wie Sie es sich niemals vorzustellen wagten. Das ist eine gute Botschaft für Menschen, die niemals „die wichtigste Person" im Leben eines anderen waren. Im Himmel sollen „alle soviel Liebe haben, wie sie wünschen . . . soviel, wie sie ertragen können. Solcher Art wird die süße und vollkommene Harmonie unter den himmlischen Heiligen sein, daß jedes Herz von vollkommener Liebe gegen jedes andere beherrscht wird ohne Grenzen, Einschränkungen oder Unterbrechungen."[9] Falls Sie die Liebe niemals kennengelernt haben, falls Sie niemals verheiratet waren, machen Sie sich keine Sorgen; im Himmel wird Ihr Verlangen nach Liebe gestillt.

Karla Larson, die ihre Beine, Nieren und Finger verlor, wird einen strahlenden, prachtvollen Körper erhalten, der mehr „Karla" ist, als er es je auf Erden war. Dasselbe gilt für John McAllister. Greg und seine frühere Ehefrau werden herausfinden, wer sie in Christus wirklich sind. Ryan wird mit ihnen jubeln, wenn er in ihre Arme rennt und seine ersten Worte zu ihnen sprechen wird: „Wir wußten, daß es herrlich sein würde, doch *so* herrlich . . .?!"

Und bei denen, die das Leiden am meisten verwirrte, Menschen wie Paul Ruffner, wird Gott die richtige Seite der verhedderten Stickerei ihres Lebens nach oben wenden, um das überwältigend, schöne Muster zu offenbaren, das sie auf Erden nie sehen konnten. Er und Millionen, die gleich ihm gemartert und gefoltert wurden, werden vor Gott stehen, ihm für seinen Plan in ihren Leiden dankbar sein und ihn anbeten.

Vor allem aber wird Gott nicht mehr weinen. Doch, unsere Leiden sind für ihn von Bedeutung, und er hat aus Mitleid geweint, so wie er am Grab des Lazarus weinte. Oft weinte er, wenn er betete, und er vergoß Tränen im Garten von Getsemane. Doch der Himmel wird etwas anderes offenbaren: einen ewigen Plan, der niemals bedroht war, niemals Gefahr lief, ver-

---

[9] Jonathan Edwards, *Heaven: A World of Love,* Amityville 1992, S. 26.

eitelt zu werden, der sich niemals am Rande der Niederlage befand.

Es wird keinen Grund mehr für Tränen geben. „Da sagte einer von den Ältesten zu mir: Weine nicht! Gesiegt hat der Löwe aus dem Stamm Juda." Doch es ist kein Löwe, der den Mittelpunkt bildet: „Und ich sah ... ein Lamm; es sah aus wie geschlachtet ... Und alle Geschöpfe im Himmel und auf der Erde ... hörte ich sprechen: Ihm, der auf dem Thron sitzt, und dem Lamm gebühren Lob und Ehre und Herrlichkeit und Kraft in alle Ewigkeit" (Offb 5,5–6,13).

Gott mag geweint haben, doch auch die Leiden seines Sohnes hatten eine ewige Perspektive. Man wird ihn als das geschlachtete Lamm ehren. Die Leiden Jesu werden niemals vergessen werden. Im Gegensatz zu uns wird er seine Wunden vor dem Universum immer sichtbar zur Schau tragen, und Gott der Vater, Sohn und Heilige Geist werden dafür – wie nie zuvor – eine Symphonie von Lob und Anbetung ernten. Wenn irgendein finsterer Dämon in irgendeiner Ecke des Universums jemals die Gerechtigkeit Gottes angezweifelt hat, weil er sich niederbeugte und unwürdige schmutzige Sünder rettete, wird er dadurch eines Besseren belehrt. Das Opfer und die Leiden Jesu waren von solch gewaltigem Wert, von solch überragendem Nutzen, daß Gottes Gerechtigkeit sogar noch strahlender leuchtet. Gott war in der Lage, Sünder zu retten, Leiden wieder gutzumachen, Rebellion zu zerschlagen, alle Dinge wieder herzustellen, seinen heiligen Namen zu rechtfertigen, Entschädigungen zu gewähren ... und dadurch nur noch herrlicher zu werden! Der Himmel wird es zeigen. „Würdig ist das Lamm, das geschlachtet wurde, Macht zu empfangen, Reichtum und Weisheit, Kraft und Ehre, Herrlichkeit und Lob" (Offb 5,12).

Endlich betreten Sie den Himmelsraum. Sie fallen auf die Knie, um Ihre Dankbarkeit zu zeigen. Der „Mann voller Schmerzen" steigt von seinem Thron herab und kommt auf Sie zu. Er zweifelt absolut nicht an Ihrer Dankbarkeit, denn er weiß, was Sie gelitten haben. Er reicht Ihnen seine vernarbten Hände, und es ist Ihnen nicht peinlich, wenn Sie Ihre Hände in den seinen spüren. Ihre eigenen Narben, Ihre Qualen, all die Zeiten, in denen Sie Ablehnung und Schmerzen empfunden haben, haben Ihnen wenigstens eine winzige Kostprobe davon gegeben, was Christus litt, um für Ihre Erlösung zu bezahlen. Mehr als alles andere hat Ihr Leiden Sie darauf vorbereitet, Gott zu begegnen – denn welchen Beweis Ihrer Liebe hätten Sie bringen können, wenn dieses Leben Sie völlig ungezeichnet gelassen hätte?

Sie haben etwas ewig Wertvolles mit Christus gemein – das Leiden! Doch zu ihrer Verwunderung ist das Teilhaben an seinen Leiden verblaßt wie ein halbvergessener Traum. Jetzt nehmen Sie teil an seiner Freude und seiner Glückseligkeit. Die durch Leiden noch wunderbarer geworden sind.

O, die Schmerzen der Erde, seufzen sie noch einmal. Dann lachen Sie und stehen auf, um das Leben zu beginnen, das Gott schon lange für Sie vorbereitet hatte. Am Abend haben wir geweint, doch es ist Morgen – und der Jubel beginnt.

Bevor Sie das Buch fortlegen

Seit Jahren haben wir uns auf dieses Versprechen verlassen: „Wir wissen, daß Gott bei denen, die ihn lieben, alles zum Guten führt, bei denen, die nach seinem ewigen Plan berufen sind; denn alle, die er im voraus erkannt hat, hat er auch im voraus dazu bestimmt, an Wesen und Gestalt seines Sohnes teilzuhaben“ (Röm 8,28–29).

Der Gedanke, daß Gott die Kontrolle hat, mag alarmierend klingen; sobald wir uns jedoch mit seinem Versprechen angefreundet haben, beginnen wir uns wohlzufühlen. Wenn Gott das Böse nicht eingrenzen würde, stürzte das Leiden unkontrolliert auf uns ein. Gottes Verfügungen und Anordnungen formen das Gute und das Böse, um uns vor der Hölle zu warnen, uns für den Himmel zu werben und uns für das Leben hier und nach dem Tode tauglich zu machen. Hinter allem steht seine große und leidenschaftliche Liebe.

Eine derartige Liebe kann man nicht ignorieren. Sie können sich nicht abwartend verhalten und alles auf später verschieben. Diese Liebe bittet um eine Antwort. Denken Sie auch an das Versprechen. Eine Bedingung ist damit verknüpft. Dieser Gott der Liebe kontrolliert die Lebensumstände derer, *die ihn lieben.*

Wie Sie in den Genuß des Versprechens kommen können? Haben Sie sich beim Lesen dieses Buches zu ihm hingezogen gefühlt? Bewegt sich Ihr Zorn in Gottes Richtung? Erkennen Sie die überzeugende Wahrheit seines Wortes? Hat sich Ihr Herz für ihn erwärmt?

Weil das Buch von ihm handelt, handelt es von Entscheidungen. Immer, wenn wir in seinem Wort etwas Neues entdecken, werden wir vor schwierige Entscheidungen gestellt. Entscheidungen, die ihn und unser Leiden betreffen. Von unseren Begrenzungen in die Enge getrieben, sehen wir uns von Angesicht zu Angesicht einem ehrfurchtgebietenden, doch liebenden Gott gegenüber. Ja, Sie mögen durchaus noch Fragen haben, doch die Wahl, ihm zu vertrauen, kann niemals falsch sein. Wenn Sie ja sagen zu Christus, bricht die Mauer vor Ihnen zusammen, Fenster und Türen werden geöffnet, um einen frischen Luftzug neuer Möglichkeiten hereinzulassen. „Wo der Geist des Herrn wirkt, da ist Freiheit."

Wenn Sie das Gefühl haben, daß die Flamme in Ihrem Herzen heller brennt durch das, was Sie auf diesen Seiten gelesen haben, wenn Sie die Stimme der Wahrheit hören, dann ist es Gott, der zu Ihnen sagt: „Ich bin die Antwort auf dein tiefstes Sehnen. Vertraue mir. Sieh auf die Male an meinen Händen. Ich habe für dich gelitten. Und ich habe in deinem Leben das zugelassen, was mir verhaßt ist, damit etwas Ewiges und Wunderbares erreicht werden kann: Ein Leben, reich und erfüllt auf Erden, und ein Leben im Himmel, befreit von Schmerzen und voller Freude."

Wenn Sie sich in die Enge getrieben fühlen, wenn Ihre Sünde schwer auf Ihrem Herzen lastet, lassen Sie Christus die Enge mit Ihnen teilen. Sie sind herzlich eingeladen, die folgenden Worte zu Ihrem persönlichen Gebet zu machen:

„Herr Jesus, ich habe nicht zugelassen, daß meine Leiden mich zu dir ziehen, sondern ich habe mich dir widersetzt. Ich sehe ein, daß meine Sünden mich von dir getrennt haben. Bitte vergib mir. Übernimm die Herrschaft in meinem Leben. Ich lege mein altes Leben vor dich und bitte dich, mich so zu verändern, wie du mich haben willst. Mit deiner Hilfe will ich geduldig abwarten, wie du in meinen Prüfungen wirkst. Ich danke dir für die Veränderung, die du in mein Leben bringst. Amen“

Wenn Sie dieses Gebet gesprochen haben, sollten Sie sich als Nächstes nach einer Gemeinde umsehen, in der christliche Freunde Sie umarmen und Ihnen in Ihren schmerzlichen Zeiten beistehen können. Niemand sollte allein leiden – das ist einer der Hauptgründe, warum Gott die Kirche geschaffen hat. Suchen Sie nach einer Gemeinde, in der die Gläubigen das Wort Gottes in Ehren halten, so, wie Sie es auf diesen Seiten erlebt haben. Schritt für Schritt werden Sie Gott besser kennenlernen, die Gemeinschaft im Teilhaben an seinen Leiden entdecken sowie die Freude erleben, mit anderen Christen zusammenzusein.

Wir freuen uns auf den Tag, an dem blinde Augen geöffnet werden und der Lahme wie ein Hirsch springt. Wir können es auch kaum erwarten, daß „Kummer und Seufzen entfliehen“. Wenn es soweit ist, werden wir uns, von allen Schmerzen befreit, in die Arme fallen und staunen, wie Gott all das Elend zu unserem Vorteil und für seine Herrlichkeit genutzt hat. Bis zu dem Tag, an dem Gott dem Leiden ein Ende macht, wollen wir uns verpflichten, ihm zu vertrauen – dem Einen, der die Antworten auf alle Fragen in seinen Händen hält.

Joni Eareckson Tada und Steven Estes
JAF Ministries
P.O. Boc 3333
Agoura Hills, CA 91301
www.jafministries.com

JAF Europe
69 Avenue des Pagodes
B-1020 Brussels, Belgium

ANHANG A:

Bibelstellen, die Gottes Herrschaft über unser Leid beschreiben

Was gefällt uns an einer Zitronenlimonade an einem heißen Sommernachmittag? Andere Getränke sind genauso kalt und erfrischend. Es muß die Kombination von süß und sauer sein, die uns so gut schmeckt. Stellen Sie sich einmal vor, jemand würde Ihnen ein beschlagenes Glas eiskalten Zuckerwassers geben. Könnte Ihnen nicht schlecht werden? Oder stellen Sie sich vor, Sie lutschen an einer frischen Zitrone – unwahrscheinlich sauer! Weder reines Zuckerwasser noch purer Zitronensaft schmecken besonders gut, doch beides gemischt ist ein klassisches Sommergetränk.

Seit Jahrzehnten haben viele Christen, wenn sie über Gott nachdenken, fast ausschließlich an Zuckerwasser genippt. Gottes Freundlichkeit, Güte und Barmherzigkeit sind alles, was sie von ihm kennen. Doch Gott hat auch eine andere Seite, die oft verschwiegen wird: sein heiliges, mächtiges, die Sünde vernichtendes Wesen. Das anzunehmen wird uns nicht dazu bringen, ihn zu hassen, sondern ihn *anzubeten*. Es wird uns zwingen, in Ehrfurcht vor ihm niederzufallen, und es wird den Tod Christi für uns zu einem unbeschreiblichen Wunder machen.

In diesem Buch haben wir versucht, etwas von den „sauren" Eigenschaften Gottes zu beschreiben, ohne dabei das „Süße" zu ignorieren. Im folgenden finden Sie eine Sammlung von Bibelversen zum Nachschlagen, die uns Gottes Herrschaft über unsere Leiden vor Augen führen, die uns daran erinnern, daß nichts Angenehmes oder Schwieriges unseren Pfad kreuzt, was er nicht verfügt hat. Die meisten Menschen, die an ihn glauben, erkennen Gottes Wirken in den positiven Erlebnissen ihres Alltags. Deshalb haben wir uns hier hauptsächlich darauf konzentriert zu zeigen, wo auch in den *leidvollen* Situationen des Lebens seine Hand im Spiel ist. Wenn Sie diesen Abschnitt lesen, ohne dabei an Gottes Barmherzigkeit zu denken – die Barmherzigkeit, die wir immer wieder in diesem Buch und besonders im zweiten und dritten Kapitel aufgezeigt haben –, wird es Ihnen vorkommen, als wenn Sie reines Zitronenwasser trinken. Die ausgleichende Süße findet sich in seiner Liebe, seinem Mitleid und seiner Weisheit. Bitte denken Sie beim Lesen daran.

Viele Dinge verursachen uns Schmerzen. Die meisten Leiden, wenn nicht gar alle, lassen sich auf folgende Ursachen zurückführen:

- Andere Menschen (vorsätzliche Handlungen, Fahrlässigkeit)
- Satan und Dämonen
- Tiere und Pflanzen (Schlangen, Insekten, bösartige Haus- und Nutztiere, umfallende Bäume, Giftpilze, Blütenstaub, der Allergien verursacht u. ä.)
- Naturgewalten (Stürme, Überschwemmungen, Erdbeben u. ä.)
- Von Menschen geschaffene Maschinen, Werkzeuge und Technologien (ein platzender Reifen, eine einstürzende Brücke, ein abstürzendes Flugzeug, eine Kreissäge ohne Schutzvorrichtung u. ä.)
- Körperliche Schäden (Krankheiten, Behinderungen, angeborene Schäden)
- Seelische/geistige Leiden (Depression, Angst, Sorge, Schuldgefühle, Alpträume u. ä.) Diese Kategorie überschneidet sich gewöhnlich mit den vorgenannten in einer Weise, die wir oft nicht erklären können.

Die nachfolgenden Verse bestätigen uns Gottes Herrschaft über alle Ursachen – immer zum endgültigen Besten seiner Menschen. „Alles hat er [Christus] zu Füßen gelegt und ihn, der als Haupt alles überragt, über die Kirche gesetzt" (Eph 1,22), und zwar *zum Wohle* der Kirche.

I. Gottes Herrschaft über andere Menschen

A. Obwohl Menschen Intelligenz und einen eigenen Willen besitzen, beherrscht Gott letzten Endes alles, was sie tun – selbst ihre „zufälligen" Handlungen.

Sprichwörter 16,9; *19,21*; *20,24*; *21,1*; *Daniel 5,23*; *2. Chronik 18,33–34* [Gott hatte verfügt, daß Ahab, König von Israel, in der Schlacht sterben würde. Ahab versuchte, dem zu entgehen, indem er sich als einfacher Soldat verkleidete.]; *Exodus 21,12–13* [„Unfälle" betreffend]; *Numeri 35,9–10*.

B. Die meisten Christen geben bereitwillig zu, daß Gott bei den guten Taten der Menschen seine Hand im Spiel hat, selbst wenn diese von Nichtchristen begangen werden.

Philipper 2,13; *2. Korinther 8,16*; *Apostelgeschichte 16,14*; *1. Korinther 15,10*; *Esra 1,1* [Hier geht es um die Verfügung des persischen Königs, daß die Exil-Juden in ihre Heimat zurückkehren und den Tempel in Jerusalem wieder aufbauen dürfen.]; *Genesis 20,3–6*.

C. Aber Gott überwacht auch die bösen Taten der Menschen. Er ist nicht der Ursprung der bösen Taten von Menschen, denn er verabscheut Sünde. In Jakobus 1, Vers 13 heißt es, daß Gott selbst niemand in Versuchung führt. Vielmehr dirigiert er die Sünde, die bereits im Herzen ist, so daß der Mensch ungewollt Gottes Absichten dient und nicht nur seinen eigenen. Das bringt er aufgrund seiner unendlichen Weisheit zustande, die für uns unbegreiflich ist.

Sprichwörter 16,4; *Ezechiel 32,32* [Gott spricht von der Grausamkeit Pharaos.]; *Apostelgeschichte 4,28*; *Genesis 45,7–8*; *1. Samuel 2,25*; *2. Chronik 25,20*; *Richter 14,3–4*; *Exodus 14,17*; *Psalm 105,25* [Gemeint sind die Ägypter]; *Deuteronomium 2,30*; *Josua 11,20* [Es geht um die Kanaaniter, deren Land Israel eroberte.]; *Jesaja 10,5–7,15* [Gott sendet die Assyrer, um Israel zu bestrafen, die so sehr gesündigt hatten, daß sie als „gottlose Nation" bezeichnet werden. Die Assyrer ahnen nicht, daß sie ein Werkzeug Gottes sind.]

D. Er täuscht böse Menschen, verwirrt ihr Denken und vereitelt dadurch ihre rebellischen Pläne.

2. Thessalonicher 2,10–11; *2. Johannes 12,39–40*; *2. Samuel 17,14*; *Jeremia 4,10*; [Gott erlaubte falschen Propheten, Frieden zu verkünden, obwohl Krieg unmittelbar bevorstand.]

II. Gottes Herrschaft über Satan und Dämonen

Ijob 2,6 u. Lukas 22,31 [Satan braucht Gottes Erlaubnis, um handeln zu können.]; *Matthäus 8,31*; *1. Könige 22,22* [Das Gespräch eines Dämons mit Gott.]; *1. Samuel 16,14*; *Matthäus 4,10*; *Markus 1,23*.

Wenn Verse, die an verschiedenen Stellen stehen, verglichen werden, läßt sich mitunter erkennen, wie Satan ungewollt Gottes Anordnungen dient:

1. Chronik 21,1, vgl. *2. Samuel 24,1*; *2. Korinther 4,4*, vgl. *Johannes 12, 39–40*.

III. Gottes Herrschaft über Tiere und Pflanzen

Matthäus 10,29; *Numeri 22,28*; *1. Könige 17,2–4*; *2. Könige 17,25*; *Jona 2,1,11*; *4,6–7*; *Levitikus 14,34–35*; 2. Samuel 24,15; Exodus 7,26–27; *8,17,20*; *10,13*.

IV. Gottes Herrschaft über unbeseelte Naturgewalten

Psalm 147,15–18; 148,8; Amos 4,7–9; Jona 1,4; Genesis 6,17; 19,24; Markus 4,37–41; Exodus 9,23,26; 14,21,27; Numeri 16,28,30–32.

V. Gottes Herrschaft über Maschinen, Werkzeuge und Technologien, die von Menschen geschaffen wurden

Exodus 14,25; 2. Könige 6,5–6; Sprichwörter 16,33; Daniel 3,94–95.

VI. Gottes Herrschaft über unsere körperlichen Leiden

Psalm 103,2–3; Markus 1,32–34; Exodus 4,11; 15,26; 2. Könige 15,5; Psalm 38,4; Deuteronomium 28,27,35 [Gott droht mit Krankheit, falls Israel nicht gehorcht.]; *28,58–59.*

Natürlich werden manche Krankheiten von Satan verursacht (Ijob 2,7; Lukas 13,16), doch dabei dient er – wie überall – ungewollt Gottes Zielen (siehe Punkt II). Beachten Sie bitte in den folgenden Versen, daß auch Christen krank werden können, selbst wenn sie sich an Gott halten. Die Verse zeigen, daß Krankheiten nicht nur von bestimmten Sünden oder einem „Mangel an Glauben“ herrühren.

1. Timotheus 5,23; 2. Timotheus 4,20; Philipper 2,27 [Paulus spricht von Epaphroditus, der seinen Brief persönlich zu den Philippern brachte.]; *Galater 4,13.*

VII. Gottes Herrschaft über unsere seelischen/geistigen Krankheiten

Galater 5,22; Klagelieder 3,33; Psalm 4,8–9; 6,4–5; 13,2–4; 30,12–13; Deuteronomium 28,28,34 [Gottes Drohung an Israel, falls es ungehorsam ist.]; *28,65–67* [Wieder wird Israel gewarnt.]; *Levitikus 26,36–37; 1. Samuel 16,14; Sprichwörter 21,1; Daniel 4,28–31; 2. Korinther 12,7.*

VIII. Zusammenfassung: Uns widerfährt keine Prüfung, die von Gott nicht ausdrücklich verfügt und genehmigt wurde

Amos 3,6; *Klagelieder* 3,38; *Jesaja* 45,7; 1. *Samuel* 2,6–7; 1. *Thessalonicher* 3,3; *Epheser* 1,11.

Es mag sein, daß Gott nicht alle unsere Prüfungen *verursacht*, doch zu dem Zeitpunkt, an dem wie sie erleben, sind sie sein Wille für uns. Wenn uns durch Satan, durch andere Menschen oder „Unfälle" Kummer verursacht wird, können wir uns mit dem trösten, was Josef seinen Brüdern antwortete, die ihn in die Sklaverei verkauft hatten: *„Ihr habt Böses gegen mich im Sinn gehabt, Gott aber hatte dabei Gutes im Sinn"* (Gen 50,20).

ANHANG B:

Bibelstellen über das Ziel, das Gott mit unseren Leiden verfolgt

Gottes Wirken in der Not zu entdecken, heißt eigentlich, man hat Gottes Wort entdeckt. Die folgenden Verse unterstreichen ein wenig von dem Guten, das durch unseren Schmerz und unsere Probleme erreicht wird. Diese eindrucksvollen Verse dienen dazu, uns eine klarere Perspektive von unseren Leiden zu geben.

Unser Leid dient dazu, uns der stützenden Kraft Gottes, der wir unsere Existenz verdanken, stärker bewußt zu werden: *Psalm 68,20.*

Gott benutzt das Leid, um uns wachsen zu lassen, uns zu vollenden, zu stärken und uns vor Niederlagen zu bewahren: *Psalm 66,8–9*; *Hebräer 2,10.*

Leiden ermöglicht uns, das Leben Christi in unserem vergänglichen Leben zu dokumentieren: 2. *Korinther 4,7–11.*

Leiden macht uns abhängig von Gott: 2. *Korinther 12,9.*

Leiden lehrt uns Demut: 2. *Korinther 12,7.*

Leiden verleiht den Geist Christi: *Philipper 2,1–11.*

Leiden lehrt uns, daß Gott mehr auf unser Inneres als auf unser Wohlergehen bedacht ist: *Römer 5,3–4*; *Hebräer 12,10–11.*

Leiden lehrt uns, daß das größte Gut des christlichen Lebens nicht die Abwesenheit von Schmerzen ist, sondern Christus ähnlich zu sein: 2. *Korinther 4,8–10*; *Römer 8,28–29.*

Leiden kann Gottes Strafe für Sünde und Rebellion sein: *Psalm 107,17.*

Durch Leiden wird Gehorsam und Beherrschung erlernt: *Hebräer 5,8*; *Psalm 119,67*; *Römer 5,1–5*; *Jakobus 1,2–8. Philipper 3,10.*

Freiwilliges Leiden ist ein Weg, seine Liebe zu Gott zu zeigen: 2. *Korinther 8,1–2,9.*

Leiden ist Teil des Kampfes gegen Sünde: *Hebräer 12,4–13.*

Leiden ist Teil des Kampfes gegen böse Menschen: *Psalm 27,12*; *Psalm 37, 14–15.*

Leiden ist Teil des Kampfes für das Reich Gottes: 2. *Thessalonicher 1,5.*

Leiden ist Teil des Kampfes für das Evangelium: 2. *Timotheus 2,8–9.*

Leiden ist Teil des Kampfes gegen die Ungerechtigkeit: 1. *Petrus 2,19.*

Leiden ist Teil des Kampfes für den Namen Christi: *Apostelgeschichte 5,41*; *1. Petrus 4,14*.

Leiden weisen daraufhin, wie die Gerechten Teilhaber am Leiden Christi werden: 2. Korinther 1,5; *1. Petrus* 4,12–13.

Das Erdulden von Leiden wird belohnt: 2. *Korinther* 4,17; 2. *Timotheus* 2,12.

Die Leiden zwingen uns zur Gemeinschaft und zum Gebrauch unserer Begabungen zum Nutzen der Allgemeinheit: *Philipper* 4,12–15.

Das Leiden verbindet Christen für einen gemeinsamen Zweck: *Offenbarung 1,9*.

Das Leiden bringt Erkenntnis und Wissen, und es lehrt uns die Gebote Gottes: *Psalm 119,66–67,71*.

Durch Leiden erreicht Gott in uns, was er sich wünscht: einen „zerknirschten Geist“: *Psalm 51,18–19*.

Gott benützt Leiden, um uns zu demütigen, damit er uns zur rechten Zeit erhöhen kann: *1. Petrus 5,6–7*.

Leiden lehrt uns, unsere Zeit bewußter zu gestalten, damit wir Gott ein reines Herz vorweisen können: *Psalm 90,7–12*.

Leiden ist manchmal nötig, um die Verlorenen zu gewinnen: 2. *Timotheus 2,8–10*; 2. *Timotheus 4,5–6*.

Leiden stärkt und erlaubt es uns, andere zu stärken, die schwach sind: 2. *Korinther 1,3–11*.

Leiden ist wenig, verglichen mit dem unschätzbaren Wert, Christus zu kennen: *Philipper 3,8*.

Gott möchte, daß wir wahrhaftig leben. Leiden ist ein Mittel dazu: *Psalm 51,8*; *Psalm 119,17*.

Einen Ausgleich für das Leiden gibt es im ewigen Leben: *Psalm 58,11–12*.

Im Leiden steht uns eine Quelle der Gnade zur Verfügung, die größer ist als unser Kummer: 2. *Timotheus 1,7–8*; 2. *Timotheus 4,16–18*.

Das Leiden lehrt uns, in Zeiten des Kummers, Dank zu sagen: *1. Thessalonicher 5,18*; 2. *Korinther 1,11*.

Leiden vergrößert den Glauben: *Jeremia 29,11*.

Leiden erlaubt Gott, seine Fürsorge zu bekunden: *Psalm 56,9*.

Leiden vergrößert unsere Hoffnung: *Ijob 13,14–15*.

ANHANG C:

Kann Gott Trauer empfinden?

Im zweiten Kapitel sahen wir, daß Gott ewig zufrieden und voller Freude ist. Wir reden in diesem Buch aber ständig davon, daß Gott über menschliche Sünde und Leiden trauert. Wenn Gott immer glücklich ist, kann er dann überhaupt wirklich trauern?

Die übliche Antwort auf diese Frage ist, daß Gottes Kummer im übertragenen Sinn zu verstehen ist. In der Bibel wird von Gott oft bildlich gesprochen. Z. B.: Gott hat keinen Körper, doch wir lesen, daß seinen Augen nichts entgeht und von seiner ausgetreckten Hand (2. Chronik 16,9; Sprichwörter 15,3; Jesaja 40,12; Zefanja 1,4). Gott ist überall und weiß alles, doch in Genesis 18,21 sagt er: „Ich will hinabgehen [um Sodom und Gomorra zu besuchen] und sehen, ob ihr Tun wirklich dem Klagegeschrei entspricht, das zu mir gedrungen ist."

Wir lesen zum Beispiel auch, daß Gott seinen Beschluß bereute, Israel nach dem Zwischenfall mit dem goldenen Kalb zu vernichten oder die Ernte des Landes durch Heuschrecken zu vertilgen (Exodus 32,14; Amos 7,3). Diese Reue muß im übertragenen Sinn gemeint sein. Hat Gott in diesen Fällen gesündigt und später darüber Reue empfunden? Nein. Hat er seine Meinung geändert? Nein. Es ist fast blasphemisch, davon zu reden, daß Gott über irgend etwas eine „Meinung" haben sollte. Das würde bedeuten, daß Gott Recht spricht, ohne alle Fakten zu kennen, oder daß es bei seinen Entscheidungen lediglich nach seinen Vorstellungen geht und nicht danach, was von höchstem Wert ist. Bereute Gott in dem Sinne, daß er sich gestern für eine Richtung und heute für eine andere entschied? Nein, denn er weiß von Anfang an alles, er weiß, wie wir uns in allen zukünftigen Situationen verhalten werden. Doch wenn Menschen sich ändern, zeigt Gott unterschiedliche Seiten seines Charakters, die ihrem Verhalten entsprechen. Wenn Menschen rebellieren, zeigt sich sein Zorn, wenn sie sich eines Besseren besinnen, zeigt er seine Güte. Dann erscheint es *uns,* als empfände er Reue oder würde sich eines anderen besinnen.

Könnten die zitierten Stellen in diesem Buch, die davon handeln, daß Gott über Sünde und menschliches Leiden trauert, ebenfalls im übertragenen Sinne gemeint sein? Denken Sie an Genesis 6,6, wo es heißt: „Da reute es den Herrn, auf der Erde den Menschen gemacht zu haben, und es tat seinem Herzen weh." Wir sind bereits zu dem Ergebnis gelangt, daß Gottes Reue im Sinne von Meinungsänderung im übertragenen Sinn zu verstehen ist. Wie steht es mit der Aussage „es tat seinem Herzen weh"? Ist es eines allmächtigen Gottes unwürdig zu sagen, daß er trauert? Ist es nur eine poetische Ausdrucksweise? Viele Ausleger beantworten diese Frage mit ja. Fühlt Gott tatsächlich Schmerzen? Manche Theologen sagen nein und scheinen jegliches Leiden Gottes auf das zu beschränken, was Christus auf Erden litt.

Warum wir denken, daß Gottes Kummer wirklich ist

Trotz unseres tiefen Respekts für die oben genannten Theologen und ihre Ansichten, sind wir der Auffassung, die Bibel lehrt, daß Gott Kummer über menschliche Sündhaftigkeit und Leiden empfindet und zwar aus folgenden Gründen:

1. Verse, in denen von Gottes Reue die Rede ist, wo er dem Sinn nach „seine Meinung ändert", werden durch andere Bibelverse deutlich in ihrer Bedeutung *eingeengt und begrenzt.* Doch Verse über Gottes Reue in dem Sinn, daß er über Sünde und Leiden „trauert", werden durch andere Bibelstellen *gestützt.*

1. Samuel 15,29 könnte nicht deutlicher sein: „Er, der ewige Ruhm Israels, kann weder lügen noch bereuen." In der Bibel wird wiederholt behauptet, daß sich Gott auf keine Weise verändert (Numeri 23,19; Psalm 110,4; Maleachi 3,6; Hebräer 13,8; Jakobus 1,17). Derartige Verse zwingen uns, Gottes „Sinnesänderung" als bildhaft zu verstehen.

Im Gegensatz dazu wird an vielen Stellen Gottes deutliche gefühlsmäßige Reaktion auf menschliche Sünde betont. In Jesaja 1,11–14 sagt Gott zu Juda, daß aufgrund ihrer Rebellion ihm das Blut der Opfertiere zuwider ist, ihre Rauchopfer ein „Greuel" für ihn sind. Was sagt er über ihre religiösen Feiertage? Er beklagt sich: „Eure Neumondfeste und Feiertage sind mir in der Seele verhaßt, sie sind mir zur Last geworden, ich bin es müde, sie zu ertragen." An anderer Stelle „mißfiel" ihm etwas (Jes 59,15) und er wurde „bitter gekränkt" (Hos 12,15). Er wurde Judas „überdrüssig" (23,18 nach Luther) weil „ihr Wesen . . . war wie die Unreinigkeit eines Weibes in ihrer Krankheit" (Ez 36,17 nach Luther). Er konnte es nicht erwarten, sich zu „trösten" (Jes 1,24 nach Luther).

Mit menschlicher Sünde ist es genau wie mit menschlichem Kummer – *viele* Stellen beschreiben, wie Gottes Herz dadurch berührt wird, und wir haben sie ausführlich in diesem Buch zitiert. Gerade die Verse, in denen Gottes Trauer besonders hervorgehoben wird, verstärken noch den Eindruck, daß es sich um mehr als nur eine poetische Ausdrucksweise handelt. In Genesis 6,6 „reute" es den Herrn nicht nur, auf der Erde den Menschen gemacht zu haben, die Aussage wird noch verstärkt durch die Hinzufügung, „und es tat seinem Herzen weh". Das hebräische Wort, das hier mit „tat weh" übersetzt wurde, steht an anderen Stellen in der Bibel für die Gefühle einer Frau, die verlassen wurde, für die Gefühle junger Männer, die erfahren, daß ihre Schwester vergewaltigt wurde, für die Gefühle Jonathans, als er entdeckt, daß sein Vater seinen besten Freund umbringen will.

Es kann auch keine Rede davon sein, daß Gottes Kummer sich auf einige poetische Stellen im Alten Testament beschränkt. Im Epheserbrief mahnt der Apostel Paulus nachdrücklich, nicht den Heiligen Geist „zu betrüben" (Eph 4,30 nach Luther).

2. Andere Gefühle Gottes scheinen nicht bildlich gemeint zu sein.
Der Sohn Gottes kam in diese Welt, „damit meine *Freude* in euch ist und damit eure Freude vollkommen wird" (Joh 15,11). Ist diese Freude nur im übertragenen Sinn gemeint? Wird das Wort „Freude" nur benutzt, um damit auszudrücken, daß Jesus sich „wie ein Mensch benimmt, der von solchen Leidenschaften bewegt wird"? Wie steht es mit Gottes Liebe? Jesus sehnte sich danach, daß ihn die Jünger in der gleichen Weise lieben würden, wie der Vater ihn liebte, und er betete: „. . . damit die Liebe, mit der du [Vater] mich geliebt hast, in ihnen ist" (Joh 17,26). Ist unsere Liebe für Christus (die mit Sicherheit Emotionen beinhaltet) demnach nicht nur ein Spiegelbild dessen, was der Vater empfindet?

In Epheser 5,22–30 wird uns deutlich erklärt, daß Gott die Ehe schuf, um uns das Verhältnis Christi zur Kirche zu lehren. Lernen wir aber nicht – wie abgeschwächt es auch sein mag – ein wenig von *seiner* Liebe, wenn wir die Liebe mit unseren Ehepartnern und Kindern erleben? Macht uns der Gedanke nicht froh, daß Gott tatsächlich eine gewisse Freude über sein Volk empfindet, wenn er es „meinen Augapfel" nennt (Sach 2,12)? Seine Liebe veranlaßt ihn sogar, über uns zu jubeln (Zef 3,17). Doch am Kreuz sehen wir das höchste Ausmaß von Gottes Liebe. „Denn Gott hat die Welt so sehr *geliebt,* daß er seinen einzigen Sohn hingab" (Joh 3,16). Er war gewillt, dabei zuzusehen, wie sein Sohn für uns ermordet wird. Doch was für ein Liebesbeweis wäre das, wenn es den Vater gefühlsmäßig nichts kostet? Wenn der Vater keinen Kummer empfand, als er die Szene auf Golgata mitansah.

3. Die Gefühle Jesu zeigen, daß der Vater ebenfalls fühlt.
Jesus sagte: „Ich und der Vater sind eins" und „Wer mich gesehen hat, hat den Vater gesehen" (Joh 10,30;14,9). Wenn Jesu Herz von verschiedenen Gefühlen für die Menschen erfüllt war, ist es das Herz des Vaters ebenfalls.

Denken Sie an die Trauer, die Jesus empfand und von der die Evangelien berichten. Sehen Sie, wie er mit Maria, der Schwester von Lazarus, zum Grab ihres Bruders geht. „Als Jesus sah, wie sie weinte und wie auch die Juden weinten, die mit ihr gekommen waren, war er im Innersten erregt und erschüttert. Er sagte: Wo habt ihr ihn bestattet? Sie antworteten ihm: Herr, komm und sieh! Da weinte Jesus" (Joh 11,33–35).

War es nur seine menschliche Natur, die weinte, und nicht seine göttliche? Nein, denn Jesus sagte: „Amen, amen, ich sage euch: Der Sohn kann nichts von sich aus tun, sondern nur, wenn er den Vater etwas tun sieht . . ." (Joh 5,19).

Erinnern Sie sich an seine Klage über die Heilige Stadt? „Jerusalem, Jerusalem, du tötest die Propheten und steinigst die Boten, die zu dir gesandt sind. Wie oft wollte ich deine Kinder um mich sammeln, so wie eine Henne ihre Küken unter ihre Flügel nimmt; aber ihr habt nicht gewollt" (Mt 23,37). Er ist wie eine Mutter, deren Kinder sich weigern, zu ihr zu kommen – es liegt ein Sehnen darin. Verlangte Jesus nur in seiner Menschlichkeit danach und nicht in seiner Göttlichkeit? Nein. Sein Eifer gleicht dem Gottes, den dieser sechs Jahrhunderte früher Juda gegenüber bezeugte: „Kehrt um, wendet euch ab von all euren Vergehen! Sie sollen für euch nicht länger der Anlaß sein, in Sünde zu fallen . . . Warum wollt ihr sterben, ihr vom Haus Israel? Ich habe doch kein Gefallen am Tod dessen, der sterben muß . . . Kehrt um, damit ihr am Leben bleibt" (Ez 18,30–32).

Die Trauer, die Jesus auf Erden erlebte, reflektiert nicht nur das Herz des Vaters, sondern auch das des Heiligen Geistes, denn in Jesaja 63,10 erfahren wir, wie der Heilige Geist auf die Rebellion Israels reagierte: „Sie aber lehnten sich gegen ihn auf und betrübten seinen heiligen Geist." Demnach trauert die gesamte Dreieinigkeit über menschliche Sünde und ihre Folgen.

4. Gottes Gefühle sind – im Gegensatz zu unseren – ohne Sünde.
Die, die Gottes Kummer für bildlich halten, versuchen mit Recht zu vermeiden, daß ihm Sünden und Schwächen zugeschrieben werden, von denen menschliche Gefühle so oft geplagt werden. Doch dieses menschliche Versagen resultiert aus unserer Sündhaftigkeit und hat nichts mit dem Wesen der Empfindungen selbst zu tun. Von einem heiligen Gott kommen nur vollkommen reine und echte Gefühle.

Unsere Gefühle sind hoffnungslos korrumpiert von einem Herzen, das „arglistig ohnegleichen ist . . . und unverbesserlich" (Jer 17,9). Unsere Gefühle veranlassen uns, die Kontrolle zu verlieren, deprimiert zu werden, aufzugeben, andere mit Klagen zu überschütten, oder uns sonstwie daneben zu benehmen. Gottes Gefühle kommen – im Gegensatz zu unseren – nicht aus einem arglistigen Herzen.

Die Zufriedenheit Gottes ist z. B. nicht die eines verwöhnten reichen Kindes, dessen Fernsehschirm vom Fußboden bis zur Decke reicht und das sein eigenes Schwimmbad im Haus hat. Sein Glück kommt nicht dadurch zustande, daß er tun und lassen kann, was er will, und ständig nach Lust und Laune kleine Leckereien verspeist. Er erfreut sich seiner eigenen Güte und Weisheit, der wunderbaren Besonderheit seines Sohnes und der komplizierten, großartigen Vollkommenheit all dessen, was er geschaffen hat. Er empfindet keine selbstgefällige, träge Freude – er hat die tiefe Freude eines heimkehrenden Kriegers, der mit gehißter Siegesflagge in den Hafen segelt, oder die des erschöpften, rußverschmierten, lächelnden Retters, der mit zerschundenen Händen das Kind aus dem brennenden Gebäude in Sicherheit gebracht hat.

Gottes *Zorn* ist ebenfalls gerecht. In diesem Zusammenhang ist es interessant, sich das Wort anzusehen, das gewöhnlich im griechischen Neuen Testament benutzt wird, wenn von Gottes Zorn die Rede ist. Mit Ausnahme der Offenbarung vermeidet das Neue Testament das Wort, das die Bedeutung von „Wut" hat (die Wurzel ist: „böse dahinzustürmen", „in der Hitze der Gewalt zu sein"). Statt dessen wird ein Wort bevorzugt, das von der Wurzel „reif werden" stammt. Die Idee ist, daß Gottes Zorn sich langsam über einen langen Zeitraum entwickelt, daß er nach langer Beweisführung und vielen Erwägungen entsteht. Es ist „nicht so sehr ein plötzlicher Ausbruch von Leidenschaft, der schnell wieder vorüber ist, sondern eine starke, gefestigte Opposition, gegen alles, was böse ist, die aus Gottes innerstem Wesen hervorkommt."[1] Für uns kommt es darauf an, daß es sich bei Gottes Zorn um keine reflexartige Reaktion handelt, wie das bei uns oft der Fall ist, sondern daß er nach reiflicher, weiser Entscheidung erfolgt.[2]

Gottes Trauer, wie sie die Bibel beschreibt, ist wie seine Zufriedenheit, seine Freude und sein Zorn, ein heiliges Gefühl – ohne Schwachheit, ohne

---

[1] James Montgomery Boice, *Foundations of the Christian Faith: A Comprehensive and Readable Theology*, Downers Grove 1986, S. 250.

[2] Selbst wenn Gott seiner Wut freien Lauf läßt, handelt es sich dabei nicht um eine unwillkürliche Reaktion.

Unreinheit. Gott wird niemals durch sie gelähmt, und sie verleiteten ihn nicht, sentimental die Gerechtigkeit zu ignorieren, als er nach Wegen zur Errettung seiner Geschöpfe suchte.

Daraus ergibt sich folgende Schlußfolgerung: Wenn es richtig ist zu trauern, wenn Trauer die vollkommene Reaktion ist, dann trauert Gott, weil er vollkommen ist.

5. Trauer und Freude können gleichzeitig erlebt werden.

Kann Gott im gleichen Moment lachen und weinen? Jesus war selbst „voller Freude“ und betete, daß seine Jünger seine „Freude in Fülle in sich haben“, doch Jesaja nannte ihn einen „Mann voller Schmerzen, mit Krankheit vertraut“ (Lk 10,21; Joh 17,13; Jes 53,3).

Wir Sterblichen, die wir Gottes Abbild sind, können auch Freude und Schmerz gleichzeitig empfinden. Ein Vater atmet tief durch, wenn er die Hochzeit seiner Tochter miterlebt. Eine Frau hat endlich die langersehnte Stellung erhalten, muß aber ihre Familie, Freunde und die Stadt verlassen, die sie liebt. Eine Mutter muß mit ansehen, wie ihr Sohn im Gefängnis leidet, doch sie bemerkt, daß ihr Sohn dadurch eine Umkehr erlebt und zu Christus findet. Der Apostel Paulus zählte sich zu den „Traurigen, [die] aber allezeit fröhlich [sind]“ (2 Kor 6,10 nach Luther).

Natürlich sind keine menschlichen Vergleiche jemals ausreichend, wenn von Gott die Rede ist. Wir empfinden das Leben als „bittersüß“, doch mit ziemlicher Sicherheit ist es falsch, wenn wir annehmen, daß Gott tatsächlich irgend etwas „bitter“ findet. Dazu spricht die Bibel viel zu herrlich von Gott – seinem Kummer haftet ein Triumph an, der für uns unvorstellbar ist.

Wie kann das sein? Was geht in Gottes Geist vor? Gott ist unergründlich, und Mutmaßungen können gefährlich sein. Doch vielleicht liegt die Antwort in seinem Können, alles zu wissen und Raum und Zeit zu überblicken.

Gott sieht auf seine Erde herab und weint. Doch ihre Verworfenheit überrascht ihn nicht. Er wußte, daß die Menschen der Sünde verfallen würden. Er wußte von dem unaussprechlichen Leid, das dadurch ausgelöst wird. Er kannte die Leiden, die sein eigener Sohn deshalb erleben mußte. Doch er beschloß, es zuzulassen, weil er wußte, daß es nur diese Lösung gab: Jesu Tod würde dem Satan die Macht nehmen und die kommende Herrlichkeit würde für alles entschädigen. Wir Menschen würden mehr Freude empfinden, als wenn sich der Sündenfall niemals zugetragen hätte. Kann irgend jemand – außer Gott – genug von der kommenden

Herrlichkeit sehen, um in unseren gegenwärtigen Qualen einen Sinn zu erkennen? *Gott sieht das herrliche Ende so deutlich, als wenn es heute wäre.*

Deshalb kann er – unserer Meinung nach – gleichzeitig wahrhaftig „gesegnet“ sein und wahrhaftig weinen.

Verzeichnis der biblischen Bücher

Altes Testament

Gen	Das Buch Genesis (1. Mose)
Ex	Das Buch Exodus (2. Mose)
Lev	Das Buch Levitikus (3. Mose)
Num	Das Buch Numeri (4. Mose)
Dtn	Das Buch Deuteronomium (5. Buch Mose)
Jos	Das Buch Josua
Ri	Das Buch Richter
Rut	Das Buch Ruth
1 Sam	Das erste Buch Samuel
2 Sam	Das zweite Samuel
1 Kön	Das erste Buch der Könige
2 Kön	Das zweite Buch der Könige
1 Chr	Das erste Buch der Chronik
2 Chr	Das zweite Buch der Chronik
Esra	Das Buch Esra
Neh	Das Buch Nehemia
Est	Das Buch Ester
Ijob	Das Buch Ijob (Hiob)
Ps	Die Psalmen
Spr	Das Buch der Sprichwörter (Sprüche)
Koh	Das Buch Kohelet (Prediger)
Hld	Das Hohelied
Jes	Das Buch Jesaja
Jer	Das Buch Jeremia
Klgl	Die Klagelieder
Ez	Das Buch Ezechiel (Hesekiel)
Dan	Das Buch Daniel
Hos	Das Buch Hosea
Joël	Das Buch Joël
Am	Das Buch Amos
Obd	Das Buch Obadja
Jona	Das Buch Jona
Mi	Das Buch Micha
Nah	Das Buch Nahum
Zef	Das Buch Zefanja
Hag	Das Buch Haggai
Sach	Das Buch Sacharja
Mal	Das Buch Maleachi

Neues Testament

Mt	Das Evangelium nach Matthäus
Mk	Das Evangelium nach Markus
Lk	Das Evangelium nach Lukas
Joh	Das Evangelium nach Johannes
Apg	Die Apostelgeschichte
Röm	Der Brief an die Römer
1 Kor	Der erste Brief an die Korinther
2 Kor	Der zweite Brief an die Korinther
Gal	Der Brief an die Galater
Eph	Der Brief an die Epheser
Phil	Der Brief an die Philipper
Kol	Der Brief an die Kolosser
1 Thess	Der erste Brief an die Thessalonicher
2 Thess	Der zweite Brief an die Thessalonicher
1 Tim	Der erste Brief an Timotheus
2 Tim	Der zweite Brief an Timotheus
Tit	Der Brief an Titus
Phlm	Der Brief an Philemon
1 Petr	Der erste Brief des Petrus
2 Petr	Der zweite Brief des Petrus
1 Joh	Der erste Brief des Johannes
2 Joh	Der zweite Brief des Johannes
3 Joh	Der dritte Brief des Johannes
Hebr	Der Brief an die Hebräer
Jak	Der Brief des Jakobus
Jud	Der Brief des Judas
Offb	Die Offenbarung des Johannes